KATIA WENDT

com Jacqueline Lafloufa

O Jardim da Resiliência

Superando desafios financeiros e
emocionais – uma história real

CB056643

Labrador

© Katia Wendt, 2024
Todos os direitos desta edição reservados à Editora Labrador.

Coordenação editorial Pamela Juliana de Oliveira
Assistência editorial Leticia Oliveira, Jaqueline Corrêa
Projeto gráfico e capa Amanda Chagas
Diagramação Estúdio dS
Preparação de texto Marília Schuh
Revisão Iracy Borges
Imagem da capa Andrea Branda (foto da autora), Midjourney e Firefly

Dados Internacionais de Catalogação na Publicação (CIP)
Jéssica de Oliveira Molinari - CRB-8/9852

Wendt, Katia
   O jardim da resiliência : superando desafios financeiros e emocionais – uma história real / Katia Wendt, Jacqueline Lafloufa. – São Paulo : Labrador, 2024.
   288 p.

ISBN 978-65-5625-529-3

1. Wendt, Katia – Autobiografia 2. Sucesso 3. Superação I. Título II. Lafloufa, Jacqueline

23-0437   CDD 920.72

Índices para catálogo sistemático:
1. Wendt, Katia – Autobiografia

Labrador

Diretor-geral Daniel Pinsky
Rua Dr. José Elias, 520, sala 1
Alto da Lapa | 05083-030 | São Paulo | SP
contato@editoralabrador.com.br | (11) 3641-7446
editoralabrador.com.br

A reprodução de qualquer parte desta obra é ilegal e configura uma apropriação indevida dos direitos intelectuais e patrimoniais da autora.
A editora não é responsável pelo conteúdo deste livro.
A autora conhece os fatos narrados, pelos quais é responsável, assim como se responsabiliza pelos juízos emitidos.

Declaração da autora
Este livro é uma obra autobiográfica e representa a história da autora a partir dos seus pontos de vista. As opiniões e experiências compartilhadas no livro são exclusivamente da autora e não refletem as opiniões ou posições de qualquer empresa, organização ou instituição com a qual a autora trabalha, trabalhou ou se relaciona.
Alguns dos nomes e situações descritos foram modificados para preservar a privacidade dos envolvidos neste livro de memórias.

Com a mais profunda gratidão, dedico esta obra ao nosso vasto universo, a esta energia que sinto florescer em cada dia da minha vida, infundindo-me positividade, otimismo e esperança; e aos seres especiais, que de alguma forma se tornaram anjos e mentores em meu caminho, acolhendo-me e dando a força necessária para eu continuar superando obstáculos, a fim de vencer o que parecia "invencível".

Sumário

Prefácio — 7
No palco — 11
Uma infância difícil — 15
Em busca da minha mãe — 37
Foco na educação — 51
Universitária, afinal! — 73
Experimentando uma carreira na política — 89
Minha vida além da política — 111
Em busca do pai desconhecido: desvendando o mistério — 129
A oportunidade que chegou na hora certa — 147
Conquistas baseadas em resiliência e coragem — 167
Por amor — 191
Tudo aos 30 — 213
Vida nueva — 237
Tanta vida ainda — 267
Agradecimentos — 285

Prefácio

Nascida em um cenário repleto de privações financeiras e emocionais, Katia Wendt enfrentou uma infância árdua, marcada pela ausência da mãe e o desconhecimento do pai. A carência de laços familiares sólidos nos primeiros anos de vida poderia ter sido o ambiente ideal para uma adolescência e vida adulta cheias de problemas. No entanto, Katia se recusou a aceitar as limitações impostas pelas circunstâncias em que vivia. Muito pelo contrário! Bem cedo ela decidiu corajosamente assumir a responsabilidade de transformar o seu destino e o de seus irmãos, a fim de proporcionar uma vida confortável para todos.

Eu a conheci no início dos anos 2000, quando ela se candidatou a uma vaga em uma renomada multinacional. Naquele momento, Katia atendia parcialmente à experiência exigida pelo cargo, mas a determinação e energia daquela jovem me convenceram a apostar nela.

Jamais me arrependi dessa aposta. Katia se revelou uma profissional dedicada, comprometida e aberta a críticas. Sempre cumpria com excelência suas tarefas e frequentemente superava as expectativas em relação às suas responsabilidades. Ela era — e ainda é — ávida por aprimoramento e sempre estava em busca de novas oportunidades. Pude vê-la se preparar para assumir novas posições dentro do ambiente corporativo de multinacionais, e logo ela estava pronta para alçar voos em diferentes empresas e em outros países.

Foi muito gratificante acompanhar a evolução profissional e pessoal de Katia nas duas últimas décadas. Em busca de realizações concretas e de tornar seus sonhos realidade, Katia enfrentou, com o apoio de seu marido, situações desafiadoras em diferentes contextos, superou eventuais fracassos e se fortaleceu. Em paralelo, a leitura das suas memórias me revelou que ela lidou também com enormes obstáculos em sua vida pessoal, que foram desde a preocupação em cuidar dos irmãos adolescentes, superar abortos e viver uma separação, até a busca incansável pelo seu pai. No entanto, como de hábito, Katia encarou com coragem suas batalhas, alcançando uma vida mais estável e equilibrada.

Fiquei surpresa ao receber a notícia de que Katia estava abraçando mais um desafio, que é apresentar esta coleção de memórias da sua história em um livro, e me senti muito honrada com o convite para escrever este prefácio, o que me encheu de orgulho! Conhecendo Katia, eu tinha certeza de que esse projeto se tornaria realidade! E aqui está ele: um relato comovente de sua vida, desde a infância, apresentado de forma clara e honesta, expondo a dura realidade de pessoas que desde o nascimento são praticamente invisíveis para grande parte da sociedade. Infelizmente, sobretudo em países menos desenvolvidos, as classes menos privilegiadas têm dificuldade em escapar das trajetórias vividas por seus pais, avós, bisavós... Um círculo vicioso, por vezes difícil de ser rompido, mas que estas memórias provam que pode ser superado!

Esta leitura nos leva a acompanhar a jornada de Katia, ao revisitar sua história. Olhando seu passado através das lentes da memória, essa mulher adulta se reconecta com a menina que um dia foi, compartilhando conosco seus medos, frustrações, alegrias e motivações de vida. E Katia revela, conforme nos apresenta suas memórias, como cultivou a força necessária para transcender as adversidades, não apenas a fim de sobreviver, mas com o intuito de avançar incansavelmente em direção aos seus sonhos.

Este relato espontâneo, sincero e emocionante de tanta vida, repleto de energia e resiliência, pode, de alguma forma, servir de alento e iluminar o caminho das muitas outras "Katias", pessoas que fazem parte de uma população invisível, mas que buscam realizar seus sonhos e superar seus desafios.

Com muito esforço, Katia Wendt conquistou seu espaço na vida. Este livro é um testemunho inspirador dessa jornada incrível! Vale muito a pena saber como isso aconteceu e se inspirar pela sua incansável determinação e otimismo!

Um dia você poderá contar sua história de como superou o que você está vivendo agora e isso poderá se tornar parte do guia de sobrevivência de alguém.
(Desconhecido)

Marcia M. C. Pahl,
médica pediatra e executiva do ramo farmacêutico
Boston, 25 de outubro de 2023

No palco

It's a beautiful day
Don't let it get away
It's a beautiful day
(Trecho de música do grupo U2)

Boston, 17 de maio de 2017. Eu estava na janela de um hotel cinco estrelas, contemplando a beleza da cidade, ao mesmo tempo que minha cabeça estava pensando no momento especial daquela noite fria de primavera. Era um dos grandes momentos de reconhecimento global da empresa Johnson & Johnson, com entrega de prêmio em uma festa de gala, e no qual eu tinha sido finalista, o que já tinha me deixado radiante. E, ainda que ninguém ali tivesse dirigido ou roteirizado qualquer filme, a nossa noite de gala de *market access*, que acontecia anualmente para celebrar os melhores projetos da divisão farmacêutica da Johnson & Johnson, era entendida internamente pelo mesmo nome que a Academia de Artes Cênicas e Cinematográficas dava à sua maior premiação. Era, para todos os efeitos, a nossa noite do Oscar.

Eu já estava decidida sobre o que deveria vestir naquela noite tão especial. Tinha me preparado para caminhar pelo equivalente corporativo de um tapete vermelho! Trajava um tailleur preto elegante, compatível com a ocasião, e na minha cabeça a trilha sonora daqueles dias frios da primavera norte-americana combinava com o refrão de "Beautiful Day", uma das minhas músicas favoritas do U2. Aquele era mesmo um dia lindíssimo para mim.

Eu me sentia uma estrela de Hollywood prestes a levar uma estatueta do Oscar para casa, ou ao menos é assim que eu me lembro da emoção quando subi naquele palco, com centenas dos meus colegas de profissão ao meu redor me aplaudindo e me reconhecendo. Diante de tantas pessoas que admiro e respeito, tudo o que eu pude sentir foi uma alegria e uma magia imensa e intensa dentro de mim, como se a felicidade fosse explodir para fora de mim mesma. Eu estava plena e em estado de gratidão infinita.

No meio de tanta alegria e celebração, foi uma grande surpresa ouvir meu nome sendo convidado a subir naquele palco do "nosso Oscar". Parecia miragem, mas eu estava mesmo sendo agraciada com o prêmio global de reconhecimento pelo meu trabalho inovador na área de *market access*.

Eu estava tão radiante, tão feliz. Já tinha sido uma grande glória estar entre os finalistas, mas ser reconhecida como uma das profissionais mais inovadoras de *market access* da divisão farmacêutica da Johnson & Johnson do mundo todo? Eu mal podia acreditar! Meu projeto, que tinha como missão primordial educar os decisores das áreas de saúde a entender as complexidades da jornada dos pacientes com câncer e suas necessidades, estava sendo premiado pela companhia a nível global. Era um dos maiores reconhecimentos de toda a minha carreira até aquele momento.

Subi ao palco com uma felicidade tão visível que acho que até quebrei os protocolos. Em vez de simplesmente subir, receber a estatueta que simbolizava minha premiação e agradecer com um aceno de mão e cabeça, como alguns outros premiados fizeram naquela noite, minha alegria me levou a agir um pouco diferente. Fiz questão de ir até o microfone fazer meu discurso de agradecimento.

Os mestres de cerimônia pareciam um pouco confusos quando me viram com o microfone em mãos, enquanto, com a voz ainda embargada, eu agradeci às pessoas que tinham me dado apoio para fazer aquele projeto se tornar realidade. Quebrar o protocolo, no final, só me fez receber mais aplausos. Ouvia colegas gritando o meu nome e a impressão que eu tinha era que não seria possível manter aquela felicidade só para mim.

No entanto, enquanto descia os degraus daquele palco com meu prêmio em mãos, extasiada pela conquista, o que se passava pela minha cabeça era um enorme flashback, como se fosse uma retrospectiva relâmpago. Ainda me parecia improvável que eu pudesse estar naquele palco. Aquela Katia Wendt que descia os degraus em um vestido elegante era a mesma Katia que tinha comido terra fingindo que era chocolate durante a infância. Era a mesma que um dia havia colecionado piolhos na carteira da escola, que andava com uma Havaianas branca e azul arrebentada, desgastada e remendada com um prego, porque era a única alternativa para proteger os pés, *já que não possuía outros sapatos*. Toda essa parte da minha vida sempre foi invisível aos olhos do mundo corporativo.

Se eu pudesse ver meu futuro em uma bola de cristal quando eu tinha seis ou sete anos, talvez eu jamais acreditasse que tudo o que vivi desde então seria mesmo possível. Quando olho para trás, é como se aquela fosse outra vida, ainda que eu saiba que foi a minha vida mesmo. É como se eu já tivesse vivido tantas vidas — e algumas delas na mais completa invisibilidade.

Até hoje eu consigo lembrar com clareza de todos os meus medos, minhas revoltas, cada uma das angústias e tristezas, assim como das alegrias. Eu vivi cada um desses sentimentos, e trago até agora parte deles comigo como aprendizado.

Uma infância difícil

Este lugar não tem água encanada nem eletricidade.
(Lori Walls, no filme *O Castelo de Vidro* (2017))

1

Talvez, ao ter lido eu falar de "comer terra" pensando que era chocolate, você possa ter pensado que era uma metáfora. Só que era a pura verdade. Durante a minha infância, a vida foi bastante sofrida, sem recursos, e por muito tempo eu não sabia qual era o gosto de um chocolate. Só ouvia descrições, de que se tratava de uma pasta marrom doce, dura e deliciosa, que quando estava na boca ia derretendo. Ou, ao menos, é assim que eu me lembro de ouvir dizerem os que já haviam experimentado o tal chocolate, que me diziam que era a sensação de comer a melhor coisa do mundo. Aquilo não saía da minha imaginação.

Vivendo no interior do Paraná, a única coisa marrom que eu tinha ao meu redor era terra mesmo. Usando o melhor da minha criatividade infantil, eu esperava a chuva cair e o sol surgir. Era nesse momento que a terra molhada ao redor da minha casa secava e depois craquelava. Eu puxava aqueles pedaços de barro ressecado como se fossem barras de chocolate e mastigava. Com toda a minha imaginação infantil, fantasiava que aquilo era uma barra de chocolate, e, acredite se quiser, aquilo me enchia de alegria.

Eu vim de uma origem muito humilde e de uma infância bastante difícil e tumultuada. Cheguei neste mundo no dia 26 de junho de

1980, no hospital Santa Cruz, na cidade de Curitiba, capital do Paraná. Minha mãe era uma jovem adulta, na casa dos 26 anos, que pariu sozinha, sem a presença de um companheiro. Assim como acontece com milhares de crianças no mundo até hoje, meu registro de nascimento vinha com um campo vazio no local da filiação paterna. Fui, por muitos anos, parte de uma triste estatística de crianças que não conhecem ou não sabem os nomes dos seus pais. É uma realidade dolorosa, a de não conhecer o seu próprio pai, e eu precisei conviver com essa incógnita por anos a fio.

Minha mãe não era uma pessoa que tinha uma vida regrada ou organizada. Escutei muitas histórias sobre ela que não irei mencionar porque jamais saberei se são verdadeiras. Apenas posso afirmar que ela engravidou de um rapaz de dezenove anos que trabalhava em um cassino que ela frequentava no Paraguai.

Eu já era objeto de bullying desde quando nasci. Era conhecida por "sagradinha", por conta do fato de, mesmo grávida, minha mãe insistir em alegar que seguia sendo virgem. Até hoje tenho memórias de ouvir as pessoas me chamarem de "sagradinha" e do quanto aquilo me doía.

Apesar do deboche, minha versão bebê encantava minhas tias, que me acolheram enquanto minha mãe buscava maneiras de trabalhar, lidar com os desafios da pobreza e criar a primeira filha.

Só sei que nesse meio-tempo eu ia ficando, ainda bebê, aos cuidados de terceiros, e, algumas vezes, com pessoas da família. Cheguei a escutar histórias que eu tinha vivido com uma irmã do meu pai, que residia no Paraguai, até por volta dos meus dois anos. Depois disso, circulei por algumas outras casas. Em uma delas, uma das minhas tias descobriu que as pessoas chegavam ao cúmulo de me dar remédios para que eu ficasse apenas dormindo, dando assim menos trabalho. E assim eu fui vivendo minha infância de forma nômade, passando por diversas casas e por situações que nenhuma criança deveria passar.

2

No entanto, conforme a minha versão bebê ia crescendo, a atenção exigida também se tornava diferente. Para além dos custos de cuidar e alimentar mais uma pessoa, existia também a responsabilidade envolvida naquela criação, e nem todos estavam dispostos a lidar com todo o trabalho incluído nos cuidados de uma criança que não era deles.

Quando cheguei próximo dos meus quatro anos, já mais crescidinha, quem veio ao meu socorro foram meus avós maternos, Erna e José Wendt. Já na casa dos seus 75 anos, os dois velhinhos viviam numa cidade humilde do interior do Paraná, em uma área rural chamada Espigão Alto do Iguaçu, que ficava a cerca de quatro horas de distância da tríplice fronteira entre Brasil, Paraguai e Argentina. Era um município pequeno, sem muita infraestrutura, onde boa parte das ruas não tinha asfalto, sendo feitas de terra batida e, quando muito, um pouco de cascalho. Muitas das pessoas que viviam ali eram trabalhadoras do campo, que tinham emprego nas lavouras da região. Era uma cidade com vocação muito rural, forjada em relações comunitárias e de trocas muito fortes. Supermercado, por exemplo, era algo que eu só fui conhecer um pouco mais velha. Em Espigão Alto, tudo podia ser resolvido na vendinha, no mercadinho ou pedindo para o vizinho.

Com cinco anos, muita gente quase não tem memórias da infância, mas eu me lembro de muitos detalhes daquela nova vida que passei a ter na casa dos meus avós. Apesar de dispostos a cuidar de mim, eles já tinham muitos problemas de saúde. Vovó Erna tinha bastante dificuldade de locomoção, por conta da insuficiência venosa que tinha na época, além de frequentemente ser acometida por erisipela e cataratas. Lembro que suas varizes saltavam das pernas, pareciam com os dedos da minha mão, em uma visão bastante impressionante. Meu avô também não tinha a saúde das melhores, que era agravada por seu alcoolismo. Se as condições físicas dos meus cuidadores já não fossem um desafio por si só, a estrutura da vida em Espigão Alto era, no mínimo, precária.

A casa de madeira onde vivíamos era composta por dois quartos e uma cozinha. Não havia banheiro, era necessário usar fossas para necessidades fisiológicas. Era preciso ter cuidado para não cair no "buraco" onde ficavam nossos resíduos corporais. Como se tratava de um lugar muito fétido, não raro eu preferia optar por encontrar "um matinho" em um canto da propriedade para me aliviar. Eram condições higiênicas muito precárias, para não dizer inexistentes. Nos fundos do nosso quintal passava um rio, onde eu me lembro de ter tomado banho algumas vezes. Água potável, para beber e cozinhar, era buscada em um poço que existia no fundo do quintal. Era muito pesado carregar o balde cheio de água até a casa.

Quando narro esta história, as pessoas parecem se surpreender, mas, depois que assisti ao filme *O Castelo de Vidro* (2017), que conta a história da família da jornalista e escritora Jeannette Walls, entendi que é difícil para as pessoas visualizarem realidades tão diferentes das suas apenas com base em descrições. Muitas vezes, é preciso mesmo um suporte audiovisual, como um filme, para que seja possível entender a dureza de uma vida em um local sem eletricidade ou saneamento básico. Mais do que precária, esse tipo de moradia pode se tornar até um tanto insalubre, mas era a minha realidade da época e, infelizmente, sei que ainda é a realidade de milhares de pessoas.

Para além da ausência de condições sanitárias básicas, havia também uma falta generalizada de recursos para o mínimo. Minha cama, por exemplo, era composta de um simples colchão e travesseiro feitos, ambos, de palha de milho. O que pouca gente sabe, contudo, é que com o tempo a palha vai se sedimentando, e o que no início era fofo vai ficando cada vez mais perto da dureza do chão de madeira. O desconforto térmico também era frequente, o que causava tremedeiras no inverno e suadeiras durante o verão.

Uma casa de madeira simples não é exatamente o material mais resistente para manter uma residência, e com o tempo as falhas e os buracos das tábuas vão dando espaço para a criação de insetos e bichos dos mais diferentes tipos. Na minha memória, lembro-me de conviver com aranhas, besouros, grilos, baratas, eventuais ratos e uma quantidade de moscas que sempre me pareceu exagerada. Para espantá-las, lembro-me de ajudar minha avó a montar e pendurar sacos plásticos cheios de água pela casa. Parecia uma crendice esquisita, mas a verdade é que a sacada tem seu quê de genialidade: a água dentro de embalagens transparentes funciona como um espelho, que amplia a imagem da própria mosca, que se assusta ao pensar que seu reflexo é de um predador e acaba indo embora.

A iluminação elétrica também era um "luxo" que não tínhamos. Era importante aproveitar a maior parte da luz do sol durante o dia, porque nos momentos de escuridão toda a iluminação dependia de velas ou lampiões, dispositivos de iluminação que tinham do lado de dentro uma fonte de combustível, como óleo ou querosene, e um pavio que se mantinha aceso, banhando o interior madeirado da casa com o tom amarelado das chamas. O fogo era presença constante na minha vida, assim como a fumaça do fogão a lenha, onde cozinhávamos as refeições. Minha avó sempre me aconselhava a redobrar o cuidado com os lampiões e as velas, já que qualquer descuido poderia queimar as paredes de madeira e incendiar a casa inteira.

3

Conforme fui crescendo, me acostumei com aquele cotidiano pouco confortável e nada higiênico. Apesar da falta de consciência na época, hoje consigo entender que o tanto de mal-estar que eu sentia provavelmente tinha a ver com uma frequente exposição a doenças relacionadas à falta de asseio do lugar onde eu vivia.

Certa vez, acabei hospitalizada por uma pneumonia grave. Minhas memórias são de muita fraqueza e medo da preocupação que via nos olhos da minha avó, que relatava me ver muito magra e muito febril. Também pudera, além de uma alimentação deficitária, a exposição àquele ambiente pouco salubre me fazia mais predisposta a condições debilitantes da saúde, como vermes, sarna e piolho. Lembro que a sensação era de parecer estar morrendo. Eu fechava os olhos sem entender o que estava acontecendo, com um misto de alívio e cansaço conforme passavam as noites sob os murmúrios das orações da minha avó. Não sei por quantas horas ou dias eu dormi daquele jeito, em um sono profundo e ao mesmo tempo leve. Só lembro que em algum momento acordei melhor, e com uma certeza: minha avó era mesmo um anjo para mim.

Afinal, dentro das suas limitadas possibilidades, ela fazia tudo o que podia para cuidar de mim. Lembro dela me convencendo a tomar um xarope "para os pulmões voltarem a ficar fortes", dos infinitos chás que ela fazia para me ajudar a recuperar a energia e das compressas frias para controlar a febre, já que não havia recursos para comprar antitérmicos. Vez ou outra, eu acordava ao som dos murmúrios da vó Erna rezando, pedindo pela minha saúde, ou relatando a terceiros ter pensado que "quase ia perder a Katia".

Conforme fui chegando à idade dos primeiros anos escolares, lembro da dificuldade de conseguir manter um calçado inteiro para ir até a escola. Era muito comum que meu chinelo Havaianas, daquele modelo clássico azul e branco, estivesse consertado com um prego atravessado na sola, como uma maneira de manter a tira funcional por mais algum tempo.

Claro que ficava desconfortável de caminhar, o que me fazia preferir circular por boa parte do tempo descalça por onde eu estivesse, com o pé direto na terra, o que era uma grande porta de entrada para doenças que deixavam meu organismo sempre muito debilitado. Tanto é que não era uma surpresa que eu tivesse problemas para caminhar. Com os pés cheios do que minha avó chamava de "bicho-de-pé" — e que mais tarde, já adulta, eu descobri se tratar de uma infestação de pulgas chamada tungíase —, eu vivia com feridas nas solas e entre os dedos dos pés por conta das tentativas da vó Erna de usar uma agulha para remover os bichos, de modo a aplacar a coceira e a dor. Entre os dedos, o desafio era ainda maior, porque parecia que os bichos se aglomeravam em uma grande "panela", o que exigia um malabarismo da agulha para tirar a coleção de insetos dos meus pés. Para complicar ainda mais, a catarata da vó Erna fazia com que ela não enxergasse muito bem o que estava fazendo, e por vezes os furos saíam nos lugares errados ou iam mais fundo do que o necessário. Eu era cuidada por alguém que, afinal, também precisava de cuidados.

Ir para a escola, portanto, era uma alegria e ao mesmo tempo um suplício. Apesar da animação para encontrar outras crianças e aprender algo novo, eu sentia que era uma imensa dificuldade conseguir estar naquele espaço. Minhas roupas eram poucas, repetidas diversas vezes e, em alguns casos, apertadas para o meu tamanho ou já puídas nos cantos e sujas. Meus apetrechos escolares, como lápis, borracha e o caderno da escola pública, iam dentro de um saco plástico de arroz, já que não havia o menor recurso para me comprar uma mochila. Por ser mais resistente, o saco de arroz também ajudava a proteger meus cadernos do mau tempo e da chuva no trajeto até a sala de aula, em uma caminhada diária de cerca de 2 quilômetros.

O que compensava, além do aprendizado e da convivência com outras crianças da região, era a merenda. Como a comida em casa era escassa, eu quase sempre chegava à escola com o estômago roncando. O kit de prato e caneca azul de plástico, que descobri ser tradicional das escolas públicas brasileiras dos anos 1980, me trazia um quentinho no coração: seria possível não só comer com gosto, mas até repetir!

A convivência na escola, contudo, era bem difícil. Lembro que uma das formas de eu exercer meu recém-adquirido conhecimento em números era contando os piolhos que eu tirava da cabeça e matava na carteira. Eu puxava cada piolho do cabelo, os amassava na carteira e contava: um, dois, três... dez... doze... Lembro que acabavam os números que eu sabia contar, mas não acabavam os piolhos da minha cabeça.

Esse comportamento e essa ausência de higiene também não me faziam uma companhia muito querida para os coleguinhas. Além de ser uma criança apontada como "piolhenta", que tinha sarna no corpo e bicho nos pés, eu não sabia que era também fedida. Eu não tinha o costume de tomar banhos, até porque o próprio processo de tomar banho era complexo. Era preciso pegar os baldes, ir até um rio nas proximidades, trazer os baldes para dentro de casa e então tomar banho de canequinha. Era algo que meus avós faziam muito esporadicamente, talvez duas ou três vezes ao mês. Isso mesmo, você não leu errado. Eu podia passar semanas sem me banhar, mas não tinha consciência da importância da higiene pessoal.

Percebendo que a falta de asseio afastava minha convivência na escola, lembro que a professora Inês me ofereceu um tipo de carinho que eu ainda não conhecia, que era o cuidado com a higiene pessoal. Por muito tempo, ela me convidou a passar em sua casa depois das aulas, momento em que ela me permitia tomar banho e me ajudava a cuidar dos meus cabelos. Ela passou a ser mais que uma professora, ela se tornou a "tia Inês". Na sua casa, tudo era organizado e limpo, lá eu podia comer pão fresquinho e não chegar com tanta fome na minha casa; além do mais, como a tia Inês não tinha filhos, eu tinha atenção exclusiva.

A tristeza foi quando a vó Erna ficou sabendo que a tia Inês era protestante. Lembro que ela não gostou nada disso, e por um motivo que julgo ser muito ignorante. Fato é que minha avó não achava correto que eu, que vinha de uma família católica, ficasse visitando a casa de uma professora que era protestante. Foi uma pena, porque aquele cuidado me fazia bem, mas religião é sempre um assunto que pode dividir muito as pessoas, e, mesmo sabendo que eu estava recebendo cuidados, minha avó me proibiu de manter essa proximidade com a tia Inês. Acabaram meus dias de carinho e atenção, acabaram os banhos, os cuidados com o cabelo e os pães fresquinhos, sem contar que eu adorava a tia Inês! Passei meses triste, sofrendo sozinha com aquela situação. A religião jamais deveria ser uma barreira entre as pessoas, já que a essência de todas as religiões é o amor, a compaixão e o respeito pelo próximo.

4

Vivi na casinha dos meus avós em Espigão Alto até por volta dos meus nove anos. Foi um período de infância muito difícil, não só pela precariedade, mas também pelos desafios sociais e emocionais que eu tinha que superar sem ter maturidade para isso.

Lidar com a religião era apenas um dos desafios da vida nesses vilarejos, que pareciam ser divididos com base nas crenças e dogmas de católicos e de protestantes. Nas conversas, tanto com a tia Inês quanto com a minha avó, falava-se muito em "céu" e "inferno", mas descobri que nenhum desses lugares comportava os animais que faziam parte da minha convivência, como era o caso da minha galinha Jurema, minha grande companheira por muito tempo. Jurema ia comigo para todo canto, inclusive para a cama de palha quando eu ia dormir. Além dos cães e gatos que viviam no terreno, brincava com Jurema como quem brinca com um animal de estimação. Até que um dia, voltando da escola, dei falta da Jurema. Meu avô, na sua ignorância de gente da roça, desconversou enquanto minha avó servia um prato de arroz com frango no almoço.

Como uma criança determinada a encontrar sua amiguinha, passei a tarde toda incomodando os meus avós enquanto buscava a Jurema pela propriedade, sem sucesso. Até que meu vô, cansado de me ouvir reclamar, decidiu me contar a verdade da maneira mais insensível possível:

— Você não vai achar a Jurema, porque ela tá aí na sua barriga! — ele disse aos risos.

Demorei para entender que eu tinha *almoçado* a minha amiguinha. Arregalei os olhos, senti um enjoo como se eu quisesse vomitar e chorei copiosamente enquanto meus avós achavam graça da história toda.

Hoje, sinto que meu amor pelos animais era incompreendido pelos meus familiares, até por conta do contexto de carência econômica mesmo. Para eles, era comum ter que matar porcos ou galinhas para fazer o almoço ou o jantar, afinal, essa era, na visão deles, a utilidade daquela criação. Só que no meu coração não era assim que funcionava. Eu sofria com os grunhidos dos porcos quando sentiam o abate próximo e jamais conseguia degolar uma galinha sem passar por grande sofrimento. Mesmo na infância, eu percebia que os animais possuíam sentimentos e me sentia conectada a eles.

Era uma tristeza realmente profunda para mim, uma criança que acreditava que os bichos tinham alma e mereciam o Céu, ao contrário do que vó Erna dizia, que somente os humanos iriam para o Céu. Não era possível que aqueles seres com quem eu brincava e me davam tanta atenção e carinho simplesmente morressem e não fossem para lugar nenhum. Sentia que o Céu seria um lugar triste sem eles! E por que eram abatidos com tanta crueldade? Por que tinham que vir parar no meu prato, em forma de comida? Foram dias que sofri em silêncio por não ter mais a Jurema comigo e que me fizeram pensar em todas essas perguntas. Como criança, era muito difícil entender o mundo.

Só que eu também tinha pleno entendimento de que, como criança e convivendo com aqueles adultos cheios de problemas, o melhor era chorar quieta no meu cantinho. Já tinha visto meu avô em dias horrendos, corroído de ódio e violência depois de beber, tacando pratos e panelas pela casa, gritando e xingando. Já o tinha visto agredir minha avó, a ponto de apostar em súplicas para proteger a única adulta que parecia cuidar de mim e se preocupar comigo. Certo dia, quando percebi meu avô ameaçar matar minha avó com uma faca em suas mãos, me joguei aos pés dele, suplicando por piedade e clemência pela vida da minha avó. De joelhos, segurando seus pés para que ele não se movesse, eu pedia desculpas sem saber nem mesmo os motivos para me desculpar.

— Por favor, perdoa, perdoa, estamos erradas, você tem razão! Perdoa, perdoa! — eu gritava enquanto chorava e me agarrava aos pés dele, na tentativa de atrapalhar a ida dele até a minha avó.

Eu me sentia como se eu fosse uma formiga que poderia ser pisada e esmagada a qualquer momento, mas estava disposta a fazer de tudo para tentar salvar minha querida vó Erna. Eu sabia que meu avô estava errado, mas dizia que ele estava certo para tentar acalmá-lo. Lembro-me de olhar para cima e ver os olhos dele azuis de ódio, e, quanto mais o olho dele brilhava de raiva, mais alto eu gritava, implorando por perdão e pedindo que não matasse minha avó.

Em outros dias, tentava outras estratégias. Além das súplicas, que eram muito frágeis e podiam terminar em um safanão, pensei em correr com minha avó pra longe. Só que com 75 anos e erisipela nas pernas, minha avó não era exatamente alguém que aguentava correr. Em outros momentos, buscamos refúgio na casa de vizinhos. A gente se escondia de noite e esperava até o amanhecer, quando a ressaca fazia meu avô acordar mole, como se nada tivesse acontecido. Como se ele não tivesse estado a ponto de nos matar na base da porrada no dia anterior.

Eu tinha muito medo de me posicionar ou reclamar e receber de volta essa violência toda. Quando via meu avô perdendo a linha por conta do alcoolismo, costumava me refugiar no chiqueiro, com os porcos, um lugar sujo e fedido que ninguém gostava de ir, onde eu ficava sozinha rezando aos céus para que meu anjo da guarda me protegesse e me tirasse daquele lugar. Eu rezava com tanta fé, chorava com tanto sofrimento... acho que passava horas ali, sentindo que eu vivia um inferno na Terra, sem a capacidade de entender como solucionar nada daquilo. Eu só tinha uma única certeza: não queria mais sofrer daquele jeito.

Eu não queria, mas era aquela a vida que tinha, e fazia o que podia para me adaptar. Certa vez, encontrei meu avô desmaiado no quintal. Tentei chamá-lo, sacudi-lo, para ver se ele acordava, mas nada. Ele estava lá, estatelado no chão, sem se mexer. Tinha entrado em coma alcoólico. No meu desespero, sem saber o que fazer, saí em disparada atrás dos vizinhos, pedindo por socorro. Um deles se prontificou a ajudar a transportar meu avô para o hospital na cidade mais próxima, chamada Quedas do Iguaçu. Quando chegamos à porta do pronto atendimento e meu avô finalmente foi levado pelos enfermeiros, eu pude parar para sentir toda a tensão que passava pelo meu corpo. Eu tinha levado meu avô ao hospital, sozinha, pois o vizinho nos ajudou apenas com o transporte até lá, mas... e agora? E se ele morrer? O que eu faço? O que acontece com a minha avó? Só me lembro de ficar muito confusa e, na dúvida do que ia acontecer, apenas rezar para que os médicos conseguissem fazer o necessário para ele voltar a ficar bem. Eu tinha apenas sete anos quando tudo isso aconteceu.

5

Minha primeira infância foi vivida em um intenso estado de tensão. Sobrevivi com poucos recursos, muitas doenças plenamente evitáveis, com o mínimo de saneamento básico e uma ansiedade que não ia embora nunca. Dentro de casa, morria de medo da violência do meu avô e sofria com a ausência de bem-estar e de alimentos. Na escola, sofria com a vergonha dos colegas e com o medo de voltar para casa e encontrar minha avó assassinada pelo meu avô. Existia um medo constante em mim de não chegar a tempo para impedir que isso acontecesse. Lidei com todos esses sentimentos em silêncio e na invisibilidade da minha existência.

Lembro que do pátio da escola eu conseguia avistar, no topo do morro, a casa de madeira onde eu vivia. A cada intervalo, durante o recreio, eu dava um jeito de chegar na grade para conferir se a janela de casa estava aberta. Por algum motivo, enquanto a janela estivesse aberta, eu tinha a certeza de que vó Erna estava viva. Se a janela estivesse fechada, eu voltava para casa correndo, cheia de medo de algo ruim ter acontecido. Ver de longe a janela fechada era um martírio para mim, porque automaticamente meu coração disparava. Eu sentia a pulsação no meu corpo inteiro, no que provavelmente era uma crise de pânico, e ao mesmo tempo tinha que cuidar para me controlar e disfarçar, de modo que ninguém percebesse que eu estava à beira do colapso.

Existia também uma sensação de muita confusão de emoções, de questões que conflitavam dentro de mim. Uma delas era o olhar e o toque do meu avô em mim, que sempre trouxeram sentimentos muito ruins. Para além da violência física representada pelas ameaças de matar minha avó, de empurrões e safanões em mim e no meu irmão menor, que também passou uma temporada morando conosco, meu avô também tinha um esquisito hábito de me vigiar tomando banho. Eu não sabia ao certo o que sentir daquele olhar que espreitava pelos vãos das madeiras enquanto eu tirava a água do rio do balde para jogar em mim e tentar limpar as sujeiras que se impregnavam no meu corpo.

Da mesma maneira, dormir junto dos meus avós sempre pareceu algo ambivalente e conflitante. Ao mesmo tempo que encontrava calor e carinho ao abraçar minha avó Erna, também sentia um imenso desconforto ao sentir a mão enrugada e áspera do meu avô passando pelo meu corpo e por baixo da minha calcinha. Eu não sabia o que fazer. Será que eu ficava quieta? Será que ia para o meu colchão de palha e ficava lá no frio e com medo? Será que eu podia reclamar?

Até acho que minha avó começou a perceber meu desconforto e tentou me proteger do jeito dela. Foi depois de um episódio em que eu me lembro de ver minha calcinha manchada de sangue. Ainda hoje não sei precisar o que pode ter acontecido, se eu me machuquei caindo de alguma árvore ou se algo pior aconteceu. Só me recordo de levantar daquele lugar escuro, que era um pequeno galinheiro, abrir a porta e sair dali correndo, cheia de dor e medo. A partir dali, por algum motivo, senti os cuidados da minha avó comigo aumentarem. Vó Erna sempre foi minha protetora, sempre atenta para que eu estivesse ao alcance do seu olhar. Eu sabia que ela enxergava pouco e mal, por conta das cataratas, mas era um jeito de me sentir "vista" e protegida por alguém. Vó Erna era uma senhora de estatura baixa e frágil, com uma saúde muito problemática, e que havia tido uma vida muito sofrida. Depois de ter parido dez filhos e criado os oito que sobreviveram, eu via que agora ela também dava seu melhor para cuidar de mim e me proteger dos perigos da vida. Perigos esses que incluíam a personalidade violenta, alcoólatra e abusadora do meu avô.

6

O que mantinha minha esperança de dias melhores era a imagem que eu fazia da minha mãe. Minha "mãezinha", como eu gostava de chamá-la. Apesar de ter me largado na casa dos meus avós, a figura da "mãezinha" existia em mim como uma super-heroína, alguém que poderia vir e me salvar daquela situação precária e difícil em que eu vivia.

Essa mãezinha, contudo, estava sempre muito distante. Vivia em Rondônia, que eu não sabia se era um lugar perto ou longe de onde vivíamos. Falava com ela apenas pelo telefone público da cidade. Ir até aquele orelhão para ouvir a voz da minha mãezinha era um grande evento no meu dia! Receber ligações naquela época era algo raro, complicado e muito caro. Era preciso marcar dia e hora, ir até o telefone público da cidade e ficar de prontidão, aguardando a tão sonhada ligação. Esse momento acontecia umas três vezes ao ano.

Por isso, a contagem dos dias para finalmente revê-la ao vivo e a cores era algo que me brilhava os olhos de tal maneira que minha avó Erna jamais teve coragem de cortar esse entusiasmo. Como qualquer criança que não entendia muito a passagem do tempo, vivia questionando se "já era hora" de a minha mãezinha chegar.

— Ainda vai demorar, Katia — respondia minha avó.

— Vai demorar quanto, vó?

— Ah, uns doze meses ainda — ela me dizia.

Sem saber quanto eram doze meses, dias depois eu voltava a perguntar:

— Vó, falta muito ainda para passarem os doze meses?

— Ih, falta um pouco ainda, Katia. Tem que olhar no calendário.

Depois de algumas visitas empolgadas ao orelhão do centro da cidade de Espigão Alto para falar com minha mãezinha, vez por outra minha avó me avisava que finalmente o dia estava para chegar. A primeira vez que minha mãe finalmente veio me visitar foi como se uma grande festa estivesse para acontecer. Ela me trouxe várias peças de roupa, que eu lembro que davam para fazer uma pilha! Era mais roupa do que eu tinha, mais do que eu jamais tinha visto! "Minha mãezinha era realmente incrível em pensar em me dar algo tão sensacional", eu pensava.

Ter roupas, para mim, era símbolo de ter uma vida confortável. E significava que minha mãe havia conseguido dinheiro pra isso. Portanto, desde muito nova eu tinha uma noção bastante clara de que a vida poderia melhorar se eu tivesse dinheiro. Nas brincadeiras com minha amiga Liamar, que vivia numa casa próxima, eu gostava de fingir que trabalhava no Banco Bamerindus, aonde sempre íamos todos os meses para coletar a aposentadoria da vovó Erna. E eu via que as mulheres que trabalhavam no Bamerindus usavam botas e estavam sorrindo. Portanto, quem sabe, se eu tivesse botas, talvez pudesse trabalhar no banco e conseguir dinheiro. Eu sonhava com isso, e com Liamar visualizava esse futuro enquanto trocávamos papéis rasgados que fingíamos serem notas de cruzado. Só que a vó Erna não tinha condições de comprar quase nada pra mim, muito menos uma bota.

— Isso a vó não pode comprar com a aposentadoria, Katia. Quando a tua mãe vier, ela pode ver se compra essa bota para você.

Foi em uma dessas poucas visitas anuais, durante as férias do supermercado em que ela trabalhava, que minha mãe prometeu que íamos sair para comprar a tão sonhada bota. Saí tão animada, tão feliz, mas logo fiquei muito frustrada. Minha "mãezinha" tinha decidido que, em vez de comprar a bota pra mim, íamos comprar "presentes". Fiquei confusa, além de um pouco triste, mas me resignei. No caminho de volta, paramos em uma casa que eu não conhecia, para deixar os presentes com uma senhora que parecia não querer receber nada vindo das mãos da minha mãe.

— Eu não quero nada seu, muito menos para os meus filhos, sua desgraçada! Sua vagabunda! Que ousadia a sua ter a coragem de aparecer aqui na minha casa depois de sair com o meu marido! — a mulher gritava alto, aos quatro ventos.

— Quem é que te falou isso? — questionou minha mãe, com cara de surpresa.

— Eu recebi uma carta que conta tudo o que você e o meu marido fazem, que denunciou toda a relação de vocês!

— E onde é que está essa carta? Eu quero ver! — provocava, com certa audácia, a minha "mãezinha".

— Já não existe mais, eu queimei tudo, mas a vontade era de queimar VOCÊS! — gritou a mulher em resposta.

Aquela situação toda me deixava em pânico. Por que aquela senhora estava gritando com a minha mãe? E por que ela não queria receber os presentes? Será que ela sabia que eu não tinha ganhado a minha bota para que os filhos dela pudessem ganhar aqueles brinquedos?

Só sei que minha mãe foi me pegando pela mão e nos afastando daquele local. Quando eu olhei para trás, vi a mulher que gritava arremessando pela janela todos os brinquedos e presentes que minha mãe tinha levado.

— Leva tudo isso embora, sua vagabunda, que eu não quero nada que vem de você!

Lembro de estar aflita e ao mesmo tempo irritada. Será que a gente podia voltar? Se a mulher não queria os presentes para os filhos dela, eu queria os brinquedos para mim. Aliás, por que será que minha mãe tinha preferido dar presentes para os filhos daquela mulher que eu nem conhecia, em vez de dar... para mim? Foi um dia de terríveis aprendizados sobre aquela "mãezinha" que eu idealizava, mas que me entregava uma realidade muito diferente do que eu imaginava.

Em meio a esses pensamentos todos de criança, ainda me lembro claramente da voz da minha mãe quando retornávamos para casa, em uma conversa com uma amiga da época que presenciou toda a situação:

— Vou te contar, como beija bem este marido dela!

Esse foi um momento muito revelador para mim, apesar da minha pouca idade. Foi ali que descobri que a mulher que acusava minha mãe estava mesmo falando a verdade. Tudo que ela tinha gritado nos nossos ouvidos — a carta, o relacionamento, a audácia da minha mãe — era verdade. Era minha mãe, no final, que estava mentindo e enganando todos. Voltei de cabeça baixa pelo caminho, digerindo da maneira que a minha idade permitia aquela frustração de entender que nem tudo que eu ouvia da minha mãe tinha lastro no mundo real. A decepção foi um fardo pesado para carregar, um amargo despertar para a complexidade do mundo adulto.

7

A saúde dos meus avós seguia se deteriorando. Mesmo com o meu suporte no dia a dia, ajudando na locomoção e nas atividades do cotidiano, os filhos foram percebendo que deixar aqueles idosos desatendidos e distantes mais de sete horas de viagem de ônibus não era tão seguro. Por isso, em certo momento, foi decidido que iríamos sair de Espigão Alto e nos mudar para Foz do Iguaçu.

Saímos de um casebre de madeira, numa área praticamente rural, para viver nos fundos da casa de uma das minhas primas. Essa proximidade com outros adultos da família era um alívio pra mim, porque finalmente existiriam outras pessoas para também cuidar da minha avó e impedir que meu avô a matasse em uma crise de loucura alcoólica.

Minha nova casa ainda era feita de madeira, mas era muito, *muito* melhor que a anterior. Para começar, o piso não era mais de madeira, mas de cimento. Além de ter um quarto com duas camas e uma pequena cozinha, também tínhamos banheiro com chuveiro e uma privada. Fiquei tão feliz de me despedir da fossa e de não precisar mais usar o matinho!

Com essa melhoria de vida, também ganhei a companhia inesperada de um irmão mais novo, o Emanoel. Antes mesmo da sua chegada, eu já entendia que algo estava para mudar. O rumor geral entre a família era que "o filho do João do mercadinho" estava a caminho. No caso, o João era exatamente o esposo da mulher que tinha acusado a minha mãe de traição. Meu avô não gostava nem um pouco dessa história, parecia se irritar muito.

Emanoel veio morar comigo e meus avós nos fundos da casa dos meus parentes quando tinha cerca de três anos, para que minha mãe pudesse fazer o trabalho de sacoleira entre o Paraguai e Rondônia. A princípio, a ideia era que ele ficaria no máximo duas semanas aos cuidados dos meus avós, mas, como eu estava já aprendendo, a palavra da minha mãe não valia muita coisa. Emanoel foi ficando por semanas, depois meses, e, conforme o tempo ia passando, mais meu avô ia se irritando com os choros e as birras de criança. Eu sentia um ódio no olhar do meu avô pelo Emanoel e fazia de tudo para evitar irritá-lo. Já tinha presenciado tapas e empurrões entre aquele senhor de quase oitenta anos e meu irmão pequeno, e em um instinto protetor cheguei a abafar o choro dolorido dele com as minhas mãos, para evitar que o barulho incomodasse e viesse a despertar a ira do meu avô.

Abafar o choro do Emanoel, que pedia pela mãe todas as noites antes de ir dormir, porque ele sentia saudades dela, era o que eu precisava fazer para protegê-lo e evitar os gritos e as ameaças do meu avô falando que ia matá-lo se não parasse de chorar, assim como já havia acontecido outras noites. Para além de cuidar de mim e ajudar a minha avó, agora eu tinha uma criança pequena sob minha responsabilidade.

Parecia muito, cansava demais, mas eu tinha plena consciência de que eu devia cuidar dele e protegê-lo.

8

Em Foz do Iguaçu, comecei a estudar numa nova escola. Também tomei consciência de que me dedicar aos estudos era a única saída ao meu alcance para melhorar de vida. Eu não podia fazer nada para ganhar dinheiro, mas ao menos eu podia estudar.

Aos onze anos, eu fazia o que era necessário para continuar frequentando a escola. Isso incluía comprar meus próprios passes escolares, pois não tinha ninguém para fazer isso por mim. Com o dinheiro da aposentadoria que minha avó Erna me dava, eu atravessava a cidade até uma empresa de transportes, localizada em um bairro perigoso, para comprar a passagem escolar pela metade do preço. Além disso, aprendi rapidamente a rota de ônibus entre minha casa e a escola.

Por estar "morando de favor", existia certa expectativa de que eu ajudasse a cuidar de alguns afazeres da casa da frente, onde moravam a minha tia e meus primos. A lavagem das louças, varrer a casa, passar pano, lavar banheiro e ajudar a passar roupa eram algumas das tarefas que me cabiam. Nos poucos momentos em que tentei me rebelar, recusando-me a fazer qualquer uma dessas atividades de limpeza, me lembro de uma situação em que tive minha cabeça empurrada em direção a uma parede sob os sons de frases que indicavam a obrigatoriedade daquela tarefa.

Hoje eu entendo que convivi com um comportamento por vezes violento de pessoas que estavam em uma situação de desequilíbrio emocional, e que não tinham a menor noção do tipo de consequência que poderiam deixar em uma criança. Na cabeça deles, eles sentiam que estavam me provendo o necessário, que estavam cuidando de mim enquanto minha mãe tinha me deixado para trás, e era minha obrigação ajudar nas tarefas diárias. A parte boa de tudo isso é que optei por não sentir raiva de ninguém e sim tentar entender as razões de seus comportamentos. Empatia e resiliência foram fundamentais para superar anos nessa situação.

Certas informações chegavam até mim sem muita cerimônia ou cuidado, ainda que eu fosse uma criança. Foi assim com a notícia da morte do meu avô. Uma das minhas tias me chamou discretamente ao banheiro, a fim de contar sobre o falecimento dele e pedir suporte na hora de dar a má notícia a minha vó Erna:

— A gente precisa preparar a vó para receber essa notícia, e você precisa ficar junto dela, está bem?

Eu me lembro de chorar um pouquinho no banheiro, mas estava muito confusa. Enquanto chorava, sentia também que não queria chorar. Gostava do meu avô, mas também sentia muito medo dele, embora a mudança para Foz do Iguaçu tivesse melhorado o clima na casa. Será que a sua ausência seria melhor? E, pior, será que sua morte ia nos causar problemas? Quer dizer, será que teríamos dinheiro para pagar o enterro?

No velório, que aconteceu na capela do cemitério, resolvi sair sem que ninguém percebesse e comecei a andar entre túmulos e mortos, pensando e refletindo sobre vida e morte. Fato era que, em vez de tristeza, eu sentia um grande alívio. Era como se um grande peso tivesse saído das minhas costas. Talvez eu não precisasse mais tapar a boca do Emanoel para evitar o choro que incomodava o avô. Talvez ninguém mais ficasse me espiando na hora do meu banho. Eu também não teria que ficar com medo de algo acontecer com a vó durante a minha ausência. Era como se, dentro de mim, eu sentisse que aquele era o fim de um ciclo difícil. Eu só não tinha clareza ainda de que tipo de ciclo estava prestes a começar.

9

Com a morte do meu avô, minhas tias decidiram que talvez não fosse uma boa ideia deixar uma senhora de mais de oitenta anos, que precisava de ajuda, comigo, que passava parte do dia na escola. Uma das minhas tias recebeu a vó em sua casa, na cidade de Santa Terezinha do Itaipu, a cerca de 30 quilômetros de Foz do Iguaçu. No entanto, como eu ainda tinha o restante do ano para completar o sétimo ano do ensino fundamental, decidiram que era melhor que eu ficasse por perto, ao menos até completar o ano letivo. Foi nessa época que fui morar com uma prima minha que acabara de ter um bebê.

Minhas responsabilidades eram ajudar a cuidar do bebê e dar conta das tarefas da casa. Tudo isso, claro, no contraturno escolar. Sobrava pouco tempo para me dedicar às lições de casa.

O marido dessa prima, inclusive, não tinha exatamente um comportamento apoiador. Vivia reclamando que a mulher havia relaxado com o próprio corpo e engordado, não gostava da ideia de que ela saísse de casa para trabalhar, era uma pessoa que quase não tinha amigos e também não era um pai presente. Na minha pouca visão de mundo adulto, sentia que o casal tinha uma relação desequilibrada. Presenciei algumas discussões sérias e vi que, na ânsia de agradar o marido, minha prima vivia fazendo dietas mirabolantes, que incluíam o uso de medicamentos para conseguir emagrecer, o que geralmente a deixava com um mau humor terrível. Muitas vezes, sobrava bronca até para mim, que não tinha nada com isso. Com o tempo, minha prima foi se fechando no mundo doméstico e deixou de lado sua carreira para não afrontar o esposo.

Do alto dos meus doze anos, eu entendia que aquele contexto não me levaria adiante. Era como se todos aqueles problemas e situações cotidianas me arrastassem para trás, me mantivessem presa a uma realidade à qual eu não queria pertencer. Por isso, na minha imaginação, comecei a criar um mundo de sonhos, um mundo que um dia seria real! Conforme o ano letivo ia se encerrando, eu fiquei com um objetivo fixo na minha cabeça: era hora de arrumar minhas malas e me mudar para Porto Velho, onde minha mãe residia. Ao lado dela, tinha esperança de que as coisas poderiam finalmente começar a dar certo.

Ou, ao menos, era o que eu imaginava.

Em busca da minha mãe

A maternidade não é apenas uma questão de dar à luz, mas também de amor incondicional e apoio emocional.

(Oprah Winfrey)

1

Minha mãe sempre prometia que ia me mandar uma passagem de avião para que eu fosse visitá-la em Porto Velho, capital de Rondônia. A distância entre nós era de quase 3 mil quilômetros, que de avião poderiam ser cruzados com uma viagem de cerca de oito horas de voo, incluindo todas as conexões necessárias. Passei anos sonhando em viajar de avião para ver de perto as nuvens e tomar todos os sorvetes que eu aguentasse, já que me diziam que ao viajar de avião era possível comer quantas vezes eu quisesse!

Promessas, no entanto, nunca foram o forte dela. Tudo o que eu consegui foi uma passagem de ônibus da União Cascavel, que partia de Foz do Iguaçu e ia até Porto Velho, que foi comprada com os recursos provenientes da aposentadoria da minha avó, parando em diversas cidades ao longo do trajeto, que levava três dias inteiros. O ônibus, naquela época, nem contava com ar-condicionado.

O dinheiro, é claro, só dava para uma passagem. Eu deveria ir sozinha durante todo esse trajeto. Vó Erna me deu alguns trocados, que tirou da sua aposentadoria de salário mínimo, sua única fonte de renda, para que eu pudesse comer alguma coisa pela estrada, já antecipando que eu precisaria pagar pelo meu almoço e jantar, e me deu a bênção. Eu tinha apenas doze anos, uma pequena mala com os meus pertences e uma vontade imensa de finalmente morar com a minha mãe.

Apesar do desafio de viajar por tantas horas, partindo da região Sul para a região Norte do país em pleno verão brasileiro, minha memória é de uma grande aventura. Estávamos nos anos 1990, os cuidados e receios da sociedade eram outros. Cinto de segurança em veículos, por exemplo, só foi se tornar obrigatório em 1997. Sempre me questiono se outras famílias teriam deixado seus filhos fazerem uma viagem tão longa desacompanhados. Em todo caso, o fato era que eu estava tão acostumada a fazer as coisas por minha conta que eu só fui.

Nesse trajeto, ao longo dos dias fui conhecendo algumas pessoas. Sentada no fundo do ônibus, suando em bicas e do lado do banheiro, um jeito de transformar a viagem em algo menos sofrido era... conversar. A meu favor estava a curiosidade de todo mundo, que, ao perguntarem "com quem" eu viajava, se surpreendiam ao saber que aquela adolescente estava viajando por três dias, ao longo de quase 3 mil quilômetros, completamente sozinha.

Uma das primeiras pessoas que puxou papo comigo foi uma senhora que não acreditava em vacinas. E eu, que tinha criado o hábito de me dirigir sozinha até o posto de saúde para me vacinar, achava aquilo surreal. Aquela mulher não tinha vacinado nenhum de seus filhos! Fiquei assustada com a ignorância dela no assunto, nunca pensei que existissem pessoas com aquele pensamento. Também conheci uma senhora e seu filho que diziam ser parentes de uma modelo famosa, que fora eleita "miss" de um estado que eu não lembro, mas que havia sido assassinada pelo namorado em um crime passional. Sem acesso a jornais ou revistas, eu não tinha como confirmar nada do que me diziam e me restava acreditar na informação.

Entre uma parada e outra para as refeições e troca de motoristas, fui fazendo amizades ao longo da viagem. Dá pra imaginar que transitar por horas a fio dentro de um ônibus superquente, refrigerado apenas pela brisa que entrava pela janela, devia exercer algum poder de união entre aquelas pessoas.

Mesmo ainda jovem, lembro que consegui causar alguma influência positiva durante aquele trajeto. Uma das pessoas com quem conversei na viagem era um homem que estava muito frustrado por ter descoberto a traição da esposa e que viajou ao meu lado ao longo de doze horas; ele me contou todos os detalhes de como tinha descoberto aquela situação. Revoltado, ele estava indo tirar satisfação com o cara que tinha estado com a sua mulher. O homem dizia ter uma arma em sua mala e garantia ter intenções reais de assassinar o traidor. Fiquei por horas ao seu lado, trocando ideias e tentando convencê-lo de que matar uma pessoa não iria resolver os seus problemas. Depois de um dia inteiro de conversa, ele finalmente chegou ao seu destino. Antes de descer do ônibus, ele se aproximou de mim e cochichou baixinho:

– Acho que falar com você ao longo dessa viagem me trouxe paz, menina. Talvez eu nem precise usar a minha arma. Não vai ser um tiro que vai me fazer deixar de ser corno, não é mesmo?

Quando começo a lembrar dessas experiências que vivi, penso que são reflexo de um contexto de muita pobreza e muita necessidade. Este era o círculo de pessoas e de situações com as quais eu convivia: gente ultrajada, que resolvia tudo na base do tiro e da facada, que se apaixonava e traía na mesma velocidade. É um cenário em que sempre há perdas muito intensas, mas que, pelas durezas da vida, a gente raramente tem tempo de parar para refletir. É um tal de fazer e se mexer para tentar sobreviver ou conquistar uma "vida de novela" que, em muitos momentos, a maioria age por impulso, sem pensar duas vezes.

Enquanto passava por aquelas estradas rumo ao meu destino no Norte do Brasil, ansiosa para chegar à casa da minha "mãezinha", esse tempo de viagem me levava a refletir também sobre as perdas que eu mesma tinha sofrido. Era o caso da distância forçada da cachorrinha Tieta, uma mistura de salsichinha que vivia comigo em Espigão Alto e que viera conosco na parte de cima do caminhão de mudança até Foz do Iguaçu. Ela ficava nos fundos da casa da minha prima, onde estávamos instalados, mas a família achava que ela dava muito trabalho e, após o falecimento do meu avô, quando minha avó se mudou para Santa Terezinha de Itaipu, alguns familiares abandonaram a Tieta no meio da estrada. Eu fiquei desolada, além de me sentir cheia de raiva pela impotência de salvar a Tieta. Vez por outra, alguém contava uma história de que a Tieta ficou por muito tempo naquela estrada, circulando e correndo atrás do carro quando via alguém da nossa família passar. Imagina a tristeza da minha Tieta? Toda vez que alguém contava isso, eu sentia as lágrimas se juntando nos meus olhos.

Não sei o quanto disso era verdade e o quanto era crueldade que me contavam, justamente por entenderem que aquela história me emocionava. Só sei que as mesmas pessoas que a abandonaram no meio da BR-277 acabaram ficando com pena e resolveram resgatá-la, depois de meses vendo-a sempre no mesmo local, levando-a para viver com a vó Erna. Pensando hoje, acho que a principal tristeza de uma criança, e principalmente das que são pobres, é mesmo a impotência de mudar o mundo ao seu redor. A gente enxerga a dor, entende o problema, mas não tem nenhum tipo de recurso, seja financeiro ou emocional, pra fazer algo diferente do que chorar ou abafar os sentimentos. E, depois de chorar um tanto às escondidas, só restava secar as lágrimas e seguir em frente. Na minha pele de criança invisível, fui criando uma casca grossa para superar as adversidades da vida. Foram muitas as vezes que chorei sozinha e em silêncio, para ninguém ver e evitar repressões. Os únicos que tinham acesso ao meu lado emocional eram os animais.

2

Depois de dias de viagem, nem lembro ao certo como foi chegar a Porto Velho. Só lembro que meu padrinho que vivia na cidade foi quem me buscou na rodoviária, para que eu finalmente pudesse encontrar minha mãe.

O local onde ela vivia ficava em uma espécie de beco perpendicular a uma avenida principal, onde existiam várias casas simples, aglomeradas uma ao lado da outra, onde todos pagavam aluguel. O espaço era de alvenaria, composto por dois quartos, uma sala e uma cozinha pequenas, além de um banheiro minúsculo. Iriam morar ali, além de mim e minha mãe, também meus dois irmãos: Emanoel, que nessa altura do campeonato já era uma criança mais crescida, e o mais novo membro da família, o Victor Hugo, que era um bebezinho. Ou seja, em uma mesma casa estávamos uma Katia adolescente, Emanoel em idade escolar e o Victor bebê.

Por mais que eu ansiasse encontrar uma mãe atenta e disposta a me ajudar a construir uma vida melhor e até mesmo cuidar de mim, não foi bem isso que encontrei em Porto Velho. Minha mãe ficava muito mais tempo fora de casa do que dentro dela. Dei um jeito de procurar a escola da região para me matricular e cursar o oitavo ano do ensino fundamental — minha mãe somente assinava os papéis — e fui entendendo as dinâmicas daquele espaço.

O que eu não antecipava era que a minha chegada a Porto velho faria com que minha mãe se ausentasse ainda mais de casa. Com a falta dela, quem abraçou a responsabilidade de cuidar dos meus irmãos mais novos fui eu, que ainda tive que tentar corrigir uma série de maus comportamentos dos meninos. Ao mesmo tempo, o Victor era ainda um bebê que, bem, dava o trabalho que um bebê sempre dá.

Em conversas com os vizinhos, acabei descobrindo que o pai do Victor era um dentista da região, que, além de ser casado, tinha também outras três filhas. Logo pensei que nada disso importava, pois não mudaria a realidade que eu precisava enfrentar.

Pouco a pouco, juntando uma informação aqui e outra acolá, fui vendo a imagem idealizada que eu tinha da minha mãe ir desmoronando. Todos os indícios que eu tinha do passado se confirmavam com as situações que eu encontrava naquele presente em Porto Velho. A mãe que eu imaginava nunca existiu e pouco a pouco a admiração que eu nutria por ela foi se deteriorando. Aprendi que muitas vezes criamos expectativas errôneas e podemos nos frustrar muito com isso, mas não devemos deixar essa frustração definir nossas vidas.

3

Dizem que quem não tem cão caça com gato. Foi mais ou menos assim, entendendo que eu precisava de outras figuras adultas para me ajudar nessa vida em Porto Velho, que eu me aproximei dos vizinhos da minha mãe, a dona Imaculada e seu Goiano. O casal, que tinha também duas filhas, Janaína e Vitória, que regulavam em idade com o Emanoel e com o Victor, viviam a mesma dura realidade do bairro em que minha mãe residia, mas levavam a vida de uma maneira mais unida e afetuosa.

Eu ficava impressionada que, apesar das dificuldades, Imaculada era sempre muito carinhosa comigo e com meus irmãos e não media esforços para dar bronca quando necessário. Cozinheira de mão cheia, vez por outra nos convidava a fazer as refeições na sua casa ou nos mandava um vasilhame com algumas porções do prato que tinha preparado naquele dia. Conforme os meses iam passando, a proximidade foi me fazendo conhecer a história da família, que também era de muitos desafios, erros e acertos.

Dificuldades à parte, eu sentia que Janaína e Vitória eram muito mais sortudas do que eu. Sua família era unida, seus pais eram presentes e cuidavam delas com afeto. Inclusive, a família frequentava regularmente uma igreja que era diferente de tudo que eu já havia conhecido até então, que se chamava União do Vegetal. Não parecia com nada do que eu tinha ouvido a vó Erna, que era católica, ou até a tia Inês da escolinha, que era protestante, me contar. Em vez de falar de Céu ou Inferno, os devotos da União do Vegetal se conectavam com o divino de maneira diferente e falavam de reencarnação. Goiano e Imaculada me convidaram para frequentar a União do Vegetal (UDV), e eu decidi aceitar.

Conforme fui sendo apresentada para a UDV, fui entendendo mais sobre a visão deles sobre o nosso mundo. Mais do que uma igreja, a UDV era uma comunidade que havia sido fundada na região Norte do Brasil pelo mestre Gabriel, que guiava a comunidade por um princípio muito nobre: promover a paz. E confesso que era uma espécie de paz mesmo que eu sentia ao fazer parte daquele grupo. Um dos meus momentos favoritos era quando a UDV se reunia para o preparo do Vegetal. Umas duas ou três vezes ao ano, todos se reuniam para preparar o mariri e a chacrona, componentes naturais que, quando unidos, formavam uma bebida amarga que tomávamos juntos. A maioria chamava o chá de Vegetal, mas depois descobri que ele também tinha outro nome mais conhecido: ayahuasca, que muitos também conhecem pelo nome de Santo Daime.

O preparo era demorado. Juntos, nos dedicávamos a macerar o mariri, uma espécie de cipó, e separar a chacrona, um tipo específico de folha, para depois juntá-los em um grande tambor para cozinhar. O líquido precisava chegar à fervura, quando então compartilhávamos coletivamente aquele chá ainda morno. Apesar de ser muito diferente das missas e dos cultos que eu conhecia, tomar a ayahuasca também tinha seu próprio ritual, que envolvia não só o preparo da bebida, mas também a forma de consumir a quantidade a ser ingerida por cada um. Geralmente, todos se sentavam juntos, se dirigiam ao mestre que conduzia a seção do dia e que definia o quanto de ayahuasca cada um poderia tomar naquele dia. Depois disso, nos sentávamos enquanto escutávamos músicas instrumentais, fazíamos as nossas reflexões interiores e prestávamos atenção na palestra proferida na seção.

Como eu era uma adolescente, normalmente o mestre me recomendava uma dosagem menor. Por mais que eu participasse do preparo do vegetal, minha experiência sensorial com ele era terrível. Só de sentir o cheiro, eu já tinha vontade de vomitar. Mas, pra não fazer desfeita, eu levava minha dose de vegetal junto de um copo de água para a roda do ritual. Juntos, fazíamos uma espécie de prece de agradecimento e, ao comando do mestre, todos tomavam a bebida em goles grandes. Assim que o vegetal descia pela minha garganta, lembro que eu me via com duas opções: soterrar a bebida na garganta com um generoso gole de água ou, o que acontecia mais frequentemente, correr para um canto para poder vomitar.

Mesmo assim, alguma parte talvez fosse absorvida pelo meu organismo, porque eu me lembro de voltar para a minha cadeira e ficar viajando, completamente tomada pelo efeito da ayahuasca, que se chama de "borracheira". Era como se o meu corpo estivesse flutuando. Lembro que me dava uma sensação de leveza inexplicável e cada experiência era diferente. Passava de quatro a cinco horas nesse estado de torpor e leveza transcendental.

Consumir o chá do mariri e da chacrona era algo que eu fazia com frequência, praticamente toda semana, às sextas ou aos sábados. Ficava por lá das 19h até por volta de uma da manhã do dia seguinte. Minha mãe sabia que eu ia com os vizinhos, mas jamais manifestou preocupação ou pensou em proibir ou limitar minhas visitas à UDV.

Eu gostava de estar por lá. Participar da UDV me dava uma sensação de pertencimento, de acolhimento. Eram pessoas que me conheciam, com quem eu podia trocar ideias, conhecer outros pontos de vista. E não era algo que apenas os moradores da periferia participavam. Na UDV, participavam das cerimônias desde gente humilde, como eu e os meus vizinhos, até médicos e advogados. Independentemente da origem social, havia também a escala de conhecimentos do vegetal: quem estava começando aparecia sempre de calça amarela e blusa verde, para sinalizar que era novato. Depois, conforme ia conhecendo e entendendo mais do processo (o que eles chamavam de "abrir o conhecimento psíquico"), era possível se desenvolver na hierarquia da UDV e o protocolo de cores de roupa mudava para refletir esse avanço hierárquico.

E, por mais intensa que fosse a experiência, a impressão que eu tinha era de que naquela comunidade havia cuidado, sabe? Um episódio que me marcou muito foi quando eu comecei a ter minhas primeiras experiências amorosas por lá. O meu primeiro beijo, por exemplo, aconteceu com um rapaz que eu conheci na UDV. Só que o que era para ser algo inocente e singelo virou um grande escândalo na comunidade pela nossa diferença de idade: eu tinha apenas catorze anos e o moço era seis anos mais velho que eu!

O grupo da instrutiva, que cuidava de estabelecer os avanços hierárquicos dos membros da UDV, chegou a fazer uma reunião para decidir se seria preciso expulsar o moço da comunidade. No final, decidiram que não iam exilar o moço, mas sei que o chamaram para uma conversa bem séria, além de o terem rebaixado de nível. Eu gostava dele, era minha primeira paixão, mas também me senti muito protegida por aquelas pessoas.

A comunidade decidiu então que não fazia sentido nos proibir de nada, mas também tinha uma preocupação muito grande com a nossa diferença de idade. Seis anos de diferença podem parecer pouca coisa quando somos adultos, mas impacta muito quando estamos falando de um relacionamento entre uma adolescente e um jovem adulto.

Talvez já antecipando a falta de efetividade de uma proibição, foi decidido que a gente poderia namorar, mas com supervisão. Chegamos a nos ver por um tempinho, na casa dele ou na minha, mas sempre com alguém em volta "nos vigiando". No entanto, conforme o tempo passava e a relação com a minha mãe não melhorava, fui sentindo cada vez menos vontade de ficar em Porto Velho, e naturalmente me distanciei desse primeiro namorado.

Durante todo o tempo que fiquei em Rondônia, cursando o oitavo e o novo ano do ensino fundamental, frequentei a UDV. Refletindo hoje, aquela comunidade era onde eu me sentia mais cuidada, acolhida, vigiada. Por pior que fosse o gosto e o cheiro da combinação dos vegetais, a sensação que eu sentia era de cuidado, de ter pessoas interessadas em mim, observando minhas atitudes, corrigindo-me e me supervisionando, o que era algo inédito para mim. Em Porto Velho, eu não encontrei aquela figura idealizada de uma mãe amiga e presente, mas encontrei na UDV outra forma de cuidado que me nutria. Diz um ditado norte-americano que, para criar uma criança, é necessária uma aldeia inteira. Talvez tenha me faltado família, mas a aldeia inteira da UDV veio ao meu socorro. Ainda bem, pois ali aprendi muitos valores e princípios morais que carrego até hoje.

4

Além da frustração por não encontrar a mãe que tanto esperava e idealizava, eu me sentia sobrecarregada com todas as tarefas e afazeres da casa que eu precisava desempenhar. Eu tinha que lidar com as minhas próprias angústias, as novas emoções provocadas pela turbulência dos hormônios da adolescência, os efeitos das viagens astrais na UDV e as responsabilidades escolares dos últimos anos do ensino fundamental. Para completar, em razão da dinâmica do trabalho da minha mãe, quando eu estava em casa depois da escola, era minha responsabilidade cuidar dos meus dois irmãos mais novos.

Era muita coisa, o que me fazia ter uma rotina bem pesada. Eu acordava cedo, caminhava cerca de 1 quilômetro até a escola, e, enquanto passava a manhã nas aulas, meus irmãos muitas vezes ficavam sozinhos em casa. Era uma situação não só longe do ideal, mas também muito complicada, especialmente porque o Victor estava começando a andar e vivia fugindo de casa. Para evitar que aquele menino pequeno fosse parar no meio de uma rua movimentada, as pessoas que passavam acabavam pegando-o no colo e andando com ele pra lá e pra cá. Não foi uma nem duas vezes que, ao voltar da escola, encontrava o Victor no colo do dono do bar da frente de onde morávamos, que ficava sensibilizado com o risco de atropelamento daquela criança. Envergonhadíssima, mas ciente de que não tinha como mudar a situação, eu agradecia e sentia um alívio ao mesmo tempo.

Isso significa que eu sempre ia para a escola com uma tensão horrível, já imaginando que tipo de caos ou problema eu precisaria resolver na minha volta. Se em alguns dias isso envolvia interagir com o dono do bar ou os bêbados que lá ficavam para levar o Victor de volta para casa, em outros significava chegar em casa para encontrar o Emanoel fazendo birra ou reclamando de algo que eu não tinha como resolver. Meus dias eram um caos! Parecia que eu fazia malabarismos, tentando equilibrar o tempo para cozinhar, limpar a casa, tentar estudar, me preocupar se o Victor pulou o portão ou fugiu pra rua, resolver uma teimosia do Emanoel. O cansaço era real.

Houve momentos em que tudo isso era muito pra mim e eu reagia de uma forma nada bacana. Sem ter didática ou psicologia suficiente para incentivar o Emanoel a me ajudar nas tarefas da casa, muitas vezes acabei dando uns tapas nele. Era errado? Sem dúvidas. Só que aos 14 anos esse era o único recurso que eu tinha à disposição em muitos momentos, em meio ao estresse, à raiva e revolta que eu sentia da minha mãe que, ao invés de estar ali e cuidar de nós três, não estava presente. E, como irmã mais velha, eu me via na obrigação de fazer algo para garantir um mínimo de cuidado para os mais novos. A verdade é que eu não tinha nem idade direito para cuidar de mim, mas estava agindo como mãe substituta para os meus irmãos, já que a nossa mãe estava sempre ausente, fosse em viagens como sacoleira, frequentando os encontros do grupo carismático na igreja ou indo se encontrar com o pai do Victor.

A situação toda começou a me deixar tão frustrada que comecei a confrontar a minha mãe sobre as decisões que ela tomava. Passei a falar as verdades que via, era um enfrentamento diário. De que valia posar de religiosa e cuidar das coisas da igreja, se ela não conseguia cuidar dos próprios filhos? Eu a via saindo com homens casados, entre tantos outros comportamentos que eu reprovava, o que me levou a questionamentos que renderam apenas gritos e discussões sem fim. Nossa relação era de muito conflito e muita tensão.

Comecei a refletir que a mãe que tínhamos não era exatamente uma boa mãe. Fiquei desolada ao perceber que tudo o que eu acreditava sobre ela era apenas uma grande ilusão, que já vinha definhando desde as visitas anuais dela, quando eu morava em Espigão Alto.

Nas nossas brigas, enquanto eu questionava as posições dela e pressionava por um pouco mais de responsabilidade, muitas vezes ouvi que "era para eu ir embora dali". Conforme meus argumentos iam ficando mais fortes e as brigas mais difíceis, ela chegou a trazer uma amiga para conversar comigo e me explicar "como eu era má com a minha mãe".

— Você não pode ser assim, Katia, ficar brigando com ela e fazendo cobranças. Você precisa respeitar sua mãe, ela que te trouxe ao mundo! — dizia a mulher, empilhando banalidades enquanto tentava me dar uma lição de moral e mostrar que eu era uma filha ruim.

E minha mãe ao lado dela, escutando tudo e enfatizando ainda mais os pontos que a amiga mencionava, posando de vítima. Parecia que eu estava em uma sessão de exorcismo, sendo purgada por meus supostos pecados.

Naquela situação, eu as deixava falar tudo que queriam. Meu silêncio foi a minha resposta, engoli tudo que queria dizer. E dentro de mim só aumentavam o desgosto pela minha mãe e a certeza de que eu precisava sair dali quando terminasse o ensino fundamental.

5

Durante um dos recessos escolares, eu também tirei férias dessa vida tensa com minha mãe em Rondônia e fui visitar minha vó Erna. Ela tinha mandado dinheiro para a passagem, e lá fui eu de novo passar três dias em viagem entre Porto Velho e Foz do Iguaçu.

Rever minha avó depois de meses penando em uma vida tão complicada em Rondônia era um alívio. Eu me sentia acolhida pela atenção da vó Erna e aproveitava ao máximo, porque sabia que, enquanto estivesse no Paraná, seria também escalada para outros tipos de afazeres de doméstica nas casas da minha prima, da minha madrinha e da minha tia. O trabalho nunca acabava e a minha sensação era de que eu nunca parava. Aonde quer que eu fosse, alguém tinha obrigações domésticas para me passar, fosse limpar, lavar, passar, arrumar, organizar a casa ou cuidar de crianças. Não me recordo de ter tido um único dia sequer de folga, onde eu não estivesse fazendo absolutamente nada na casa de ninguém.

Eu já nem reclamava, porque sabia que era sempre assim, com uma série de trabalhos domésticos não remunerados. Descanso físico mesmo, eu só encontrava no final das férias. Isso se a gente puder considerar passar três dias dentro de um ônibus no caminho de volta para Porto Velho como descanso.

Retornei à capital de Rondônia para cursar o nono ano, o último do ensino fundamental. Esse costuma ser um ano emocionante para os estudantes, que encerram um ciclo, comemoram e se preparam para adentrar uma nova fase no ensino médio, a última parada antes de tentar entrar em uma universidade.

Naquela época, eu andava com um misto de determinação e desmotivação. Caminhava todos os dias para a escola movida 100% pela minha disciplina com os estudos, mas com o coração dilacerado pela realidade da minha família, cheia de preocupações com o futuro do Victor e do Emanoel, angustiada com os erros que cometia na educação dos dois, especialmente quando eu perdia a mão e acabava batendo neles, e absolutamente enraivecida com a falta de responsabilidade da minha mãe.

Estava no final do nono ano do ensino fundamental e percebi que realmente minha vida em Rondônia com minha mãe não daria certo. Nossas visões de mundo eram opostas — ela se via como uma vítima da vida, enquanto eu tinha a ambição de ser uma vencedora e realizar meus sonhos. Sabia que, para isso, precisava sair dali, mesmo que isso significasse a dor de deixar meus irmãos para trás. "Quem sabe isso poderia despertar um senso de maior responsabilidade da minha mãe com eles?", eu pensava em alguns dias. A convivência com ela era um desafio constante. Nos raros momentos em que nos dirigíamos a palavra, a tensão era perceptível. Nossas conversas se tornaram cada vez mais tumultuadas ao longo dos dois anos, até chegar ao ponto de ser insustentável.

A gota d'água foi quando ela me deu um sonoro tapa na cara depois de algo que eu tinha dito para confrontá-la. Naquele dia, eu passei a mão em um telefone público e liguei para a minha prima em Foz do Iguaçu. Contei a ela toda a minha situação e disse que não aguentava mais ficar em Porto Velho. Tudo o que eu queria era seguir adiante com meus estudos. Ao final da nossa conversa, minha prima me fez um convite:

— Olha, você sabe que eu estou grávida, e logo mais a bebê vai chegar e vou precisar de alguém para me ajudar a cuidar da criança.

Você cuidou tão bem do meu mais velho! O que acha de voltar a morar aqui comigo e me ajudar com a criação da mais nova também?

Eu não aguentava mais aquela vida junto da minha mãe em Porto Velho. Ao mesmo tempo, já conhecia a realidade de Foz do Iguaçu, que incluía o ambiente na casa da minha prima, que na época convivia com um marido machista e controlador, de quem ela era 100% dependente financeiramente. Para completar, eu também sabia que teria muito trabalho por lá, dessa vez para cuidar não só de uma, mas de duas crianças, além dos afazeres da casa. Precisava escolher entre o ruim e o menos ruim. E decidi ir.

Fiz minhas malas, coloquei tudo dentro do ônibus e fui. Não tenho lembranças se me despedi dos meus irmãos, se disse "tchau" para minha mãe. Tudo o que eu lembro é um grande borrão, como se a viagem de volta não tivesse durado três dias, mas apenas algumas horas. O que me esperava em Foz do Iguaçu não parecia também ser um mar de rosas. O acordo que fiz com a minha prima era muito claro: eu iria continuar com meus estudos, cuidar da casa, das crianças e tudo mais, mas sem ganhar salário, só moradia e comida. Acho que, se ela fosse uma mulher independente, até me ajudaria financeiramente com algo, mas a realidade dela era de uma mulher totalmente dependente e oprimida por seu esposo. As condições eram muito óbvias, eu sabia que seria uma empregada sem registro e sem salário, mas parecia melhor do que a situação que eu estava vivendo naquele momento com a minha mãe. No meio-tempo, eu podia seguir buscando formações livres gratuitas no Serviço Nacional de Aprendizagem Comercial (Senac) e no Serviço Social do Comércio (Sesc), quem sabe isso poderia me dar alguma oportunidade melhor de vida? Não contava com ninguém para me guiar nesse sentido, mas não deixava de tentar.

Eu era apenas uma adolescente, mas já tinha clareza de que cada uma das minhas decisões envolvia uma renúncia. Escolher cuidar do meu futuro significava me distanciar dos meus irmãos. Doeu bem fundo, mas eu fui.

Foco na educação

Educação não transforma o mundo.
Educação muda as pessoas.
Pessoas transformam o mundo.
(Paulo Freire)

1

Cresci em um ambiente onde os conselhos giravam em torno de me casar com um homem rico, que pudesse me propiciar uma vida melhor. Se isso não fosse possível, a alternativa sugerida era tentar ser amante de um cara rico (!). Ouvia isso com fúria no coração, porque sabia que não tinha muito espaço para responder, e me mantinha calada. Dentro de mim, o que eu pensava era que precisava encontrar um parceiro decente, de preferência diferente de tudo o que eu tinha visto até então nos ambientes em que eu circulava. Nenhum dos maridos que eu via parecia ser parceiro o suficiente das suas esposas, e eu tinha uma vontade muito grande de vencer por mim mesma, sem depender de ninguém. Queria ser capaz de alcançar minha liberdade por conta própria. E, vendo a situação da minha prima, tão dependente de seu esposo, ficava muito claro que aquilo era tudo o que eu não queria para minha vida!

Por isso, a minha principal preocupação, do "alto" dos meus quinze anos, era conquistar boas condições de educação para que eu conseguisse mudar de vida. Talvez tenha sido influência das novelas da TV, mas eu visualizava aquele como o único caminho possível. Não entendia por que eu estava ali e por vezes me questionei o porquê de eu estar naquela vida, já que eu não tinha pedido para nascer. A verdade é que eu sabia que não devia focar esses questionamentos sem respostas, pois sentia que precisava buscar soluções para sair daquilo tudo e isso estava exclusivamente nas minhas mãos. Parecia que esse era o *único poder* que eu tinha, o poder de tomar as rédeas do meu futuro, de ser a protagonista da minha história. E, para isso tudo acontecer, o que eu sentia que era certo fazer era focar os estudos.

Por algum motivo, lembro de pensar que eu tinha duas opções: olhar a minha vida e me colocar como vítima das circunstâncias ou estudar e trabalhar para ser uma vencedora. As palavras, ambas iniciadas em V, também me davam a impressão de uma bifurcação na qual eu poderia escolher como trilhar meu caminho. Foi mais ou menos nesse período que percebi algo que foi se solidificar só muitos anos depois, quando entendi que a nossa mente é a chave para alcançarmos a felicidade e a realização pessoal. Ao ser capaz de controlar o que pensamos, podemos alcançar nossos objetivos, superar desafios e encontrar a paz interior. Da mesma forma, mas seguindo uma direção oposta, podemos optar por nos vitimizar, afundando-nos em problemas e negatividade. Isso nos levará a um círculo vicioso, e muitas vezes não perceberemos que estamos vivendo nossas vidas aprisionados nas armadilhas de nossa própria mente.

A educação, nesse sentido, era o que eu tinha decidido na época que me ajudaria a alcançar meus sonhos. E, para conseguir manter o foco nos estudos, eu não tive muitos amigos. Sabia que minha realidade era muito diferente dos meus colegas da escola e encarava as situações como quem quer vencer uma maratona. Fazia o meu melhor para acordar cedo, ir à escola e logo depois voltar correndo para cumprir meus afazeres domésticos, cuidar das crianças e, quando elas dormiam à noite, eu podia me dedicar a fazer as tarefas escolares. Eu me sentia, de domingo a domingo, em uma corrida sem fim.

Talvez por isso a vida na casa da minha prima fosse tão cansativa pra mim. Além das complicações de viver em meio a um casal com um relacionamento sem muita parceria e até um pouco desequilibrado, a rotina era fisicamente desgastante. Eu precisava limpar, passar, cozinhar e dar banho nas crianças, o que fazia com que minhas mãos estivessem sempre muito ásperas pelo excesso de contato com produtos de limpeza. Por vezes, a pele até rachava e repuxava, o que me deixava sempre com uma sensação desagradável em minhas mãos. Para tentar amenizar essa aspereza, durante a noite, eu passava condicionador de cabelo nas mãos para ver se era possível "amaciar" a pele da mesma maneira como fazia com os cabelos. Não adiantava muito, minhas mãos viviam ressecadas, mas eu percebia que isso ajudava a suavizar a aspereza.

No entanto, a situação socioeconômica da família da minha prima não era precária como a que eu tinha em Porto Velho. Eles não eram ricos, mas tinham alguns confortos que a vida de classe média podia oferecer. O marido dessa prima trabalhava na Usina de Itaipu, que concedia excelentes benefícios para os trabalhadores e seus dependentes, arcando com a totalidade dos custos de saúde, educação e moradia das famílias de seus empregados. Com a minha mudança para a casa dela, minha prima e seu esposo conseguiram obter a minha guarda legalmente, o que me dava o direito de ter acesso aos mesmos benefícios que os filhos deles. Dessa forma, pude desfrutar de um plano de saúde, cuidados odontológicos e a chance de estudar em uma escola particular, considerada uma das melhores da cidade. Eu não tinha salário por trabalhar em sua casa, mas fiquei muito agradecida por eles terem conseguido estender todos esses benefícios para mim.

Foi assim que tive a minha primeira visita ao dentista. Lembro que o profissional precisou dar conta de cáries em 21 dos meus 32 dentes. Era quase mais fácil contar os dentes que tinham passado ilesos à falta de saneamento básico na infância e à precariedade dos meus recursos de higiene. O dentista também me encaminhou para um ortodontista, que indicou o uso de aparelhos corretivos para colocar a minha mordida na posição correta.

Só que sair de uma situação de quase miséria para uma vida de classe média também teve seus desafios. Agora eu tinha acesso a dentistas, médicos, bons professores, mas continuava sendo o "patinho feio" nos locais onde circulava. Entre os meus colegas, eu era a única adolescente que precisava trabalhar de "babá" e "empregada doméstica" simultaneamente com os estudos. No meu interior, eu carregava um grande complexo de inferioridade e sabia que tinha pouquíssimas chances de me integrar àqueles outros estudantes. Afinal, eu era a menina que morava de favor na casa da prima em vez de viver com os próprios pais. Aliás, eu nem mesmo sabia quem era o meu pai e sentia vergonha das minhas mãos ressecadas por conta dos produtos de limpeza. Usava um único uniforme, vindo de segunda mão, por meio de uma doação, e contava com uma única troca de camiseta. Tinha tão poucas peças íntimas que usei o mesmo sutiã por três anos consecutivos. Era uma realidade muito diferente dos meus colegas de classe, que vinham de um perfil de classe média alta, moravam em casas com empregadas e tinham a possibilidade de se dedicar apenas a estudar e viver suas existências em plenitude.

E, apesar de trabalhar muito, eu não era remunerada, o que significa que também não tinha dinheiro para comprar um lanche na cantina da escola, por exemplo. Enquanto todo mundo puxava suas notas e moedas de reais para comprar uma merenda, eu ficava lá babando de vontade de comer as gostosuras que eram vendidas na cantina do colégio anglo-americano. E, pra não ficar nesse sofrimento social, minha solução foi semelhante à de muitos outros estudantes que se veem deslocados. Eu me refugiava no lugar preferido dos alunos que não se encaixam nos seus contextos: a biblioteca. Passava horas e horas por lá, estudando e me enfurnando nos livros, para evitar ter que lidar com o sofrimento do isolamento social em todos os intervalos das aulas.

Nesses momentos, costumava abrir a contracapa do caderno e marcar um "X" em um calendário anual que eu tinha colado por lá. Aquele espacinho no interior daquela brochura era meu segredo de Estado. Ninguém sabia da sua existência, mas lá estavam listados detalhadamente todos os dias que eu precisava sobreviver para poder finalmente entrar na universidade. Cada "X" que eu fazia nos dias do calendário significava um dia a mais que eu tinha conseguido sobreviver e um dia a menos na contagem regressiva para alcançar meu objetivo.

Essa estratégia ajudava a não deixar meus pensamentos me levarem para o lado negativo. Quando olhava a semana, o mês ou o ano que ainda faltava, focava o "X" do dia e olhava os demais que havia feito, com a satisfação interior de ter conseguido superar e sobreviver. Isso me motivava a ser mais forte para continuar a jornada ao longo dos próximos dias e me dava a esperança de ter um dia a menos de sofrimento físico e emocional, em direção ao meu novo futuro, que eu tinha certeza de que iria criar.

Só mais adulta eu entendi que essa é uma tática interessante de manutenção do esforço de superar uma fase muito difícil, que tem a ver com fatiar o desafio em pequenas etapas mais alcançáveis. É a mesma técnica ensinada nos grupos de apoio a pessoas que fazem uso de álcool ou outras drogas, por exemplo, que são sempre convidadas a resistir "só mais um dia", "só até amanhã". Eu seguia esse mesmo método, ainda que desconhecesse sua existência.

Essa contagem regressiva pode parecer sofrida, mas fato é que ela me dava mais força para seguir adiante com ainda mais determinação. Afinal, eu era a única que podia acreditar em mim mesma e nos meus sonhos. Todas as noites, eu rezava, frequentemente em lágrimas de tristeza pela vida que levava. No entanto, entendia que aquela era a minha realidade naquele momento, uma etapa que eu precisava enfrentar, mas que não definiria o meu futuro. Eu me esforçava para não me perder na ideia de que a vida seria sempre daquele jeito, evitando entrar na espiral de acreditar que viver era apenas isso, de ter que se conformar com o presente.

Todos os dias, eu via famílias felizes deixando seus filhos na escola. E eu? Bem, eu precisava me virar, sem "família" mesmo. Olhava meu futuro e sabia que não poderia contar com esse tipo de apoio de pessoas próximas. Na hora de ir embora, eu caminhava sozinha por todo o trajeto, enquanto meus colegas ficavam aguardando a chegada de um pai, uma mãe ou um parente que vinha buscá-los. Eu sabia que ninguém viria por mim. Queria muito ter a vida que eles tinham, com o cuidado, o carinho e o afeto que eu via que eles recebiam, mas sabia que não era possível. Comparei minha vida com a deles por muitas vezes e chegava sempre à conclusão de que a minha situação era mesmo muito ruim. Ao mesmo tempo, também sempre fui muito consciente de que precisava controlar meus pensamentos para não deixar minha vida ainda pior. Eu fazia questão de dar o meu melhor todos os dias, carregando positividade e esperança no meu coração. Minha mentalidade era evitar ser vítima das circunstâncias da vida, pois eu ainda ia vencer! Tinha certeza de que esse momento chegaria para mim!

2

Depois de sair da escola, em algumas ocasiões eu era convidada a ir para a casa da minha madrinha, irmã da minha mãe, que morava também em Foz do Iguaçu. O motivo do convite era sempre o mesmo: ajudar na faxina da casa. Por lá, o cansaço às vezes era maior do que na casa da minha prima, porque a madrinha era muito dedicada a manter seu lar sempre brilhando.

Eu vivia uma dualidade com essas visitas. Eu gostava de ir lá porque sabia que depois da limpeza, durante a noite, eu iria dormir no fresquinho, já que a casa da madrinha tinha ar-condicionado. Só que eu também sentia preguiça dessas visitas, talvez pelo cansaço que eu sabia que ia sentir, considerando que, além da faxina, ia caminhar por cerca de 2 quilômetros no sol até chegar lá. Olhando para trás, talvez essa minha "má vontade" também fosse um pouco da rebeldia da minha adolescência, porque eu me sentia muito explorada, como se fosse a faxineira de todo mundo. Parecia que minha serventia era apenas para serviços na casa e de babá. Nunca ganhava nenhum dinheiro pelos meus serviços. A minha impressão era de que de eu trocava meus serviços por um teto sobre a minha cabeça e por comida no meu prato.

Alguns episódios chegaram até a ser arriscados para minha saúde, como da vez em que decidi combinar alguns produtos de limpeza para tentar fazer uma faxina mais eficiente. Fui puxando os produtos do balde e misturando todos eles dentro do vaso sanitário, na expectativa de que as químicas facilitassem o processo e reduzissem a necessidade de esfregar muito a louça. Joguei o sabão em pó e logo na sequência adicionei uma boa quantidade de água sanitária, o que fez a mistura começar a ferver.

Eu não sabia na época, mas combinar essas duas substâncias forma uma reação química violenta e perigosa. Isso porque a água sanitária pode reagir com a maioria dos produtos químicos, incluindo o sabão em pó, produzindo gases tóxicos. Tanto é que em poucos segundos o ar que eu estava inspirando começou a me dar taquicardia, fui me sentindo afogada, mas ao mesmo tempo fiquei com medo de abrir a porta do banheiro e levar uma bronca. Fiquei fechada naquele recinto, tossindo e puxando o ar com desespero, achando que estava prestes a morrer. Só fui começar a me sentir melhor quase uma hora depois do ocorrido. Desde então, nunca mais tentei misturar produtos de limpeza, nem deixei que ninguém perto de mim fizesse algo parecido. A sensação é mesmo de morte iminente, porque os gases tóxicos aceleram o corpo, mas ao mesmo tempo é difícil de respirar e as palpitações cardíacas ficam aceleradas. Jamais misture produtos de limpeza, principalmente em ambientes fechados.

Apesar de o trabalho ser fisicamente extenuante, quimicamente arriscado e emocionalmente desgastante, hoje consigo olhar para trás e perceber que também aprendi a ser uma pessoa que preza muito pela limpeza. Talvez por isso, até hoje, ter a casa limpa é algo que me dá paz. Sei que sou perfeccionista com a limpeza e organização, esta última sendo inclusive uma característica muito peculiar da minha personalidade desde pequena, que veio a se tornar um ponto forte na vida adulta. Tanto é que, quando me sinto agitada, é comum eu buscar organizar algo, seja na casa ou nos arquivos do meu computador. A vida pode estar completamente fora de controle, mas a pia da cozinha eu consigo deixar sempre bem limpa. A Katia adolescente tinha muita revolta contida dentro de si mesma, porque sentia que só era convidada a ir aos lugares porque, com ela, "ia junto" também uma bela faxina. Só que hoje não guardo mágoa nenhuma, nem tenho ressentimento por ter sido levada daqui pra lá para ficar trabalhando pesado o dia inteiro. Foi uma fase que me trouxe emoções diversas e muito aprendizado. E, de todo modo, era parte de uma realidade da qual eu sabia que não tinha, naquele momento, como desviar. E eu sempre fui muito prática, muito pragmática. Aceitei aquela realidade como um fato dado, mas temporário. Poderia demorar, mas eu iria deixar essa vida no passado, e agora, já adulta, guardo o lado bom dos aprendizados.

3

Era muito claro para mim que eu circulava por dois mundos. De manhã, era o mundo da escola de elite, onde eu tinha grandes dificuldades sociais e educacionais. Matemática, por exemplo, por muito tempo foi uma grande pedra no meu sapato, porque eu não conseguia chegar na média. E, quando chegava em casa, vivia uma realidade de classe média baixa, limpando, cozinhando, cuidando das crianças e passando roupa. Muita roupa.

Estudar mesmo eu só conseguia de noite, quando as crianças tinham ido dormir, a casa estava limpa, com toda a louça da cozinha já lavada. Lembro-me de ficar até meia-noite, uma hora da manhã, em cima dos cadernos, às vezes caindo de sono, tentando compensar o que não tinha conseguido aprender. A escola tinha um ritmo puxado e eu tinha dificuldade em acompanhar, ainda mais considerando que só tinha estudado em escolas públicas, que na época tinham um nível educacional bastante deficitário. Ou seja, eu chegava em uma escola de alto nível carregando certa dificuldade e sentia muito claramente o impacto da diferença do que eu tinha aprendido na escola pública. Perceber que eu estava ficando para trás era muito frustrante.

Na época, eu sonhava em fazer medicina. Queria muito ser médica, ajudar a cuidar das pessoas, mas todo mundo me avisava que era um curso concorrido e que dificilmente eu conseguiria passar no vestibular.

Hoje, vejo que não me faltava só a base educacional: faltava também a motivação, alguém que pudesse me dizer que eu ia conseguir ou que pudesse me ajudar a desvendar a aritmética, que eu parecia não conseguir entender. Alguém que acreditasse em mim e nos meus sonhos. O que eu tinha a meu favor era minha imensa curiosidade e a mais absoluta dedicação. Encontrei, entre os colegas, um que manjava muito de matemática e fui pedindo conselhos, dicas, suporte mesmo. Também pedia para que a professora me passasse o que eu chamava de "problemas difíceis de resolver". Eu queria muito conseguir me superar, fazer melhor do que eu estava fazendo.

Foi assim que eu cheguei à conclusão de que alguns dos nossos limites somos nós mesmos quem colocamos. Se a gente acredita que não é capaz, acaba não conseguindo mesmo. Agora, quando o ambiente ou a gente mesmo se desafia, dá pra usar o tropeço como motivador para "sair do buraco" e provar para si mesmo que é possível chegar lá. Com a maturidade que tenho hoje, percebo como nossa mente pode nos limitar ou nos expandir.

Parte dessa superação também veio da boa relação que eu conseguia ter com os meus professores. Já que a integração com os colegas não era tão fácil, até por conta da própria distância que eu mesma colocava para poder focar os meus objetivos e me esconder dos complexos de inferioridade, eu aproveitava para tentar criar amizade com os adultos que estavam ali para nos educar. Percebi que os professores ficavam empolgados quando eu trazia umas dúvidas do cotidiano, tipo "por que o pão fica murcho no dia seguinte?" ou "por que o céu é azul?". Não existia o Google naquela época, então me restava levar as questões para quem me parecia ser capaz de respondê-las ou me ajudar a buscar as respostas. Fui me descobrindo uma pessoa muito curiosa e percebi que os professores gostavam e me incentivavam a trazer para eles esse monte de perguntas e dúvidas sobre a vida e as coisas. Gostavam tanto que se tornavam um pouco amigos também. Um dos meus professores tinha um lado mais esotérico, dizia ter estudado a interpretação das linhas da nossa mão e o que elas poderiam falar sobre o nosso futuro, e me ensinou o que cada linha significava e como fazer a leitura do que elas tinham a dizer. Provavelmente, esse conhecimento não tinha o menor fundamento científico, mas ao menos era bem divertido! Quis aprender tudo o que ele tinha para compartilhar! E confesso que até hoje me lembro do que aprendi e sei o que querem dizer as linhas da palma da mão de alguém.

Ao mesmo tempo, via que eu tinha dado muita sorte de encontrar uma saída honesta e saudável para superar minhas dificuldades existenciais. Eu não era a única ali que sofria, que vivia triste ou que se sentia deslocada, mas outros colegas, que de alguma maneira se sentiam assim como eu, apostaram em saídas mais danosas, como o consumo de drogas. Cruzei com alguns casos desses nas minhas muitas idas à biblioteca. Com a convivência, alguns colegas me confidenciaram suas experiências, dizendo o que sentiam e por que procuravam refúgio nas drogas. A maioria se sentia perdida na vida, pensava ter uma vida sem sentido, sofria com tristezas e vazios profundos e usava as drogas para se sentir mais feliz. Outros começaram a usar por curiosidade e logo se sentiram presos ao vício, pois precisavam da droga para serem felizes. Essa felicidade artificial, no entanto, chegou a tirar um dos meus colegas por dias a fio da sala de aula. Quando ele voltou, descobrimos que a felicidade farmacológica também cobrava seu preço. Ele sofreu uma overdose e quase tinha morrido ao se injetar pela primeira vez. Percebi que as drogas o impediam de acompanhar os estudos. Ele foi ficando para trás a tal ponto que acabou abandonando a escola e perdendo o contato comigo.

A situação que eu vi acontecer com meu colega era a mesma que Adelaide Carraro havia narrado no livro *O Estudante*, que eu li quando estava no ensino fundamental. Foi uma leitura que mudou a minha vida, porque me explicou o quanto uma curiosidade mal direcionada poderia levar a um caminho sem volta, como o que esse meu colega de classe havia trilhado. Por mais dolorida que fosse aquela história, ela trazia uma mensagem importante sobre os perigos envolvidos com o uso de drogas, mesmo que fosse "apenas para experimentar" ou para ceder às pressões e tentações que podem surgir de colegas e amigos. Esse livro me ajudou tanto a compreender o que poderia ter se passado com esse colega de sala quanto me ajudou a tomar decisões melhores e mais conscientes quando situações desse tipo aconteciam ao meu redor. Foi uma história muito reveladora para a minha formação como jovem, que deixou comigo uma lição muito clara: drogas não me ajudariam em nada, nem me fariam mais feliz. Era melhor me manter longe delas. Entendi que o medo às vezes protege.

Embora a leitura do livro tivesse me marcado e alertado dos perigos das drogas, presenciar o caso real desse meu colega me serviu como uma lição ainda mais profunda, pois me fez perceber claramente o poder que as drogas podem exercer sobre a mente humana, deixando a pessoa vulnerável e propensa a se afundar cada vez mais em busca de uma falsa felicidade. Entendi que a única solução era evitá-las e nunca deixar a curiosidade ser mais forte que a razão. Aprendi que eu deveria direcionar minha energia para coisas que eu julgava saudáveis e que não me fizessem mal. No fundo, eu sabia que deveria estar no controle da minha mente. Além disso, percebi que minha ideia de que os meus colegas da escola eram felizes porque tinham tudo o que eu não tinha era completamente errada. Entendi que cada pessoa tem seu conceito de felicidade, cada um carrega um mundo interior único e muitas vezes complexo dentro de si, e que eu não podia julgar a vida de ninguém apenas com base no que eu percebia do lado de fora.

4

Por cima de todas as dificuldades, eu também vivia uma vida de saudades. Sentia muita falta dos meus irmãos e me preocupava demais com o tipo de vida que eles estariam levando lá em Porto

Velho. Nas férias, minha vó Erna cedia parte da sua aposentadoria para bancar aquela longa viagem de três dias entre Foz do Iguaçu e Porto Velho, de modo que eu pudesse visitá-los.

Logo na primeira visita, percebi que a situação só piorava. Minha mãe ganhava a vida como sacoleira, mas em uma de suas viagens a polícia acabou interceptando o contrabando de "muambas" e ela perdeu todas as suas mercadorias. Isso fez com que a situação dela ficasse ainda mais miserável, o que afetava diretamente meus irmãos. Ela deixou o local em que eu tinha vivido enquanto estive com ela em Porto Velho para se instalar num quartinho, nos fundos de uma casa, em um bairro muito pior do que o anterior. Para chegar lá, era necessário passar por uma rua de terra batida ladeada por moitas de mato, que se transformava em um grande lamaçal quando chovia. Encontrei meus irmãos em uma situação ainda mais precária do que antes, agora com todos os três — eles e minha mãe — dormindo juntos em uma mesma cama, que era praticamente o único móvel que tinha restado e que cabia naquele cômodo. Para mim, aquilo era sinônimo de ruína. Tudo me lembrava a vida miserável que eu tinha vivido com meus avós em Espigão Alto, quando também não havia banheiro dentro de casa. Parecia que a vida deles havia chegado a um ponto em que não poderia piorar.

Para tentar remediar a situação, eu tentava fazer o que podia. Uma primeira ideia que tive foi vender minha coleção de papel de carta. Entre folhas A5 estampadas com a Moranguinho, a Hello Kitty e os Ursinhos Carinhosos, que tinham sido conquistadas com os poucos trocados da aposentadoria que a vó Erna às vezes me dava para comer um pastel na escola ao longo de muitos anos, eu me vi na situação de vender minha coleção com o intuito de conseguir dinheiro suficiente para comprar pão e mantimentos. Com o fim da minha coleção e sem mais nada de valor para comercializar, pensei que precisaria de algo diferente para conseguir pagar pelos itens de necessidade básica de que precisávamos. Acabei lembrando das "aulas de leitura de mãos" que meu professor tinha me dado lá em Foz do Iguaçu e passei a oferecer essa espécie de serviço de "cartomante das mãos" para quem me oferecesse a palma estendida e alguns trocados. Eu criava uma narrativa com base no que entendia e interpretava sobre o que as linhas podiam dizer. E, para minha surpresa, as pessoas ficavam felizes em me pagar por isso. Foi assim que, durante as minhas férias, consegui suprimentos para ajudar na casa.

Dali por diante, sempre que ia visitá-los em Porto Velho durante as férias da escola, eu fazia questão de levar alguma coisa, por menor que fosse, para dar uma amenizada na penúria que eles viviam nos outros meses do ano. Mas só conseguia fazer isso graças à vó Erna, que me dava alguns trocados escondido da minha tia durante o ano. Dessa forma, eu ia juntando os pequenos valores que recebia ao longo do ano para comprar uma ou duas mudas de roupa para cada um dos meus irmãos.

5

Já estava óbvio para mim que a situação com a minha mãe era insustentável e apenas piorava a cada visita anual durante as férias. Eu não conseguia enxergá-la como alguém em quem eu pudesse confiar e que eu pudesse admirar. Minha maior preocupação era sempre o bem-estar dos meus irmãos, e tinha o temor de que a situação pudesse ficar ainda mais grave do que já estava. Desejava desesperadamente tirá-los daquela vida miserável, mas sabia que minhas opções eram limitadas, já que ainda precisava de muito tempo para concluir meus estudos. Além disso, a situação na casa da minha prima, embora fosse melhor para mim, estava longe de ser confortável. Era um ambiente em que faltava a harmonia de um lar.

Minha prima, nessa altura já mãe de dois filhos, estava passando por um período complicado em seu relacionamento. Com duas crianças pequenas em casa e um marido pouco presente em seu papel de esposo e pai, ela dependia financeira e emocionalmente dele, que exercia um controle rígido sobre todos os aspectos da vida cotidiana. Eram implicâncias bobas, que iam desde o controle do tempo gasto no banho (no máximo de cinco minutos!), até o uso de eletricidade, com determinações de que o ventilador ficasse ligado por apenas poucas horas nos dias quentes e fosse terminantemente desligado durante a noite. Dormir durante o verão, que tinha madrugadas abafadas e quentes, era quase impossível. O mais curioso é que a casa tinha ar-condicionado, mas só no quarto de casal da minha prima e esse podia ser ligado apenas (e somente apenas) quando o marido fosse dormir. Um suplício altamente desnecessário.

O que percebi, com o passar dos meses, era que, ainda que minha prima tivesse uma família de classe média, eles viviam como se houvesse escassez de recursos financeiros. Sempre se comprava tudo o que era mais barato ou de segunda mão, e não me recordo de existirem viagens de férias com a família que não fossem para visitar a sogra. No entanto, eu percebia que os outros colegas de trabalho do esposo da minha prima, que tinham um nível socioeconômico semelhante, levavam vidas bem mais confortáveis com suas famílias, além de os esposos não terem problema de ver suas mulheres serem independentes financeiramente. Minha prima tinha muito potencial profissional e sempre foi cheia de vida, mas, como nunca conseguiu incentivo do parceiro para trabalhar e ser uma pessoa independente, senti que ela se anulou profissionalmente. Percebia que, de certa forma, ela vivia frustrada com a própria vida. E acredito que essa amargura fazia com que em muitas ocasiões tivesse atitudes rudes e controladoras comigo, o que era uma pena, tanto para mim quanto para ela.

Uma dessas atitudes aconteceu quando duas amigas da escola decidiram fazer uma festa surpresa de aniversário para mim. Elas eram as duas únicas amigas que eu tinha e, quando eu descobri a festa, fiquei radiante! Minhas amigas tinham providenciado tudo: bolo, velas, refrigerantes e balões, disseram que até conversaram com a minha prima pedindo autorização. Era tipo um ápice para mim, me sentia querida! Fiquei a tarde toda nessa festinha surpresa, só entre as três amigas, e cheguei em casa pouco depois de o sol ter se posto. Mas foi só pisar dentro de casa para minha alegria se transformar em tristeza. Minha prima foi direta e disse:

— Por que você demorou tanto para chegar? Eu estava te esperando! Precisava sair e você deveria ter voltado para ficar com as crianças! Você veio morar comigo para ajudar a cuidar delas, lembra? — ela esbravejou, sem nem me perguntar como tinha sido a minha festinha.

Esse tipo de comportamento controlador dela me deixava muito ressentida. Refletia muito sobre isso no tempo que me sobrava, enquanto assistia à TV e passava a roupa da casa inteira. Numa família com três adultos e duas crianças, era o tipo de trabalho que parecia que nunca ia ter fim, mas ao menos eu podia usar esse tempo para acompanhar as novelas e fazer minhas reflexões.

As tramas que passavam na TV Globo ou as versões mexicanas que passavam no SBT foram muito presentes na vida dos brasileiros, especialmente nas classes menos abastadas. Talvez as elites nem soubessem quais eram as mocinhas e as vilãs do momento, mas bastava puxar papo num ponto de ônibus para saber as últimas atualizações do romance entre Bruno Mezenga e Luana Berdinazzi em *O Rei do Gado*, ou quais teriam sido as últimas maldades que a mãe de Luís Fernando tinha feito com Maria do Bairro. Fato é que nas periferias o mundo das novelas trazia conhecimento, informação, debates e até lições de moral, além de mostrar todo um universo do Leblon ou de Copacabana, bairros de elite no Rio de Janeiro, que me pareciam muito, mas *muito*, melhores do que o que eu vivia. Aquelas mulheres que circulavam em casas bem decoradas, com roupas elegantes, maquiadas, tomando cafés da manhã que mais me pareciam banquetes! Foi enquanto assistia à vida das "Helenas" de Manoel Carlos, personagens geralmente independentes, bonitas, elegantes e bem-sucedidas, mas que também enfrentavam desafios em sua vida amorosa e familiar, que comecei a sonhar em um dia ter aquelas coisas. Nada daquilo fazia parte do meu dia a dia, mas será que eu também poderia um dia circular por mansões, usar boas roupas, frequentar restaurantes finos, viajar pelo mundo?

Comecei a criar um universo paralelo para mim, uma ficção onde eu também poderia um dia ter acesso a tudo aquilo que aparecia nas novelas e nos filmes. Quem sabe, um dia, eu poderia até ter meu próprio castelo, como na novela *Que Rei Sou Eu?*. Era o tipo de coisa que eu me punha a sonhar enquanto esticava o tecido de uma camisa, passava uma calça, dobrava toalhas. Para mim, o universo das novelas e dos filmes despertava sonhos e desejos que eu mentalizava para um dia torná-los realidade.

Até que um dia, muitos anos depois, eu fiquei doente. Muito doente mesmo, de uma maneira inédita para mim. Já estava acostumada a sobreviver às cólicas menstruais sem muito auxílio de remédios (que eram caros), mas aquilo que eu sentia era muito pior do que eu estava acostumada a superar mensalmente. A dor era tão intensa, tão aguda, que eu achava que iria desmaiar. Comecei a vomitar, de tanta dor que sentia! Quando perceberam que a situação era mesmo muito grave, me levaram para o hospital, onde eu rapidamente fui internada. Eu estava sofrendo de cólicas renais por conta de uma pedra nos rins. A situação estava tão crítica que seria preciso passar por uma cirurgia.

Eu sentia tanta dor que não me importava muito com o que iriam fazer, contanto que aquela dor cessasse. Nesse momento de imensa vulnerabilidade, minha prima parecia ter se tornado outra pessoa. Ela ficou comigo durante todo o tempo da minha internação e, assim que eu acordei da cirurgia, ela estava de prontidão ao meu lado. Ainda meio grogue das anestesias, ouvi, emocionada, o que ela veio me dizer, bem pertinho do meu rosto:

— Que susto que você nos deu, Katia. Estou muito feliz de ver que você está melhor e se recuperando. Talvez você não saiba, mas eu te amo muito, e sou muito grata por tudo o que você fez por mim e meus filhos. Você esteve comigo nas piores fases da minha vida, nos momentos em que mais precisei, você estava lá.

Foi tão sincero, tão genuíno, que senti que todo aquele ressentimento que eu trazia dentro de mim acabava ali.

6

O terceiro ano do ensino médio coloca muita pressão nos estudantes. Quem já viveu o momento da escolha de um curso superior ou quem já acompanhou jovens nessa etapa sabe que existem várias dúvidas e anseios, e certamente percebe o quanto isso pode ser enervante e empolgante ao mesmo tempo.

Eu seguia muito determinada a me tornar médica. Fiz a inscrição para o vestibular de medicina na Universidade Federal do Paraná (UFPR), mas a prova era muito concorrida e acabei não passando. Até pesquisei por cursos de medicina em Rondônia, mas não havia nada do tipo no estado. Cursar medicina em uma universidade particular também não era uma opção, já que não existia ninguém que pudesse me patrocinar. Também não existia naquela época opções de financiamento estudantil, como o Fundo de Financiamento ao Estudante do Ensino Superior (FIES), que só foi surgir em 1999. Para complicar ainda mais, eu também não tinha dinheiro nem para bancar as taxas de inscrição no vestibular. Sabia que eu tinha capacidade e provavelmente conseguiria passar em outras universidades, mas todas as minhas apostas precisavam ser bem planejadas e o mais certeiras possível. Mais do que passar no vestibular, eu pensava em garantir também que teria onde morar nas proximidades da universidade. Passei a considerar as opções próximas de Porto Velho, especialmente a Universidade Federal de Rondônia (UNIR), onde existia a opção de voltar a morar com a minha mãe. Não era exatamente a opção que eu gostaria, mas eu tinha na cabeça que precisava continuar estudando para conseguir uma vida melhor para mim e para os meus irmãos. E aquela era a única opção naquele momento.

No Norte do país, os cursos oferecidos pela UNIR na área de saúde incluíam apenas biologia e enfermagem. Pensei e cheguei à conclusão que a enfermagem fazia mais sentido, já que era uma área que permitia várias frentes de atuação e parecia, na minha visão da época, ser mais ampla do que a biologia. O único detalhe é que não tinha vestibular a distância: seria necessário passar por aquela viagem de três dias no ônibus da União Cascavel para prestar a prova do vestibular. Mas eu estava determinada a seguir em frente e assim o fiz. Antes de deixar Foz do Iguaçu para trás, peguei o meu caderno com os calendários na contracapa e marquei meu último "X". Sentia-me cheia de força e coragem para encarar a próxima etapa, afinal, carregava comigo valiosos aprendizados daquela fase desafiadora que acabara de concluir. Era hora de tentar seguir para a próxima fase. Dentre todas as despedidas, a mais difícil e triste foi me despedir da minha avó Erna e da minha cachorra Tieta, ambas com a idade já bem avançada. Sabia que minha avó estava com a saúde frágil. Meu medo era que aquela pudesse ser a última vez que conversaria com ela assim, olho no olho. Juntei todas as minhas forças para um último abraço e parti.

Chegando a Porto Velho, tive a impressão de que minha mãe sempre encontrava uma pá no fundo do poço. Ela cavava cada vez mais fundo, não era possível! Dessa vez, ela tinha saído do quartinho onde residia e invadido um terreno, onde tinha levantado um casebre de dois cômodos. Tudo estava ainda com o tijolo aparente, sem reboco e sob o risco de demolição, já que era uma invasão. Nossa porta era tão frágil que uma pisada mais forte já permitiria entrar na casa, que não oferecia nenhuma segurança. Cada cômodo tinha uma cama e era isso, nada de banheiro ou cozinha. A pia, onde a gente escovava os dentes, lavava as mãos e as louças, ficava do lado de fora da "casa", e os banhos eram feitos com canequinha e baldes. O bairro era quase tão precário quanto a casa no terreno invadido, com ruas de terra batida, e ao nosso redor existiam poucas casas e muito mato. Quando chovia, a terra se transformava em barro e, sob o risco de atolamento, nenhum veículo conseguia passar. Era uma situação triste, mas eu não estava ali pra sofrer, mas para passar no vestibular e realizar o sonho de entrar na universidade.

Até que finalmente chegou o dia em que a UNIR divulgaria os aprovados. Na época, o resultado do processo seletivo era publicado em uma longa lista de nomes que era impressa nos principais jornais da região. Eu não tinha nenhum dinheiro para comprar o jornal daquele dia. Só que uma amiga minha podia acessar a internet, essa grande novidade do final dos anos 1990, na sala de atividades da sua escola de informática. Era um acesso bem rudimentar, feito por meio de um modem discado, mas para mim isso parecia apenas um detalhe. Fosse lá como funcionasse aquela tecnologia, o importante era que com meia dúzia de cliques minha amiga conseguiu trazer para a tela do computador a enorme lista de nomes que eu precisava conferir, sem que ninguém precisasse pagar nada por isso.

Rodamos a tela com velocidade até chegar à letra K. Katia... KATIA WENDT! Meu nome estava naquela lista, eu mal podia acreditar! Era um dia histórico para mim, eu vibrava de alegria e felicidade. Tenho até hoje uma foto desse dia, porque, depois de conferir, atentas, a lista dos aprovados no processo seletivo da UNIR, fomos celebrar em um barzinho. E, obviamente, eu e minha amiga não conseguíamos ficar quietas, falando alto, comemorando mesmo! Até que veteranos da UNIR nos viram e fizeram questão de celebrar com a gente, escrevendo o nome da faculdade com batom na minha testa. Até hoje eu olho para a foto desse momento e consigo sentir de novo a felicidade e a euforia que emanavam do meu sorriso. Eu tinha aprendido matemática suficiente, tinha sobrevivido a viagens de ônibus o suficiente, tinha me dedicado o suficiente para ser uma das primeiras da minha família a chegar ao ensino superior. Eu me sentia grande, me sentia capaz, me sentia vencendo. Naquele momento, o mundo tinha se tornado pequeno, minhas dificuldades tinham se tornado minúsculas. Eu estava explodindo de emoções intensas e positivas, sentia que eu irradiava confiança e gratidão. Depois de passar naquele vestibular, era como se nada mais pudesse me deter.

Até hoje guardo com carinho o recorte de um caderno de jornal que resgatei do lixo. Dali, recortei a lista de aprovados, transformando-a em uma recordação cheia de boas emoções. Eu tinha dezessete anos e estava muito feliz de constar entre os nomes da lista de aprovados no vestibular da UNIR para o curso de enfermagem, conforme foi publicado no *Diário da Amazônia* em 14 de fevereiro de 1998. Acabei criando um destaque no meu Instagram para lembrar de alguns momentos especiais como esse.

Finalmente senti que o meu momento havia chegado! Compreendi que o esforço para chegar até ali tinha sido fundamental e que, a partir daquele ponto, eu começaria a colher os frutos da minha dedicação e a conquistar o meu lugar neste mundo. Eu começaria a sair da invisibilidade! Mesmo que ninguém acreditasse em mim, mesmo que não houvesse nenhuma mão amiga para me encorajar, eu estava determinada a enfrentar todos os obstáculos. Não importava que não houvesse incentivo financeiro ou emocional, nem mesmo por parte da minha própria mãe. O que importava era seguir adiante com a mesma determinação que tinha me levado até ali, para conseguir vencer na vida e para mudar o meu destino e também o dos meus irmãos. Eu estava decidida a superar todos os desafios e me tornar uma mulher de sucesso!

Passar no vestibular era como a luz no fim do meu túnel que indicava que minha vida tinha saída, tinha solução. Eu mal sabia, mas aquela matrícula iria mesmo mudar o meu mundo.

Esse dia foi muito especial, era o dia da minha formatura de ensino médio — na imagem, estou acompanhada da professora Beth, responsável pelas aulas de química. (Fonte: Acervo Pessoal)

Fotografia da celebração na rua quando fui aprovada no vestibular. (Fonte: Acervo Pessoal)

Recorte de jornal com meu nome entre os aprovados. (Fonte: Acervo Pessoal, retirado do Diário da Amazônia, 14 de fevereiro de 1998)

Universitária, afinal!

O deserto que atravessei
Ninguém me viu passar.
Estranha e só
Nem pude ver que o céu é maior.
(Zélia Duncan na canção "Catedral")

1

Minha aprovação no vestibular era muito mais que um nome em uma lista. Significava não só a garantia do meu lugar na sala de aula. Entrar para a universidade era como ver uma luz no fim do túnel escuro em que eu vinha caminhando há tantos anos. É como se eu finalmente tivesse encontrado uma direção. Agora, era meu papel usar toda a minha energia para correr na direção daquela luz, onde certamente encontraria uma floresta aberta e iluminada. Eu tinha certeza de que um mundo muito mais bonito estava me esperando do lado de lá, e sabia que teria desafios!

Eu tinha entrado em uma universidade pública no Norte do país, que lidava com problemas dos mais diversos. Para além das questões básicas que muitas universidades públicas precisam superar, como estruturas arcaicas, mobiliário antigo e falta de infraestrutura de laboratórios, o nosso curso de enfermagem lidava com a pior delas, que era a escassez de professores. Na época, a ausência da vez era de professores de anatomia, já que existiam poucos profissionais dispostos a sair de um grande centro, como São Paulo ou Rio de Janeiro, para ir ensinar a alunos que estavam em salas bem precárias em uma região tão distante dos principais centros econômicos brasileiros.

Eu já começava com meus questionamentos: como é que iríamos conseguir cursar uma universidade sem professores dedicados a nos ensinar o que a gente precisava aprender? Além disso, vivíamos uma deficiência de médicos na região que pudessem ou quisessem lecionar anatomia. Decidi, no ímpeto, passar uma folha de papel pela sala coletando assinaturas para um abaixo-assinado requisitando com urgência que a direção da UNIR providenciasse um professor para a nossa turma. Protocolei nosso abaixo-assinado na reitoria, deixando claro para a secretaria que esperávamos uma resposta nas próximas 48 horas.

Foi a partir dessa vontade de não permitir que as burocracias e entraves de gestão da universidade atravancassem o futuro dos calouros que fui começando a ficar conhecida na UNIR como a nova líder da classe, capaz de requisitar e reivindicar o que nos era de direito. A minha atitude chamou a atenção de outros alunos que já tinham envolvimento com a militância estudantil por melhores condições de estudo e logo fui convidada para participar do conselho da Diretoria Acadêmica, que reunia os representantes dos alunos. Essa turma de alunos, oficialmente conhecida como "representantes discentes", se encontrava com a turma de professores, os "representantes docentes", para discutir e tentar resolver os inúmeros problemas da universidade.

Assim que eu percebi que existia um fórum especial para ouvir o que nós tínhamos a pedir — algo que era inédito na minha vida —, eu simplesmente comecei a organizar e elencar o que nos parecia necessário em cada momento. A cada reunião, eu me via mais presente, sentindo-me cada vez mais "representante" dos colegas que não podiam estar ali, e levava as reais necessidades dos alunos para aquele espaço de discussão.

Uma dessas necessidades, inclusive, era a dificuldade para ter acesso a carteirinhas estudantis, que nos permitiam ter descontos numa série de atividades culturais da cidade. A meia-entrada no cinema era a mais famosa delas, e também a que mais me encantava, já que eu raramente tinha dinheiro suficiente para assistir a um filme nas telonas.

Na época, a carteirinha de estudante dava direito ao ingresso com 50% de desconto, era uma das poucas chances de muitos estudantes conseguirem frequentar esse tipo de espaço e, por isso, o desconto era muito importante. Além disso, era com essas carteirinhas que os alunos também conseguiam uma redução de 50% no custo das passagens de ônibus (o famoso passe escolar), mas por algum motivo as carteirinhas demoravam de seis a sete meses para chegar às mãos dos estudantes da UNIR, prejudicando todos.

Tomei a iniciativa de tentar resolver esse problema dos atrasos. E, para isso, a solução que eu encontrei foi me tornar presidente do Diretório Central dos Estudantes, o DCE. Assim, eu poderia entender a fundo o que estava acontecendo com aquelas carteirinhas e solucionar a questão. Entretanto, resolver isso não era nada simples. Eu precisava me postular com uma chapa e participar de uma eleição, conversar com os estudantes de outros campi da UNIR a fim de apresentar minha proposta de trabalho e ganhar os votos da maioria dos alunos, para poder ser eleita de forma representativa. O maior campus ficava em Porto Velho, onde eu estava, mas também existiam campi em Vilhena, Ji-Paraná, Ouro Preto do Oeste e Ariquemes.

Ao mesmo tempo, eu sabia que não tinha dinheiro para bancar as viagens para todas essas cidades. Minha estratégia foi pedir suporte aos professores que faziam parte do conselho, que me apoiaram e fizeram vaquinhas para conseguir recursos suficientes para as passagens. Felizmente deu tudo certo e consegui visitar todos os campi, um por um, conversando com estudantes e representantes discentes. Apresentei minha proposta e meu plano de ação indo de sala em sala, e conversei com os alunos em uma turnê intensa por todos os campi da UNIR no estado de Rondônia. Conheci muita gente e aprendi que esse networking na vida acadêmica era mesmo essencial. Esse esforço de me colocar como concorrente e opositora do atual presidente do DCE, que estava já há muitos anos à frente daquela associação, foi importante e desafiador e me mostrou que sair da minha zona de conforto era o que podia me levar adiante, não apenas naquela situação, mas na vida em geral. Meu esforço deu muito certo: fui eleita com 90% dos votos da comunidade acadêmica, contra 10% do meu antecessor, que estava se perpetuando no cargo enquanto demorava a se formar.

Os acessos que ganhei depois de ser eleita me mostraram exatamente onde estava o problema: de maneira muito simples, o que acontecia na época era que a gestão anterior recolhia os valores pagos pelos estudantes e não mandava fazer as carteirinhas. Depois de muito atraso, diante das reclamações dos alunos, quando se recolhiam os valores dos alunos dos outros semestres, usavam-se esses valores para fazer as carteirinhas que estavam há seis meses atrasadas (referentes ao semestre anterior) e, dessa vez, atrasava-se a segunda leva de pedidos, e assim sucessivamente. Nunca descobri o que fizeram com o dinheiro da primeira leva das carteirinhas estudantis, porque o dinheiro não existia mais no caixa do DCE. Com isso, eu me deparei com um rombo fiscal para resolver.

Logo após assumir a presidência do DCE da UNIR, acelerei o processo de coleta das informações necessárias para a confecção das carteirinhas estudantis. Consegui arrecadar o dinheiro dos estudantes interessados em tempo recorde, enviei os fundos para a União Nacional dos Estudantes (UNE), que naquela época era responsável pela produção do plástico das carteirinhas, mas não da impressão final com o nome dos alunos. Eles recebiam as solicitações de cada universidade por meio dos respectivos DCEs. Após o pagamento, feito em um prazo acordado com eles, de cerca de duas semanas, a UNE enviava as carteirinhas prontas ao nosso endereço do DCE. Uma vez recebidas as carteirinhas, éramos responsáveis pela impressão dos nomes dos alunos e pela plastificação final. Para que isso acontecesse, nosso DCE tinha um acordo com uma gráfica local em Porto Velho. Aguardei ansiosamente o recebimento desses plásticos, mas eles simplesmente não chegavam. Quando ligava para a UNE em busca de informações, a conversa parecia estranha e sentia que algo estava errado. A gestão da UNE da época tinha uma excelente relação com o ex-presidente do DCE e parecia não querer cooperar comigo. Eu novamente ligava para eles, no intuito de ter uma resposta:

— Gostaria de saber quando vocês vão mandar as carteirinhas para que possamos programar as entregas aos estudantes.

— Já mandamos, já consta como entregue para você.

— Que estranho, por aqui não chegou nada. Quando foi que vocês mandaram?

— Faz mais de três semanas! E temos até um aviso de recebimento que diz que foi entregue a vocês! Da nossa parte, já terminamos o processo e não temos mais nada para discutir aqui — a pessoa me disse, antes de desligar o telefone na minha cara.

Quando ouvi isso, senti minha cabeça girar. Sentia com a minha intuição que alguma coisa grave estava acontecendo. Será que alguém estava me passando a rasteira, por eu ter conseguido chegar à presidência do DCE? Liguei novamente para a UNE e exigi que me confirmassem para qual endereço haviam encaminhado a remessa das carteirinhas. Fui enfática que queria provas.

Foi assim que descobri que, por conta de conexões e relacionamentos, um antigo membro da diretoria anterior do DCE, chamado Mateus, tinha conseguido fazer com que a UNE despachasse as carteirinhas dos estudantes para o endereço da casa dele. O material já havia sido entregue há semanas, e nesse meio-tempo ele já tinha estruturado todo um esquema para revender as carteirinhas dos nossos estudantes para alunos de uma universidade particular da região. Consegui até descobrir quem iria imprimir e plastificar. Tinha todas as evidências de que Mateus tinha montado um esquema pesado e eu teria que ser mais ágil para encontrar uma solução, já que meu nome e minha reputação estavam em jogo naquele momento.

Ou seja, nessa altura do campeonato eu já sabia onde estavam as carteirinhas, mas precisava achar um jeito de retirá-las de lá de uma forma que não fosse ilegal. Mesmo sabendo que o Mateus estava agindo de má-fé, eu não ia cometer um crime de invasão de propriedade para resolver outro. Decidi que ia tentar resolver na base da conversa e da negociação.

Sabendo que Mateus ainda morava com os pais, consegui convencer o tesoureiro da minha chapa, o Felipe, que era próximo dele e frequentava a sua casa, a bater à porta da residência dele e tentar convencê-lo a entregar a caixa com as carteirinhas. Eu e Felipe estávamos em pânico, porque eram nossos nomes e nossa reputação frente à comunidade acadêmica que estavam em risco. Isso sem contar que nenhum de nós dois sabia como iríamos fazer para devolver o dinheiro que os alunos haviam pagado pelas carteirinhas caso não conseguíssemos recuperá-las. Estávamos vivendo um pesadelo acordados.

Fiquei de plantão na rua, observando de longe o Felipe chamando o Mateus no portão, mas quem atendeu foi a mãe do Mateus, que rapidamente o reconheceu, mas logo avisou que o Mateus não estava em casa.

— Puxa, que pena. É que eu esqueci no quarto dele uma caixa mais ou menos deste tamanho, com uns itens importantes. Será que a senhora se importaria de pegar para mim? — disse o Felipe, descrevendo mais ou menos como seria a caixa que fora despachada pela UNE semanas atrás.

— Ih, meu filho, será que você não quer ir lá você mesmo e buscar essa tal caixa? O quarto dele é bagunçado e você vai achar essa caixa mais fácil do que eu — ela sugeriu, e, sem pensar duas vezes, o Felipe adentrou a casa e rapidamente recuperou a encomenda com todas as carteirinhas que tínhamos requisitado ao diretório nacional da UNE.

Eu me lembro de ouvir cada uma das batidas do meu coração enquanto esperava o Felipe sair daquela casa, assim como consigo quase sentir de novo o alívio que se apossou do meu corpo quando o vi retornando com a caixa cheia das carteirinhas que havíamos prometido aos estudantes. Era como se um peso enorme saísse das nossas costas! Felipe também respirou fundo e nos abraçamos, profundamente aliviados por termos contornado e saído daquela situação da melhor maneira possível.

No final, a entrega das carteirinhas de estudante na minha gestão também atrasou, cerca de um mês e meio, mas conseguimos manter nossa reputação e demonstrar resultado. Em vez de atrasar sete meses, como acontecia no ciclo anterior, as carteirinhas que prometemos para o mês de fevereiro foram entregues já no início de abril. Era um atraso muito maior do que gostaríamos, mas conseguimos contornar a situação. Já era uma melhora e tanto! A notícia sobre a entrega das carteirinhas e a solução do atraso repercutiu na região, chegando a ser destaque em um jornal regional. Esse jornal também faz parte das minhas recordações importantes, e guardo com carinho o recorte da matéria, pois representa uma lembrança significativa em minha vida.

2

Parece um episódio simples, contando assim, mas entre abaixo-assinados para contratação de professores e a solução do problema das carteirinhas de estudante, meu nome foi ficando conhecido e fiquei "famosa", por assim dizer. Comecei a ser entrevistada pelos jornais locais, meu nome aparecia estampado em reportagens da cidade como uma universitária engajada e eu me tornei uma espécie de referência entre os colegas da UNIR. Mais ou menos na mesma época, também estavam surgindo os primeiros movimentos de cotas para a promoção de uma maior equidade de gênero nos partidos políticos, que na época precisavam se esforçar em ter ao menos 20% de candidatas mulheres em suas legendas.

Nesse contexto, não eram apenas meus olhos que brilhavam frente às possibilidades de mudança que eu podia fazer. Partidos políticos também estavam de olho em lideranças emergentes, como estava sendo o meu caso.

A minha fama de "resolvedora", combinada com a minha aparência jovem e engajada no mundo acadêmico, me tornava uma figura popular na universidade, o que contribuía para a construção da minha autoestima. Depois de anos e anos de invisibilidade, de silenciar minhas opiniões, de trabalhos domésticos não remunerados, limitada à limpeza e ao cuidado com crianças, eu finalmente sentia que estava ganhando meu espaço, sentia que estava na direção certa para brilhar e conquistar o meu lugar neste mundo e concretizar meus sonhos. De alguma forma, acreditava que poderia fazer a diferença e causar um impacto positivo na vida das pessoas ao meu redor.

A fama foi rapidamente se transformando em convites dos partidos políticos para que eu me envolvesse com a legenda de alguma maneira. Estive em conversas com partidos como o Partido Democrático Trabalhista (PDT), o Partido dos Trabalhadores (PT), o Partido Comunista do Brasil (PCdoB), mas parecia que eu não encontrava alinhamento de valores com nenhum deles. Concordávamos em partes, mas sempre tinha algo que me deixava um pouco desconfortável. Até que finalmente comecei a conversar com o PFL, o Partido da Frente Liberal, atualmente conhecido como Democratas (DEM).

Na época, o PFL estava procurando um representante para a ala jovem no estado de Rondônia, e era um convite bastante disputado, porque o PFL era um partido da situação, com um governador e deputados eleitos no estado. Além de ser um partido com o qual eu tinha um maior alinhamento de ideias, também veio deles a proposta que eu mais gostei, a de me colocar como presidente do PFL Jovem de Rondônia, que visava formar novas lideranças dentro do partido. Além do envolvimento com causas importantes para os jovens, algo que eu já conhecia bastante por conta da proximidade com os colegas da universidade, o partido também oferecia uma ajuda de custo para que eu me dedicasse ao trabalho, que envolvia promover as causas do partido em meio à juventude. Isso incluía participar de festivais de música, programas de arrecadação de alimentos, além de promover e participar de debates, seminários, cursos de formação política e campanhas de mobilização, todos com o intuito de estimular a participação dos jovens na política e no partido. Meu plano estratégico era focado em fomentar a busca dos jovens pela educação, trazer um interesse genuíno pelo debate e, sempre que possível, incentivar a caridade. Tanto é que muitos dos festivais que eu implementei e liderei envolviam o recebimento de alimentos e outras doações para quem estivesse passando por necessidades.

É curioso pensar que eu não tive nem medo em aceitar esse convite, porque ele significava tanta coisa boa para mim, justamente uma universitária acostumada com uma vida cheia de perrengues e dificuldades. Eu vivia imersa nessas questões políticas, mas ao mesmo tempo tinha uma vida bem complicada em termos de recursos e acessos. Eu e meus irmãos vivíamos naquele terreno invadido pela minha mãe, em uma situação bastante precária e com pouca segurança. Por vezes, eu cheguei a dormir escondida entre as carteiras das salas de aula da universidade, simplesmente porque não tinha dinheiro para pagar os dois ou três ônibus que eu precisava pegar no retorno para casa.

Conseguir superar os desafios da universidade e ao mesmo tempo ser notada como uma liderança influente por um partido político era quase como encontrar meu sapato de Cinderela e sair da vida de gata borralheira. Tanto é que eu fazia questão de guardar cada um dos recortes de jornal em que eu aparecia como entrevistada. Eu tinha uma vida de grandes desafios e de uma série de adversidades pessoais, sem dúvidas, mas, ao mesmo tempo, a minha determinação e força de vontade para mudar poderiam me dar um enorme prognóstico positivo de futuro. Ou, ao menos, era assim que eu via. Eu havia deixado de riscar os dias sobrevividos em um calendário na contracapa do meu caderno escolar com o "X" para abrir uma pastinha onde colecionava recortes de jornais onde meu nome aparecia em destaque junto a uma foto de perfil minha, mencionando algo importante que eu estava fazendo. Eu me olhava no espelho e dizia a mim mesma: "Katia Wendt, estou tão orgulhosa de você! Continue assim, mas nunca se esqueça das suas origens e de tudo que você aprendeu com elas. Carregue sempre com você a gratidão!".

3

E, como quase tudo na vida de todo mundo, nem tudo são flores. Ao mesmo tempo que o engajamento político e estudantil me dava visibilidade, eu também precisei aprender a lidar com a oposição política, que pode ser bastante cruel.

Eu havia me transformado em uma jovem líder estudantil e filiada a um partido de direita, o que era bem diferente da maioria da organização estudantil da época, que tinha um perfil mais alinhado a pensamentos da esquerda e com lideranças masculinas. Por isso, muitos dos meus colegas de militância estudantil tendiam a se opor a mim, principalmente pelo posicionamento partidário, e nem sempre isso acontecia de uma maneira elegante.

Uma das deselegâncias, por exemplo, aconteceu em uma das assembleias estudantis da qual eu participei. Subi ao palco com a confiança de quem havia sido recebida com uma salva de aplausos no ano anterior, quando eu tinha me movimentado para conseguir abaixo-assinados em busca de professor de anatomia e conseguido entregar as carteiras de estudante em tempo recorde. Minha gestão tinha apostado em um processo de transparência e clareza com os estudantes, de forma que o trabalho da nossa gestão era reconhecido por onde a gente passava. Só que dessa vez uma coisa diferente aconteceu. Em vez de ser recebida com palmas, como acontecera com os colegas que subiram ao palco antes de mim, eu fui recebida com uma sonora e estridente vaia.

Talvez só quem já tenha sobrevivido a uma vaia vá entender, mas é um momento muito difícil de resistir. A gente não tem muito discernimento do que estão dizendo, se é só um "uuuuhh" generalizado ou se alguma outra expressão de baixo calão está ali embutida na gritaria. Só que o tom soturno de uma vaia é inconfundível, ele vem com o peso de um som que tenta derrubar você de onde você está. Do "alto" do meu 1,50 metro de altura, eu fiquei simplesmente parada ali, recebendo aquela vaia, sentindo aquela vibração terrível nos meus ouvidos. Estavam ali cerca de cinquenta estudantes, que estavam comigo nas muitas reivindicações que fazíamos à reitoria, só que dessa vez eles não estavam ao meu lado: estavam todos sonoramente contra mim.

Eu tentava entender o motivo disso. Afinal, apesar de ser uma liderança estudantil, eu era a única ali que tinha se filiado a um partido de direita, o que parecia uma forte contraposição aos meus colegas, que se filiavam a pensamentos da esquerda. Aos olhos dos meus colegas, que se colocavam em oposição ao governo da época, eu não era aliada deles: eu representava o outro lado. Existia ainda na época uma discussão sobre a potencial privatização das universidades públicas, um debate que eu não endossava e que nem percebia o PFL tão interessado em discutir, mas talvez eles vissem em mim alguém que queria fazer com que o acesso à universidade precisasse acontecer por meio de uma mensalidade. Não era nada disso, mas sabe de uma coisa? Nenhum desses detalhes contextuais importa quando você está sendo alvo de uma vaia.

Tive uma sensação de humilhação pública, uma vergonha intensa, mesmo sabendo que não havia motivo racional para me envergonhar. Pelo menos, eu não via nenhum motivo para tanto. Talvez tenha sido a clareza de que não havia razão para sentir aquela vergonha que me fez decidir permanecer ali, firme. Não externei emoções e me mantive encarando as vaias sem abaixar a cabeça, embora eu desejasse sair correndo dali. Simplesmente esperei que todos aqueles que me vaiavam se cansassem. Busquei dentro de mim todo o autocontrole e a resiliência que a vida me ensinou. Hoje chamamos isso de "inteligência emocional", mas naquela época parecia apenas força e determinação. Já havia superado tantas coisas, eu não deixaria uma vaia me derrubar.

Eventualmente, eles terminaram de vaiar. Quer dizer, o som da vaia acabou em algum momento, mas as marcas daquela situação e experiência desagradáveis me trouxeram uma série de aprendizados. Um deles, o mais claro, tem a ver com resiliência. Ser vaiado é uma experiência difícil, mas também é uma oportunidade para aprender a lidar com a rejeição e superar o constrangimento, o que ajuda a nos tornar mais fortes emocionalmente. Outra reflexão poderosa desse dia foi que a vaia pode, de certa forma, indicar que você está no caminho certo. Às vezes as pessoas são vaiadas simplesmente porque estão desafiando as normas ou as opiniões predominantes num momento histórico ou em certo contexto. A vaia sozinha, sem propostas, acaba sendo uma expressão válida, mas de pouca importância, que visa apenas desestabilizar o adversário de pensamento.

Assim que as vaias se acalmaram, tomei a iniciativa de questionar o motivo por trás daqueles gritos. Enquanto fazia essa pergunta, procurava recuperar a minha compostura mental. Meus colegas estavam me questionando sobre minha filiação a um partido de direita, que apoiava a privatização das universidades públicas. Com calma, expliquei a eles que sempre fui uma defensora do ensino público e que por estar afiliada ao partido de direta eu poderia ser uma voz a mais para representar os interesses universitários de forma mais assertiva. Afinal, como é que eu, que tanto me beneficiei do acesso gratuito à educação, poderia ser contra essa conquista? De tempos em tempos, as vaias voltavam, mas eu fazia questão de manter a calma, aguardando que se acalmassem para retomar o diálogo.

Durante a assembleia, fiz uma proposta de organizarmos e liderarmos juntos uma passeata contra a privatização das universidades, para expressar com propostas nosso posicionamento acadêmico em defesa do ensino público. A sugestão foi votada e aprovada pela maioria. Depois de algumas semanas, eu estava lá, com os alunos, em uma passeata pelas principais avenidas da cidade, empunhando cartazes em uma mobilização contra a privatização do ensino universitário público.

Pensando bem, até hoje acho que é importante a gente expor o que acredita e respeitar a opinião contrária. O meu posicionamento continua sendo que a universidade deve ser uma porta de entrada pública. Fico contente de ver que o Brasil avançou muito no sentido de melhorar a equidade de acesso à vida universitária nas últimas décadas, porque era o que eu lutava para acontecer lá nos anos 1990.

Quando olho para trás, é fascinante perceber como agi com uma sabedoria quase instintiva diante daquelas vaias. Sinto que manter a mente calma e respirar profundamente foram essenciais. Ninguém me ensinou como enfrentar uma vaia, como agir naquele momento, mas acredito sinceramente que tomei a melhor decisão possível. Foi um teste emocional e, de alguma forma, encontrei a força interior para enfrentá-lo.

Naquele momento, eu cursava o segundo ano da faculdade, atuando tanto na gestão do Diretório Central dos Estudantes (DCE) quanto participando de forma ativa nas atividades políticas do PFL. Como presidente do DCE, estava aprendendo a lidar com a oposição de ideias ao mesmo tempo que executava nosso plano de ação dentro da universidade. Era um trabalho bem cansativo, porque muitas vezes eu precisava lidar com pessoas que mais buscavam confusão do que solução. Agora, a atuação como presidente do PFL Jovem de Rondônia já estava mais gratificante! Por lá, eu trabalhava na criação de um plano de ação e estava envolvida nas discussões das próximas campanhas eleitorais em nível estadual e nacional.

Com tanta coisa acontecendo junto, claro que um desses pratos que eu estava equilibrando iria cair em algum momento. O primeiro deles foi o dos estudos, com uma reprovação que me levou a cursar uma disciplina do primeiro ano concomitante com as atividades do segundo ano de enfermagem.

Enquanto refletia sobre como minha dedicação à militância estudantil e ao partido estava afetando meus estudos, também percebi que meu mandato na presidência do DCE estava chegando ao fim. Após dois anos à frente do cargo, tinha a opção de concorrer à reeleição ou de passar a responsabilidade adiante, permitindo que outros colegas se organizassem para liderar a próxima gestão. Foi um momento de muitas emoções, reflexões e decisões a serem tomadas.

Percebi que queria continuar engajada nas questões políticas, mas também compreendi que era fundamental focar mais os meus estudos. Afinal, essa tinha sido a razão pela qual eu estava na universidade.

Resolvi não me candidatar à reeleição do DCE para que pudesse ter tempo de manter meu envolvimento com o PFL e de conseguir me dedicar às disciplinas da graduação.

Encerrei minha gestão com orgulho, assegurando uma prestação de contas transparente, sem nenhuma dívida e ainda com saldo positivo. Foi surpreendente ver muitos alunos me incentivando a continuar no DCE. Havia até pesquisas de opinião sugerindo que, se eu me recandidatasse, seria reeleita com mais de 80% dos votos. Até mesmo a minoria que antes discordava da minha gestão montou uma chapa e pediu o meu apoio, um exemplo de como as coisas funcionam no mundo político. É incrível pensar que não fazia muito tempo alguns deles estavam me vaiando, e agora pediam e precisavam do meu apoio para serem eleitos.

Dali em diante, o DCE seguiu com novas lideranças, e algo inesperado aconteceu: minha fama e nome já haviam ultrapassado as fronteiras de Rondônia. Até mesmo líderes partidários de outros estados já tinham ouvido falar de mim. Tanto que, quando os diretórios partidários decidiram identificar jovens lideranças nos estados, meu nome apareceu na lista. Ainda mais incrível, destacaram minha capacidade de impulsionar a participação das mulheres e dos jovens na política. Foi um momento surpreendente, pois eu não imaginava o alcance que minha atuação havia conquistado.

Como reconhecimento do partido, recebi uma espécie de "promoção". Fui convidada a fazer parte da Juventude Nacional do PFL Jovem, que inaugurou um novo capítulo na minha vida. Agora, o partido via em mim potencial suficiente para investir na minha formação e na minha conexão com outras lideranças de todo o Brasil e internacionalmente.

Eu mal sabia que teria a chance de estar perto de personalidades da política que eu antes só via na televisão. Entre elas, estava o presidente do Brasil na época, Fernando Henrique Cardoso, que até hoje é uma inspiração para mim e, na minha opinião, um dos melhores presidentes que o Brasil já teve.

Recorte de jornal: carteiras da UNE começam a ser entregues. (Fonte: O Estadão do Norte, 26 de abril de 1999, em recorte de Acervo Pessoal)

Recorte de jornal: Acadêmicos da UNIR passarão a ter direito ao vale-transporte. (Fonte: Alto Madeira, 24 de abril de 1999, em recorte de Acervo Pessoal)

Sendo entrevistada pela TV Meridional. (Fonte: Acervo Pessoal)

Defendendo a educação pública de qualidade. (Fonte: Acervo Pessoal)

Experimentando uma carreira na política

Não há nada de errado com aqueles que não gostam de política.
Simplesmente serão governados por aqueles que gostam.
(Platão)

1

O convite para fazer parte da composição executiva do PFL Jovem Nacional não era algo que eu tinha antecipado. A verdade é que eu tinha encontrado um lugar confortável, onde podia desenvolver minhas ideias e convertê-las em ações que realmente podiam melhorar a vida estudantil. Esse era o meu foco.

Por isso, o que tinha começado de maneira quase ingênua na busca por melhores recursos e condições para os estudantes da UNIR virou uma porta de entrada para um mundo completamente novo, que dessa vez abria novas portas para mim. Jamais pensei ou esperei que algo assim pudesse acontecer comigo.

Uma dessas portas foi literalmente a porta de um avião diretamente para Brasília, onde fui participar de um encontro nacional da executiva do PFL Jovem. Iriam se reunir na capital do país os líderes jovens que estavam encabeçando muitas atividades na política em nível nacional, cada qual em seu respectivo estado. O convite para minha participação veio junto de uma passagem e de uma reserva em um hotel que ficava na Asa Norte, bem perto do Eixo Monumental.

Eu não precisei nem passar da recepção para ficar completamente impressionada. Tudo era tão bonito, tão bem-acabado e limpo! Cheguei ao meu quarto e eu não sabia nem o que fazer diante daquela cama enorme, só para mim, num quarto que não dividiria com mais ninguém, com cortinas e até ar-condicionado. Dormir com conforto não era a realidade do quarto que eu dividia com minha mãe e meus dois irmãos. Chegar em um hotel quatro estrelas, como o Kubitschek Plaza Hotel, era completamente fora da minha realidade. Nunca dormi tão bem.

Talvez eu nunca venha a saber se aquelas noites de sono eram tão boas por conta da qualidade da roupa de cama e das instalações do meu quarto de hotel, ou se pela alegria que eu sentia de estar usufruindo de tudo aquilo como resultado do meu esforço e do meu trabalho. É bem provável que fosse a soma das duas coisas.

Parte das atividades que eu executava nesses encontros em Brasília também incluía passar ao lado de personalidades com sobrenomes que a gente reconhecia do noticiário. Lá passa o deputado Fulano, o governador Sicrano, o senador Beltrano. Essa sensação de estar circulando por um lugar cheio de pessoas que eram conhecidas e reconhecidas me deixava empolgada e desconcertada ao mesmo tempo. Sentia que iria aprender muito com todas aquelas personalidades inteligentes, com retóricas incríveis e projetos sensacionais. Sabia que era um privilégio estar ali, mas ao mesmo tempo também me sentia insegura, principalmente quando me perguntavam "de onde eu era", porque eu não tinha muitas referências pessoais para dar.

Na nossa primeira reunião do PFL Jovem Nacional, eu me senti um pouco deslocada em meio aos jovens líderes do PFL. Entre eles estavam pessoas que tinham laços familiares com deputados e figuras proeminentes da política da época, como Priscila Krause, filha do ex-ministro da economia Gustavo Krause; Carla Patrocinio, filha do parlamentar Carlos Patrocinio; e ACM Neto, que vinha de uma das famílias mais tradicionais do país, neto do renomado ex-governador da Bahia, Antônio Carlos Magalhães, conhecido como ACM. Estar naquela primeira reunião de formação da nova diretoria do PFL Jovem Nacional foi uma experiência emocionante e um tanto intimidante. Eu me via cercada de jovens com importantes conexões políticas e com uma formação admirável, e eu me questionava se me encaixaria ali. Será que eu seria aceita, já que vivia em uma realidade completamente diferente do mundo deles?

Eu me apresentava como "Katia Wendt, presidente do PFL Jovem do estado de Rondônia e estudante universitária". Vez por outra, alguém me perguntava se "minha família estava na política". Sempre fui muito transparente e dizia que não, que eu não tinha ninguém da família na política, e desviava do assunto familiar, mantendo a invisibilidade da minha vida pessoal.

Às vezes, isso deixava um gosto amargo na minha garganta. Não que eu tivesse vergonha da minha história, mas porque sentia que as pessoas poderiam ficar um tanto constrangidas se eu falasse que minha mãe era lavadeira de roupa e muambeira, ou que a minha paternidade era desconhecida. Além disso, eu não podia dizer que tinha uma mãe que me apoiava ou incentivava. Pelo contrário, essa pergunta sempre despertava em mim certa crise existencial: "quem sou eu?", eu acabava me perguntando internamente. O que eu vou falar da minha família, sendo verdadeira? Ninguém nunca tinha me dito "vai lá, a gente acredita em você", eu não tinha referências de pessoas que acreditassem em mim ou de pessoas nas quais eu pudesse realmente me espelhar.

Por isso, aos poucos e com a maturidade que eu conseguia ter na época, fui tentando refinar esse discurso, trocando para um "olha, eu não tenho ninguém na minha família que seja envolvido na política, minha história está mais relacionada ao movimento estudantil", e daí por diante ficava mais fácil engatar uma discussão mais interessante para mim e também para meus interlocutores. Além disso, sempre me dedicava a fazer alguma pergunta na sequência, de modo a direcionar o assunto para outro tópico e não dar espaço para perguntas de caráter pessoal. Mantinha minha vida pessoal reservada e invisível, porque essa falta de referência era uma das minhas maiores dificuldades.

Para suprir essa lacuna, busquei entender quem eram as pessoas que poderiam figurar como modelos para mim. Bill Gates foi uma dessas personalidades que eu acompanhava com afinco, e que se tornou um dos meus ídolos e uma das minhas referências para a vida. Ayrton Senna também foi uma inspiração e um ídolo, ainda que infelizmente tenha partido tão jovem.

2

E, por mais díspares que fossem nossas realidades, fato é que todas as jovens lideranças do PFL me receberam muito bem e se esforçaram em fazer com que eu conseguisse me adaptar a essa minha nova vida na política. Eu me sentia acolhida e respeitada.

Até hoje me recordo de um jantar que aconteceu após um dia pesado de reuniões de trabalho. Fomos a um restaurante muito frequentado pela elite de Brasília, chamado Piantella, que era bastante conhecido por ser um local frequentado pelos políticos mais influentes. Acomodamo-nos todos, o maître nos trouxe os cardápios, e, assim que eu passei os olhos pelas opções disponíveis, comecei a entrar em desespero. "Eu não tenho a menor condição de pagar por esta comida. Olha quanto custa este prato!", pensava comigo mesma.

Sem saber que o partido ia bancar a refeição de todos que estavam ali, eu decidi que o mais prudente para não ter que lavar pratos na saída era fingir que eu não estava com fome. Pedi apenas uma água, que era a única coisa que eu teria condições de bancar naquele lugar.

Meus colegas escolheram seus pratos sem se preocupar nem por um minuto com o valor que custavam. Para eles, aquilo tudo era muito normal, mas nada daquilo fazia parte do meu mundo. Eu nem sabia que existia alguém que ia pagar por toda aquela comida que todo mundo estava comendo. Tanto é que me assustei e me arrependi amargamente quando fui tentar participar do pagamento da conta cobrindo os custos da água, único consumo meu naquele restaurante. "Não precisa se preocupar, este jantar faz parte do planejamento financeiro da reunião", me informaram, indicando que havia uma provisão financeira para cobrir esses custos, já que eles eram referentes à semana de trabalho de todos. E eu ali, com o estômago vazio, tendo tomado apenas uma água de tão assustada que estava com os preços. Tudo o que eu poderia comer por ali me parecia impagável — e, exatamente por isso, acabei não comendo e pedi apenas água.

Depois de algumas situações semelhantes a essa, fui aos poucos descobrindo como circular por aqueles ambientes de maneira mais confortável. Descobri que podia pedir comida no quarto se tivesse fome, que os gastos com alimentação estavam inclusos na minha estadia, por exemplo. E, conforme eu ia me colocando nos ambientes e passando por algumas situações complicadas, percebi que algumas pessoas também se compadeciam da minha falta de traquejo e me davam algumas dicas.

Foi assim que um assessor de um dos filhos de político que era meu colega no PFL Jovem um dia me chamou de lado para me dar um conselho.

— Reparei que você é nova aqui em Brasília. Acho bem bacana ter você aqui com a gente, você tem boas visões. Mas sabe o que falta? Você precisa olhar nos olhos das pessoas quando você fala — ele me aconselhou.

Foi só quando ele me deu esse toque que eu reparei que eu me fazia ser ouvida durante as discussões, mas que eu me sentia tão inferior que talvez evitasse olhar nos olhos das pessoas. Talvez fosse um receio de parecer que eu estava "encarando" ou algo assim. Foi uma revelação importante, mas que me deixou muito preocupada.

Eu teria que superar esse meu complexo de inferioridade e me portar de outras maneiras, eu precisava me reposicionar. A lição que aprendi com essa situação foi que às vezes nós mesmos somos nossos maiores obstáculos. Percebi que eu mesma estava me limitando, agindo de maneira insegura e reforçando crenças negativas sobre meu próprio valor. O conselho que recebi me fez enxergar que, para ser ouvida e respeitada nas discussões e na vida em geral, eu precisava primeiro acreditar em mim mesma e me posicionar de forma mais segura.

3

A dica que esse assessor me deu foi crucial para que eu aprendesse a não andar de cabeça baixa em meio a tantos nomes famosos da política nacional, em sua maioria homens, já que naquele momento a presença feminina na política era bem rara. Ou seja, além de circular por ambientes inéditos para mim, como os prédios do bloco H da Esplanada dos Ministérios, eu também precisava aprender a fazer isso com a confiança de quem merecia estar ali.

Foi com essa visão que no dia seguinte a esse conselho eu fui para uma reunião do partido que reuniu toda a composição da executiva nacional do PFL Jovem, com outras lideranças da política nacional daquela época.

Lembro-me de entrar em uma sala ampla, com uma mesa imensa, e ficar sentada ao lado de personalidades políticas que eu estava habituada a ver apenas na televisão. Naquele momento, eu estava imersa no âmbito da política nacional, o que era uma experiência incrível. Era fundamental olhar nos olhos de todas aquelas pessoas ali presentes, não com o deslumbramento de quem encontra uma celebridade, mas com o sentimento de gratidão pela oportunidade conquistada, e com a confiança de que aquele ambiente constituía a minha nova realidade e que abriria novas portas de conhecimento, aprendizados e conexões.

O conselho do assessor, no final, funcionou como um lampejo que iluminou o caminho que eu estava preparada para trilhar. Entendi que não se tratava de renunciar à minha essência, mas de continuar aperfeiçoando-a. Era uma questão de moldar meu caráter, não mudá-lo por completo.

A partir daí, ninguém mais me botou qualquer medo por nada. Comecei a olhar nos olhos de todo mundo e a ter a humildade de dizer que não entendia o funcionamento de uma coisa ou outra. Era como se eu dissesse "estou aqui aprendendo com vocês, o que você pode me dizer para me ajudar a ser melhor?". Foi a melhor coisa que eu fiz. E acredito que foi bom também para quem se relacionava comigo, porque aos poucos eu fui me abrindo também, permitindo que eles me conhecessem. Isso fez com que as lideranças do PFL enxergassem o meu potencial e decidissem investir em mim, recomendando-me para fazer cursos e me dando espaço para que eu pudesse me desenvolver.

Era algo completamente fora de série para mim. Eu me sentia tão valorizada, com tanta possibilidade de ter uma educação, de aprender mais sobre a política e sobre o funcionamento da política nacional e internacional, que eu simplesmente abraçava todas as oportunidades que se colocavam no meu caminho, o que incluiu não só explorar as possibilidades de aprendizado em solo nacional como também formações e intercâmbio na Alemanha, Argentina e no Chile. Era evidente o comprometimento do partido com o meu desenvolvimento político, fornecendo-me os recursos necessários para a expansão do meu conhecimento e me preparando para que eu pudesse fazer parte da próxima geração de lideranças femininas na política nacional.

4

O primeiro curso internacional que me lembro de ter feito aconteceu na Alemanha, em uma viagem memorável. Era a primeira vez que eu viajava internacionalmente para um local tão distante, e com um detalhe: eu tinha o nível avançado do espanhol, que eu estudara na universidade, mas não entendia inglês e não falava nada de alemão.

O curso era oferecido pela Fundação Friedrich Naumann para a Liberdade, que reunia jovens líderes de muitas partes do mundo para um curso sobre democracia e contava com um grupo de tradutores de espanhol, o que facilitou a minha vida e a minha comunicação com os colegas.

O grupo reunido naquele ano contava com participantes de 26 países do mundo, dentre os quais eu estava ali representando o Brasil. Eu nunca tinha tido a experiência de encontrar, em um único ambiente, pessoas vindas de países como Egito, Paquistão, Rússia e de outras regiões, como África, Ásia e Oriente Médio, ou pessoas que vinham de tradições religiosas diversas. Esse momento me marcou muito, porque foi a primeira vez na vida que presenciei e senti a importância de um ambiente de diversidade e inclusão.

Mas chegar até a Fundação Friedrich Naumann foi uma enorme aventura. A partir do meu desembarque em Frankfurt, eu precisaria pegar um trem até a cidade de Colônia, onde uma pessoa estaria me esperando para me levar até a cidade de Gummersbach, onde fica a sede da fundação. Parece algo simples de fazer hoje, quando temos celulares e mapas digitais, mas imagine uma jovem de vinte anos que não fala inglês nem alemão tentando fazer esse percurso sozinha, com a ajuda única e exclusiva de mapas e placas. Pois é!

Adicione a isso o fato de que eu caminhava pela cidade com um deslumbramento tamanho que acabava me perdendo pelo caminho. "Caramba, é assim que é um grande aeroporto europeu?", eu pensava enquanto caminhava pelos portões das áreas de embarque e desembarque de Frankfurt, já me confundindo com os trens que fazem o percurso entre os diferentes terminais do aeroporto, em busca da estação de trem que me levaria até Colônia.

Entre confusa e encantada, obviamente entrei no trem errado. Diante da enorme dificuldade em me comunicar em português ou espanhol, eu tinha por hábito estender minha passagem e aguardar que alguém apontasse a direção correta. Subi e desci do vagão um número incontável de vezes, até que, por sorte (e um bocado de esforço de mímica), consegui finalmente chegar até a cidade de Colônia, com "apenas" cinco horas de atraso.

Nessa altura do campeonato, eu já sabia que os alemães eram conhecidos pelo seu apreço pela pontualidade. Eu não estava apenas levemente atrasada. Eu provavelmente tinha deixado alguém que ia me buscar plantado por horas no ponto de encontro, que era na frente de um McDonald's da estação central. Nesse meio-tempo, ninguém sabia do meu paradeiro, nem mesmo a fundação. Em tempos anteriores ao smartphone, a única opção numa situação dessa era mesmo aguardar.

Assim que cheguei à estação de Colônia, que é enorme, meu novo desafio era encontrar o McDonald's onde alguém, provavelmente em fúria pelo tamanho atraso, estava me aguardando. Assim que pisei do lado de fora, confirmei que não tinha nenhum McDonald's ao alcance da vista, mas avistei uma imensa igreja em estilo gótico. Fiquei tão impressionada que até esqueci que precisava ir até meu ponto de encontro. Fiquei tão impactada com aquela arquitetura que eu simplesmente fiquei parada, de boca aberta, observando seus detalhes. Eu estava diante do que depois vim a descobrir se tratar da Catedral de Colônia, a Kölner Dom. Queria apenas ficar lá, contemplando aquela construção belíssima, algo tão especial, tão imponente — quando fecho os olhos, parece que eu volto àquele momento inesquecível... E quem já tinha esperado cinco horas talvez não se importasse de esperar mais cinco minutos. Não cheguei nem a raciocinar direito nessa hora: só entrei meio correndo naquela catedral, me ajoelhei, agradeci a Deus por aquela oportunidade e pensei que eu precisava dar um jeito de voltar ali novamente para continuar contemplando tanta beleza.

Foi uma prece super-rápida, porque logo lembrei que eu estava fazendo alguém esperar muito mais do que o necessário — e já tinham sido necessárias horas a fio. Enfim acabei encontrando o McDonald's, onde me esperava uma tradutora russa que falava espanhol. Ela segurava uma placa com o meu nome e junto dela estava o motorista que nos levaria até o nosso destino final. Pedi todas as desculpas do mundo pelo meu atraso e expliquei o ocorrido. Felizmente eles entenderam, foram empáticos com a minha dificuldade e extremamente atenciosos. Fiquei aliviada, pois estava esperando uma bronca pesada. Agora finalmente iria fazer meu último percurso da viagem.

Chegando à Fundação Naumann, fui apresentada a todos os outros participantes do curso e ao grupo de tradutores. Foi uma experiência incrível, não só de viagem, mas de vida. Naquela época, sem acesso à internet ou outras informações de fácil acesso, eu me preparei o quanto pude para enfrentar o frio alemão em pleno dezembro. Só que meus casacos não eram páreos para o vento gélido que entrava pelas frestas dos tecidos e me congelava. Uma das tradutoras russas fez a gentileza de ceder um de seus casacos para me ajudar a aguentar o frio daquelas duas semanas na Alemanha. A generosidade dela me salvou!

Estar no país de origem da minha família, ouvindo meu nome e sobrenome pronunciados com o sotaque local, era realmente especial. Eu estava tendo a oportunidade inédita de me conectar com as raízes da história da minha linhagem genética familiar e, ao mesmo tempo, em um momento incrível de formação política. Eu era a primeira pessoa da minha família a fazer uma viagem internacional! Sentia que estava realizando um grande sonho da minha vó Erna, que falava alemão e nunca pôde visitar a Alemanha.

Talvez toda essa mágica tenha feito desse um momento tão marcante, que algumas das pessoas que conheci ali se tornaram grandes amigos até hoje. Também aconteceram algumas paquerinhas, é claro. Tomei coragem de me aproximar também de um egípcio muito carismático, o Khaled. Ele era uns doze anos mais velho que eu, muito culto, falava não só árabe e inglês, mas também alemão fluente! Isso dava a ele outra pose nos nossos encontros, eu via que ele conseguia se articular tão bem que isso me encantava! Entre uma conversa traduzida aqui e um intermediário acolá, nossa convivência se transformou numa paquera que se converteu em alguns encontros mais quentes, mas nada mais. Foi mesmo uma conexão muito gostosa e especial, que iria perdurar anos a fio.

5

Parece que foram meses de intercâmbio, mas a verdade é que passei apenas quinze dias em Gummersbach. Só que foram os dias mais intensos da minha vida até então.

Eu era a única brasileira presente, o que significa que o meu conhecimento de português não serviu para absolutamente nada. O espanhol se tornou meu idioma principal naqueles dias, mas aos poucos fui percebendo que eu era uma das únicas que não falava inglês, o que me deixava um pouco isolada das conversas, que aconteciam no idioma que a maior parte das pessoas conseguia falar e entender, principalmente fora das atividades da agenda. Nas interações noturnas, por exemplo, minha comunicação era limitada.

E, por mais que eu tivesse sido bem acolhida e conseguisse participar das brincadeiras, percebi que sempre precisava de alguém que me ajudasse traduzindo rapidamente um trecho para o espanhol. Foi ali que percebi que o idioma poderia limitar minha capacidade de estar no mundo. Para conhecer esse novo mundo, era essencial falar inglês.

Essa percepção se tornou um motor novo para que eu pudesse superar essa debilidade. Se não existia outra opção para me comunicar melhor com esse mundo, se o inglês era mesmo a língua mais falada nesses espaços, estava claro que eu tinha um obstáculo novo a superar.

Eu estava tão feliz em estar ali que eu queria participar mais, só que nem sempre podia abusar dos mediadores e acabava falando o essencial para que eles não cansassem de traduzir meus pensamentos. Eu tinha a impressão de que poderia ser ainda mais feliz se falasse inglês e pudesse conversar com todos de igual para igual, de maneira independente, sem precisar do intermédio de tradutores.

Conforme os dias foram passando, também fui aos poucos entendendo que aquela deficiência que eu sentia, aquela dificuldade específica de comunicação, era também reflexo do contexto de onde eu tinha vindo e das lacunas educacionais das escolas públicas que eu havia frequentado no Brasil. Aquelas pessoas que estavam ali comigo vinham de outra classe social, muitas já eram a segunda ou até terceira geração envolvida num meio político, empresarial ou intelectual, com certa infraestrutura familiar ou até bons backgrounds acadêmicos, com uma educação muito diferente da que eu tinha tido até então.

Os problemas de cada um também eram muito diferentes entre si. Se o meu obstáculo tinha a ver com o acesso a conhecimento, outros dos participantes tinham o desafio de não ter sua sexualidade respeitada em seus países. Eles relatavam a tristeza de não poderem admitir sua homossexualidade em seus países, porque isso ia contra a religião das suas famílias ou dos seus líderes nacionais. Outros relatavam os desafios de ser imigrante; outros mencionavam o preconceito sofrido na Universidade Harvard. No final, era evidente que cada um ali carregava também seus próprios desafios.

Só que, dentre todas as questões e limitações que eu escutava, a que me pegava e martelava minha cabeça naquele momento era o meu próprio e novo obstáculo, que era a dificuldade de me fazer entender em inglês. Eu iria precisar, em algum momento, resolver isso, mas não seria do dia para a noite. Estudar uma nova língua levaria tempo, tempo esse que me era escasso, já que eu estava sempre por conta das atividades da universidade e o trabalho no PFL.

6

Ainda que o inglês fosse uma dificuldade, o espanhol era um idioma no qual eu me virava bem. Por isso, o partido entendeu que eu poderia facilmente participar de cursos e eventos na América Latina. Foi assim que fui escolhida, com outros dois colegas de partido, para ir a um encontro latino-americano de jovens líderes, representando o Brasil e o PFL Jovem.

Esse fórum latino-americano era incrível; tivemos a oportunidade de conversar não só com o ministro da economia da Argentina, Domingo Felipe Cavallo, como também com o presidente da Argentina na época, Fernando de la Rúa, em uma visita ao palácio de Olivos.

Lembro que, depois de uma das falas do presidente argentino nesse encontro, ele abriu espaço para que a audiência de jovens falasse e fizesse perguntas. Obviamente eu aproveitei a oportunidade, me levantei, falei algumas coisas e fiz uma pergunta. Nem lembro ao certo o que falei, mas deve ter sido algo relevante, porque, assim que o encontro foi encerrado, o presidente conversou com algumas pessoas e me disse que meus pensamentos estavam na direção correta, chamando-me, na sequência, para tirar uma foto com ele. Guardo esse momento de reconhecimento nas minhas memórias e no meu álbum de fotografias.

Essas experiências foram também me apontando uma coisa muito curiosa, que eu não tinha reparado antes. Percebi que muitas das pessoas ao meu redor pensavam em falar alguma coisa, em fazer alguma pergunta, mas se mantinham caladas no final. Eu não. Eu tinha essa ânsia de falar, de ser ouvida. Meu pensamento era que chegar até ali já tinha sido tão surpreendente que o melhor que eu poderia fazer era aproveitar ao máximo os momentos para aprender, perguntar e expressar minhas opiniões.

7

Sempre após a finalização das nossas obrigações com as atividades da agenda política, tínhamos um combinado de usar nosso tempo livre para sair e nos divertir um pouco. Geralmente esse espaço ficava restrito às noites, pois durante o dia a agenda era bem puxada, com uma série de seminários e oficinas. A depender do ânimo geral e da agenda do dia seguinte, alternávamos entre visitas a bares, restaurantes, pubs ou discotecas.

No entanto, em uma ocasião especial, durante uma reunião em Buenos Aires, tomei a decisão de buscar uma experiência mais privada. Entrei em contato com um amigo argentino para informar que estaria na cidade e que gostaria de sair à noite, entretanto, essa escolha me levou a uma situação inesperada, porque o meu amigo sugeriu que fôssemos para uma festa da qual ele iria participar, convite que aceitei prontamente. Ele me informou que a festa aconteceria em Puerto Madero, um local muito movimentado nas noites portenhas.

— Será que dá tempo de jantar antes? — eu perguntei.

— Dá sim, sem dúvida, passamos aí para buscar você, jantamos e seguimos para lá.

Eu me aprontei para a festa e fiquei aguardando, mas nada de esse amigo aparecer! Era uma época em que não existia WhatsApp, eu não tinha celular para mandar mensagens e ligar do telefone do hotel era muito caro. Por isso, minha alternativa era ficar esperando. Já tinha passado da meia-noite e nada ainda, já estava considerando comer algo do frigobar do hotel e desistir de sair. Foi justo quando ele finalmente apareceu.

Ele se desculpou pelo atraso e disse que iríamos direto para a festa e lá poderíamos comer algo. Assim que chegamos ao local, entendi que se tratava de uma festa enorme, tipo uma rave, com centenas de pessoas dançando ao meu redor. Com o estômago roncando, me vi focada em encontrar algo para comer. Até que vi, passando pelo salão, umas pessoas com bandejas oferecendo um bolo de chocolate cortado em cubos. Ainda pensei comigo: "será que é costume comer bolo de chocolate nas festas aqui na Argentina?".

Passou a primeira bandeja, peguei já uns três pedaços. Era um bolo de chocolate delicioso, ou talvez tivesse aquele sabor todo especial de algo que a gente saboreia quando está cheio de fome. Terminei meus três pedaços e vi o garçom se direcionando a outro grupo de pessoas. Aproveitei a oportunidade, fiz um networking básico e peguei mais uns três pedaços daquele bolo. Podia não ser a opção mais saudável para uma janta, mas resolvia a minha fome.

— Nossa, Katia, não sabia que você gostava tanto de *chocoloco*! — comentou meu amigo.

— Ah, então quer dizer que em Buenos Aires bolo de chocolate tem nome? — respondi, sem entender por que é que um bolo de chocolate precisava de um nome tão específico.

Ele começou a rir tão intensamente que eu fui obrigada a perguntar qual era o motivo da piada. Depois de gastar uns minutos se recompondo, desacreditado que naquela idade eu não conhecesse a iguaria, ele resumiu, em espanhol mesmo:

— *Chocoloco te quedas loca*, Katia. *Es pastel de marijuana*! Bolo de maconha! — ele explicou, para minha enorme surpresa.

Isso mesmo. Eu tinha mandado para dentro não apenas um, nem dois, mas *seis* pedaços de um delicioso bolo de chocolate feito com maconha, que era chamado de *chocoloco*. O que iria acontecer comigo nas próximas horas? Eu não tinha como prever, nunca tinha comido isso antes, nem sabia que isso existia! Fiquei meio em pânico e desisti da festa na hora, percebendo que minha racionalidade poderia ser prejudicada muito rapidamente. Tudo o que eu queria era sair daquele lugar e voltar para a segurança do meu quarto o mais rápido possível, de preferência antes de sentir os efeitos. Saí correndo para pegar um táxi e voltar para o hotel.

Assim que desembarquei e caminhei em direção ao meu quarto, percebi que o efeito estava começando. Mal deu tempo de eu tomar um copo d'água ao chegar no quarto. Também pudera, eu estava de estômago vazio! Com medo do que poderia acontecer comigo, só garanti que estaria segura dentro daquele local. Fechei a porta e a janela, passei trincos e me larguei em um sofá que ficava de frente para uma TV. Já não tinha mais força nas pernas para caminhar.

E, conforme os minutos passavam, a sensação que eu tinha era de que estava dentro de um pesadelo. Meus movimentos estavam muito lentos, eu sentia meu raciocínio acontecendo em câmera lenta e, em um determinado momento daquela madrugada, eu tive certeza de que a TV ia me engolir e eu lutava para evitar ir para dentro daquela tela. Era uma mistura de angústia com desespero e aflição, até que finalmente apaguei. Só acordei no outro dia, morrendo de fome e de sede. Enquanto me alimentava e me reidratava, só pensava no livro *O Estudante*, da Adelaide Carraro. Se a maconha tinha feito aquilo comigo, eu não queria nem pensar no que a cocaína seria capaz. Minha sorte foi ter lido aquele livro muito jovem, porque ele me apontava o tipo de perdição que o caminho das drogas poderia representar para uma pessoa.

8

Jovens são jovens em qualquer parte do mundo. Felizmente, nesse momento da minha vida, a política me permitia alcançar alguns benefícios que eu nem sabia que existiam. Tipo o benefício de colecionar as milhas das viagens que eu fazia a trabalho para usar em viagens privadas.

Eu já vinha testando as capacidades do meu inglês recém-adquirido em cursos e no meu esforço autodidata ao me corresponder por e-mail com o Khaled, o egípcio que conheci na Fundação Naumann, na Alemanha. Em uma dessas conversas, mencionei o quão incrível seria usar minhas milhas para viajar ao Egito e finalmente ter a oportunidade de conhecer as pirâmides. Nem precisei repetir a ideia, pois Khaled prontamente se ofereceu para ser meu guia, caso eu conseguisse concretizar essa viagem.

E, bem, eu consegui. Depois de muito viajar e diligentemente colecionar cada santa milha voada, eu tinha o suficiente para passar uma semana no Egito. Programei para essa viagem acontecer bem no meio do ano, de modo a aproveitar o período de férias da universidade. Eu estava radiante: seria tempo suficiente para conhecer a capital, Cairo, e as tão sonhadas pirâmides e esfinges.

Assim que desembarquei, me encontrei com Khaled e saímos para jantar. Nossa conversa fluiu, apesar do meu inglês ainda trôpego dos cursos que eu estava fazendo e do meu esforço autodidata, mas foi suficiente para termos uma noite divertida! Ficamos trocando ideias e eu sentia que tinha uma emoção gostosa crescendo dentro de mim. Depois do jantar, me instalei no meu hotel e me preparei para os passeios dos próximos dias.

Eu estava ali naquela semana realizando um sonho antigo, sentindo toda a mágica de chegar em um lugar que eu sonhava conhecer. Durante todos os dias, Khaled foi muito querido comigo, com paciência para que eu tivesse tempo de construir as frases em inglês e me complementando quando eu me perdia. Foi ele também que tomou os cuidados para que eu tivesse uma boa experiência.

— Aqui no Egito, não é bom que você fique andando sozinha. Eu tenho uma pessoa de confiança aqui que pode acompanhar você — ele me alertou.

Seguindo a indicação dele, passei os próximos dias acompanhada de um guia turístico local que falava inglês. Conheci as pirâmides, as esfinges e até o Oásis de Faium, um lugar mágico, no meio do deserto, que ficava a cerca de 100 quilômetros da capital.

No último dia dessa viagem, depois de ter inclusive conhecido a família de Khaled e jantado comidas típicas com eles, ele me fez uma surpresa incrível: ele tinha separado alguns cavalos e preparado uma cavalgada noturna pelas pirâmides. Era algo tão exclusivo e completamente fora do que eu havia imaginado! As pirâmides ao cair da noite pareciam ter ficado ainda mais magníficas! Eu já estava completamente derretida por ele, mas não tinha acontecido nada ainda, só conversas, passeios e jantares em família.

Na manhã seguinte, ele fez questão de me levar até o aeroporto para nos despedirmos e foi só então que finalmente nos beijamos. Só que eu já estava de partida, foi quase como um beijo de despedida, que confirmava que ambos tínhamos sentido algo diferente ao longo daqueles dias. Só que agora teríamos milhas e milhas, além de um oceano Atlântico inteiro, para nos manter a distância.

Sentei-me na minha poltrona no voo de volta pensando que tinha mesmo sido um sonho viver todos aqueles dias. Quase nada daquilo estava no meu roteiro, mas tudo fez completo sentido. A partir dali, a gente se correspondia sempre por e-mail, mas meu foco sempre foi concluir meus estudos e seguir adiante com meus planos para o futuro. Tinha sido bom enquanto durou, e eu precisava voltar para a minha realidade.

9

Conforme fui participando dos encontros e eventos políticos, o partido me incentivou a me dedicar a um curso de pequena duração no Chile, que era conhecido como "diplomado". Tratava-se de um curso de especialização com duração curta, que tinha como objetivo aprofundar o conhecimento sobre políticas públicas e o sistema democrático.

Os dias no diplomado eram bem intensos, mas ao mesmo tempo enriquecedores, com oito horas diárias de estudo, provas e apresentações finais. A minha sensação era de estar cursando o equivalente a uma pós-graduação, só que em formato intensivo. Participei de aulas ministradas por ex-presidentes do Chile, políticos de diferentes nações da América Latina e destacados professores e personalidades associadas à Organização Democrata Cristã das Américas (ODCA). Eram pessoas extremamente qualificadas, que acumulavam um vasto conhecimento e experiência na implementação de políticas públicas em seus respectivos países. Também aprendi muito sobre o funcionamento de um sistema democrático, estudei os modelos políticos de outros países e me senti privilegiada pelo fato de que, apesar dos desafios, o Brasil mantinha um regime democrático que, de uma forma geral, seguia na direção certa.

Também aproveitei os finais de semana para um pouco de turismo e conheci as regiões de Valparaíso, Viña del Mar, visitei a casa de Pablo Neruda e pude conhecer um pouco da parte histórica do Chile. Foi fantástico, uma experiência incrível, que experimentei ao lado de vários jovens líderes de outros países da América Latina.

Hoje em dia, percebo que todas essas vivências da minha juventude tiveram um grande impacto em como encaro a importância de um ambiente inclusivo e diverso. Desde quando saí pela primeira vez do Brasil, eu percebi que minha visão era limitada e que, para ampliar meus horizontes, era preciso me conectar com pessoas de diferentes origens e pensamentos, conhecer novos lugares e abraçar perspectivas culturais diversas. Foi aí que surgiu meu genuíno apreço por estes valores de inclusão e diversidade, que são tão essenciais na relação humana.

E, com o incentivo do partido, que se dispôs a investir na minha educação política, consegui aprender muita coisa. Não existia um período de férias da universidade que eu já não estivesse com um curso agendado, um encontro ou uma capacitação planejada para acontecer naquele momento de recesso estudantil.

10

Conforme os meses foram passando e minhas experiências foram se acumulando, também fui me sentindo mais à vontade pelos ambientes da política. Depois de algum tempo, já tinha me acostumado a ficar no Kubitschek Plaza Hotel, que havia se tornado um lugar familiar para mim. Da mesma forma, passou a ser frequente receber convites para casamentos, aniversários e tantos outros eventos relevantes, nos quais estavam presentes pessoas influentes e reconhecidas no âmbito político.

Aquele era um mundo totalmente distinto da minha realidade. Sempre que retornava a Porto Velho, esse contraste se tornava mais evidente. Apesar da diferença dos mundos, aprendi a circular em ambos com a mesma naturalidade e focar o que era necessário, estudar e avançar com a agenda do PFL Jovem. Ganhei muita influência e importância regional em virtude da minha participação na diretoria nacional do PFL Jovem e por conta da boa execução dos meus trabalhos em nível estadual. Eu era respeitada e muitas das minhas reivindicações eram atendidas. Naquele ponto, eu era considerada uma liderança feminina com potencial para uma carreira política.

Chegou um momento que eu precisei enfrentar um dilema interno que estava postergando. À medida que eu me envolvia profundamente nesse cenário político, tornou-se claro que eu precisaria de uma base financeira sólida para continuar ativamente na política. Embora eu já contasse com um salário mínimo, auxílio para custear cursos e despesas de viagens, esses recursos não eram suficientes para construir uma carreira política e muito menos para me dar a estabilidade financeira que eu precisava para mudar de vida.

As únicas oportunidades concretas de trabalho no meu horizonte eram funções de assessoria na política, que tendem a ser instáveis e momentâneas. Qualquer mudança na dinâmica política, como a derrota de um candidato nas eleições, poderia resultar na simples desaparição dessas vagas de trabalho. Tudo parecia altamente volátil e eu infelizmente não contava com nenhum apoio familiar para me sustentar enquanto construía uma carreira política. Eu precisava encarar que a minha realidade era diferente e, por isso, outras prioridades precisariam ocupar o topo da minha lista.

Ao mesmo tempo, também tinha percebido que não queria continuar morando em Rondônia. Tinha visto tantas coisas novas e diferentes pelos países que havia conhecido que tinha me permitido sonhar um pouco além e ficava imaginando como seria morar fora do Brasil. Só que eu também tinha toda uma vida complexa para coordenar quando eu não estava na UNIR nem no PFL. Minha família, por mais complicada que fosse, ainda precisava de mim para progredir.

PFL Jovem no Interior. (Fonte: Jornal de Ji-Paraná, 14 de maio de 2000)

A liderança nacional do PFL jovem em reunião com o vice-presidente da República Marco Maciel — da esquerda para a direita: Priscila Krause, Diretora e Diretor da Fundação Friedrich Naumann, Marco Maciel (Vice-Presidente do Brasil), Luiz Ferla, Gustavo Krause, Carla Patrocínio, Marcelo Fagundes Gomide. (Fonte: Acervo Pessoal)

Discursando em um evento do PFL. (Fonte: Acervo Pessoal)

Minha vida além da política

*Nem sempre vivendo dias de sol,
mas sempre com uma mentalidade ensolarada.*
(Lilly Pulitzer)

1

Em paralelo com a minha vida na universidade e na política, existia também minha vida pessoal e em família. E, por mais que eu me sentisse energizada por estar aprendendo por meio da minha atuação na política a transformar o mundo, minha realidade familiar era muito diferente. Poucas coisas pareciam mutáveis.

Uma dessas coisas difíceis de transformar era o meu relacionamento com a minha mãe, que só piorava. Nosso distanciamento ia ficando cada vez mais intenso e nossa conexão ainda mais desestabilizada, conforme eu ia observando nela uma pessoa com uma mentalidade muito diferente da minha. Parecia que cada vez mais um abismo se abria entre nós.

A gente morava num lugar muito simples, com uma casa bem precária, em um terreno invadido, o que significava que a qualquer momento aquela construção poderia ser tomada pelo seu dono original e reduzida a entulhos. Perderíamos tudo, e olha que a gente nem tinha exatamente tanta coisa assim: era um espaço de cerca de 40 metros quadrados, com paredes de tijolo sem reboco, tinha uma cama, uma pia de lavar louça e, do lado de fora, um tanque onde também guardávamos baldes de água para tomar banho de caneca; por muito tempo não havia nem mesmo um vaso sanitário. Nosso costume era fazer as necessidades num arbusto ou fazer o que fosse necessário dentro de um saquinho e literalmente jogar no mato.

O "bairro" também era bastante precário, feito de ruas de terra que alagavam e se transformavam em lama quando chovia. Os carros que passavam por ali patinavam ou até atolavam, a depender da calamidade do momento. E, em vez de se preocupar em se organizar para tentar regularizar ou melhorar nossa situação, minha mãe decidiu que a solução dos seus problemas viria da religião. Enquanto eu avançava na minha vida universitária, ela foi se tornando uma pessoa extremamente religiosa. Nada contra a dedicação à fé de cada um, mas o foco extremo nas "coisas de Deus" acabou deixando minha mãe cega para as dificuldades da nossa realidade, que só pioraram com o passar do tempo.

Eu ia me virando como podia. Eu vivia longe da universidade, pegando dois ou até três ônibus no percurso. Quando o pouco dinheiro que a vó Erna me mandava faltava, tentava negociar caronas com os colegas da faculdade para economizar ao menos uma das conduções do percurso diário. A Brysa, uma amiga que também vinha de origem humilde, lidava com os mesmos desafios de não ter muitos recursos para os trajetos diários da faculdade, mas com uma imensa diferença: ela contava com uma mãe que se importava com ela e fazia o possível para ajudá-la financeiramente.

No entanto, o dinheiro da Brysa também era frequentemente escasso. Costumávamos dividir as refeições para economizar a pouca verba que restava para a nossa alimentação. Não foram poucas as ocasiões em que compartilhamos um pastel, que era a nossa escolha para uma espécie de "almoço" antes de voltarmos aos estudos.

Encontrar com a Brysa na UNIR foi um dos grandes tesouros da minha juventude. Nossas histórias tinham similaridades, como o fato de ela também não conhecer o próprio pai e ter um irmão que era filho de outro homem. Era uma situação bem parecida com a minha, em que cada um dos três filhos vivos da minha mãe tinha um pai diferente. Eu sabia que meu pai não era o mesmo pai do Emanoel, que também não era o mesmo pai do Victor, e na época eu só sabia da existência do pai do Victor, que era dentista em Porto Velho. Meu pai e o pai do Emanoel seguiam sendo uma grande incógnita, e a Brysa entendia essa minha realidade sem demonstrar qualquer indício de que isso seria reprovável ou coisa parecida. Com ela, eu conseguia me abrir, porque sabia que ela entendia as minhas revoltas, meus medos e meus sonhos. Ambas queríamos condições diferentes para nossas famílias e sabíamos que isso dependeria de nós mesmas.

Enquanto isso, minha mãe seguia enfurnada em cultos, em uma adoração de santos e de imagens, tão fanática que parecia nem sobrar espaço na cabeça dela para pensar em cuidar da própria família. Pior: em alguns casos, a religião virava motivo para brigas entre a gente, como no dia em que o Victor rasgou sem querer a imagem de um santo. A fúria da nossa mãe com o desrespeito foi tamanha que ela deu uma surra nele. Quase matou o menino de tanto bater, enquanto gritava que os santos são sagrados. Ficou evidente para mim que aquele lugar não tinha se tornado apenas insalubre e longe do ideal. Estava agora repleto de agressividade e instabilidade emocional. Era a hora de sair daquela casa e eu precisava achar uma maneira de fazer isso acontecer.

2

Num determinado Natal, me vi pega em reflexões muito profundas. Estávamos vivendo uma situação miserável, minha mãe estava completamente desequilibrada com a questão da religião, meus irmãos pareciam estar se perdendo no mundo. Era um dia em que eu estava muito triste com a constatação de que não teríamos nada para comer naquele Natal. Nossos vizinhos, que tinham uma situação financeira similar, até nos convidaram para a ceia com eles, mas eu não quis ir. Decidi estudar e ficar em casa, enquanto minha mãe e meus irmãos preferiram aceitar o convite. Conforme vi minha família saindo pela porta de casa, engatei uma conversa espiritual muito intensa com Deus. Questionava o motivo de tamanho sofrimento e miséria. Eu me esforçava tanto. Chorei a ponto de perder todas as forças. Foi uma conversa tão intensa que acabei caindo num sono profundo, no qual tive um sonho muito revelador sobre o que poderia acontecer no futuro.

Na minha mente, eu me via sentada no meio-fio de maneira muito bem-vestida, elegante, bonita e empoderada, enquanto observava uma espécie de filme passar na minha frente. Era o filme da minha vida e ele não acabava nada bem. Por mais que eu estivesse com uma boa aparência, sentia que estava muito triste, incompleta e infeliz. Era como se eu tivesse conquistado tudo o que eu tanto queria, alcançado todos os meus sonhos, mas estava infeliz. Nessa visualização, ouvia uma voz ao fundo que me guiava e que repetia frases como "está vendo isso?" ou "viu o que vai acontecer?". Entre os flashes da minha imaginação, passavam cenas com meu irmão Emanoel muito bem, conseguindo progredir, encontrando-se na vida. "Viu? Ele não vai causar maiores dores de cabeça, mas vai precisar de você para guiá-lo", dizia a "voz".

Depois, comecei a ver a vida toda do Victor, em um momento em que ele estava sendo convencido por más influências a roubar, matar, se envolver com drogas. Era uma visão terrível, em que ele apareceu correndo, como se estivesse fugindo de alguém, e, conforme as cenas iam se passando na minha mente, eu ia ficando aflita, o pânico ia aumentando, minha respiração começava a ficar entrecortada, mas as imagens seguiam muito claras. Em certo momento, meu irmão surgiu nessa visão, saindo de um ônibus por uma janelinha apertada e saltando do automóvel ainda em movimento, com a polícia no seu encalço e disparando muitos tiros. De repente, a cena congelou e eu já me via presente no seu velório. Meu irmão, que não tinha nem 16 anos, aparecia estático, caquético, dentro do caixão. Era uma dor tão grande para mim, uma coisa tão forte! A versão poderosa de mim, naquele momento fúnebre e tão real, só pensava que a vida tinha perdido o sentido. "O que aconteceu com você, Victor?", eu chorava, olhando para dentro do caixão. A voz-guia apareceu de novo, dizendo: "Você está vendo isso? Você é a única que pode evitar tudo isso".

Em um novo flash, eu abri os olhos e estava diante daquela casa humilde e sem estrutura, que seguia naquela vida de miséria e sofrimento. Era como se eu tivesse sonhado, mas era tudo tão real — as imagens, as sensações — que eu estava completamente em pânico. Precisei de alguns minutos para me recompor, acalmar e refletir. Em nenhum momento desse pesadelo minha mãe estava presente. Éramos só nós três.

Foi naquele momento que decidi que parte do meu propósito em vida seria salvar o Victor e encaminhar o Emanoel. Entendi que aquele sonho era uma mensagem com duas facetas. De um lado, me trazia conforto e tranquilidade de que eu conseguiria alcançar tudo que tinha imaginado para mim. O outro lado dessa moeda era que eu não deveria descuidar dos meus irmãos. Na vida, é necessário ter um propósito, e eu senti que esse seria meu propósito, além de superar as minhas próprias adversidades.

Por algum tempo, encarei esse sonho de maneira pensativa, receosa e algumas vezes queria ser mais cética e quase descrente, até que, em uma das viagens que fiz durante uma campanha política, passando de carro por um bairro bem perigoso de Porto Velho, reconheci de longe o Victor.

Ele andava sem camisa, de maneira despojada e ao mesmo tempo confiante, junto de jovens adultos que eu nunca tinha visto na vida. Quem será que eram aquelas companhias que ele tinha encontrado naquela região nada recomendada da cidade? Como ele foi parar lá?

Senti que por alguns bons minutos eu me desliguei das minhas funções profissionais daquele dia para acompanhar o movimento do meu irmão. Acho que ele não me viu, mas fiquei ali observando-o se movimentar, se aproximar de um posto de gasolina, se apoiar no caixa e conversar com os frentistas. "O que você está fazendo aqui, Victor?", eu pensava comigo mesma, tentando avaliar qual seria o tamanho da periculosidade daquela situação em que ele estava se metendo e o quanto aquelas companhias poderiam estar influenciando-o em direção a maus caminhos.

Naquele momento, ficou muito claro pra mim que eu não poderia descuidar dos meus irmãos, porque agora já não era um pesadelo: eu estava vendo com meus próprios olhos que eles poderiam ser influenciados por outros valores que não lhes fariam bem no longo prazo.

Eu queria fazer minha vida "ir pra frente", dar certo, mas não ia fazer isso sozinha. Era como tinha ficado evidente no meu sonho. Hoje, vejo que essas imagens do meu inconsciente me ajudaram a trazer um propósito maior do que eu pensava ou conseguia ter em mente para aquele momento da minha vida. A premonição não era boa, mas me deu garra para tentar evitar que ela se tornasse verdade e que meus irmãos pudessem ter um futuro tão próspero quanto o que eu batalhava para ter para mim.

3

Enquanto eu seguia com minhas atividades universitárias e políticas em Rondônia, também sabia que minha avó Erna não ia muito bem de saúde. As notícias que chegavam do Sul do país davam conta de que o coração dela ficava cada vez mais fraco. Até que, depois de algumas internações, os médicos recomendaram que ela fosse passar os últimos dias em casa. Em meio à correria do dia a dia, a ligação que eu nunca quis receber finalmente chegou. Minha tia me informava que a vó Erna tinha falecido há poucas horas, em casa, em uma morte tranquila, deitada na cama.

Quando desliguei o telefone, senti emoções conflitantes. O primeiro foi de imensa tristeza. Por conta do ritmo frenético da minha vida, eu não tinha conseguido nem mesmo fazer uma pausa para visitá-la, para me despedir dela, enquanto ela estava convalescente. Bateu uma dor muito grande de saber que eu jamais poderia me encontrar com ela de novo e que não tinha lhe dado um último abraço.

Ao mesmo tempo, senti certo alívio de saber que ela foi em paz. Tive vontade de chorar, mas o que fiz mesmo foi fechar os olhos e sentir a leveza por ela, a liberdade que ela finalmente tinha encontrado ao parar de sofrer. É como se ela tivesse completado aquele ciclo, e ela estava em paz, e isso me trouxe paz.

No entanto, fiquei bem frustrada de não poder comparecer ao seu funeral, por conta de impossibilidades financeiras. O velório aconteceria dentro de 24 horas e eu infelizmente não tinha dinheiro nem milhas suficientes para conseguir uma passagem aérea de maneira tão rápida. Confesso que não ter lembranças dela morta dentro de um caixão faz com que eu ainda possa carregá-la muito viva em minhas memórias. A sensação que eu tenho até hoje é que minha avó foi viajar para um lugar muito distante e que não sei bem quando ela vai voltar.

Ela partiu já com idade avançada, aos 86 anos, mas a lembrança mais querida que guardo dela é a preocupação que tinha para que eu não passasse fome. Muitas vezes, a vó Erna arranjava um jeito de dobrar as notas de dinheiro com cuidado e me encontrar para passar esses trocados escondidos, para que eu pudesse "comprar alguma coisa de comer". Foi com esse dinheiro que eu montei minha coleção de papel de cartas, fiz viagens entre Foz do Iguaçu e Porto Velho e comprei pastéis na universidade.

Enquanto viveu, minha avó foi um anjo para mim na Terra. Agora, ela se tornava um anjo para mim em algum lugar deste universo infinito. Sinto que ela foi a única pessoa que demonstrou amor e cuidado por mim nas primeiras etapas da minha vida.

4

Quem já andou de avião deve ter ouvido os comissários de bordo dizendo que, em caso de despressurização da cabine, máscaras de oxigênio automaticamente caem à frente dos passageiros, mas que é importante colocar a máscara em si primeiro, para depois prestar socorro aos seus companheiros.

Parece óbvio, mas na hora do desespero muita gente tenta colocar a máscara em alguém querido sem colocar em si mesmo, e o que acontece? A pessoa pode desmaiar e não consegue ajudar ninguém. Foi com essa mentalidade que comecei a traçar meu plano de como agir: colocando a máscara de oxigênio em mim primeiro e logo depois vindo ao resgate dos meus irmãos.

Assim que conquistei meu salário de assessora do partido, procurei imediatamente um lugar para morar e sair da casa da minha mãe. Encontrei um local humilde, praticamente um quarto com um banheiro. No entanto, em razão do espaço reduzido e das minhas limitações financeiras, não pude levar meus irmãos comigo. Mas aquelas cenas do sonho premonitório não saíam da minha mente, meu propósito era claro. Pensei que seria necessário investigar o comportamento do Victor na escola e fui conversar com a diretora do seu colégio. Quase não foi uma surpresa quando ela me disse que ele já estava a ponto de ser expulso por faltas e por mau comportamento. Fui ficando com a impressão de que aquele sonho ia mesmo se tornar uma realidade se eu não arranjasse um jeito de interferir. Diante do que parecia inevitável, fiz o que sabia fazer de melhor, que era acionar as instâncias possíveis e achar soluções.

Com o apoio do Vinícius, um grande amigo meu, entrei com um processo para obter a guarda dos meus irmãos, em um trâmite semelhante ao que minha prima havia feito comigo na temporada que eu vivera em Foz do Iguaçu. Talvez por uma imensa amizade ou até por influência de um romance meio platônico que tinha comigo, foi o Vinícius que me ajudou a encontrar e pagar por um advogado que pudesse me auxiliar. Além de protocolar o pedido, o advogado também me aconselhou sobre como me portar nas próximas fases, que envolviam a averiguação das minhas condições e até uma entrevista com uma assistente social.

— Você sabe que eu vou precisar fazer uma entrevista também com a sua mãe, Katia? Faz parte do processo tanto a conversa com ela quanto a averiguação das condições de moradia que ela oferece hoje para os seus irmãos — avisou-me a assistente social, que atuava no Juizado da Infância e Juventude.

Eu sabia que não poderia trazê-los para morar no meu quartinho e disse à assistente que estava fazendo meu melhor para conseguir condições melhores para abrigá-los. E, como eu já conhecia o modo de agir da minha mãe, sabia que ela não se importaria de me ceder a posse de guarda dos meus irmãos.

Sempre falo que minha jornada contou com infinitos anjos e não tenho dúvida de que o Vinícius foi um desses, porque, ao ver minha dificuldade nas entrevistas, foi ele quem sugeriu me emprestar um apartamento dele para que eu pudesse morar, ao menos temporariamente, com os meus irmãos. Em paralelo, também tomei coragem e fui falar com o pai do Victor, o dentista que era um homem casado. Fui bem franca e direta na nossa conversa, sem deixar margem para que ele novamente abandonasse o seu filho, ao menos na parte do suporte financeiro.

— Não me importa o que você e a minha mãe fizeram, mas a consequência dos atos de vocês é que o meu irmão, o Victor, veio a este mundo. Ele existe e precisa de assistência emocional e financeira. Quero que ele estude numa escola particular, que você trate dos dentes dele, e que pague uma pensão justa para que ele possa se vestir e se alimentar — comuniquei a ele, exigindo o que me parecia apenas razoável dada a situação.

Eu tinha dezenove anos quando tive esse diálogo com ele. Sentia que a confiança que eu ganhava ao atuar na minha militância universitária e política tinha me preparado para conversas difíceis.

O pai do Victor, que de bobo não tinha nada, percebeu minha seriedade, demonstrou que conseguia aceitar a responsabilidade financeira sobre o próprio filho, mas ainda tinha medo de que sua esposa e suas filhas tomassem conhecimento da situação. Garanti que minha única preocupação era oferecer um futuro melhor para o Victor, que minhas intenções não eram de chantagem ou de ameaças, ninguém mais precisaria saber de nada. Entretanto, reforcei que, sim, eu estava disposta a recorrer na justiça, se fosse necessário.

Com o processo da guarda concluído, meus irmãos vieram morar comigo no apartamento emprestado por Vinícius, e eu passei a ser responsável em termos práticos e legais sobre eles.

Só que não era nada fácil a rotina de irmã-tutora. Além de precisar equilibrar as finanças, que eram sempre muito justas, acordava cedo para garantir que cada um dos meus irmãos tivesse ido para sua respectiva escola, enquanto gerenciava também meus horários de aula na universidade. Vez por outra, eu ainda era chamada na diretoria para responder por maus comportamentos do Victor, o que sempre me deixava muito envergonhada e muito irritada. Tentava fazer meu melhor, mas nem sempre conseguia confortar meus irmãos nos seus desafios de integração nas novas escolas.

O Emanoel, em especial, lidou com uma situação bem complicada. A escola dele, que funcionava em regime de internato, parecia ótima, mas poucos meses depois entendemos que funcionava mais como um local de reabilitação de adolescentes que tinham problemas com drogas. Assim que terminou o semestre, ele voltou a morar comigo e com o Victor, porque claramente aquela não era a situação ideal para meu irmão estudar.

Eram muitas coisas para prestar atenção, mas eu mantinha o foco em tentar dar a eles melhores condições de educação. Sabia que isso tinha sido um diferencial para mim e imaginava que iria ser importante para eles também. Contudo, sempre tem também o suporte emocional, que obviamente deve ter feito falta para eles.

Para a lei brasileira, eles eram como se fossem meus filhos. Cuidar deles não era tarefa fácil para uma jovem de vinte anos, mas era burocraticamente mais simples de lidar com tudo sendo oficialmente responsável pela guarda dos meus irmãos. Dali em diante, eles seriam legalmente meus beneficiários, no meu plano médico e odontológico. E esse relacionamento legal de filiação veio a fazer muita diferença mais adiante, quando a minha vida começou a entrar nos trilhos e eu pude compartilhar com eles todos os benefícios que consegui para mim. Correr atrás da guarda dos meus irmãos naquela época foi uma das coisas mais certas que eu já fiz na minha vida para eles.

5

Mesmo tendo deixado a casa da minha mãe e abrigado meus irmãos sob meu teto e a minha guarda, eu ainda ficava muito transtornada de ver as condições precárias em que ela vivia. Já fazia anos que ela morava naquele terreno invadido, o que me fez investigar a possibilidade de requisitar usucapião e entender qual seria o procedimento necessário para regularizar a propriedade como moradia dela. Ao menos assim aquele casebre, por pior que fosse, seria dela e ninguém poderia tomá-lo ou despejá-la.

A área tinha crescido muito por conta das diversas invasões. A região agora não estava tão deserta quanto antigamente, porque muita gente foi se aproximando e construindo suas moradias humildes para viver por ali. Enquanto eu pesquisava a possibilidade de regularização com as autoridades, o proprietário do terreno finalmente apareceu. Entre acreditar que ele surgiu em razão do aumento na concentração de invasores ou porque eu estava buscando regularizar a situação, minha mãe optou pela segunda alternativa:

— O problema é que você se mete muito, Katia! Para que mexer nisso? Olha aí, agora o dono quer o terreno dele de volta. É tudo culpa sua!

Era uma ingratidão sem tamanho. Ela não havia imaginado nem por um momento que eu estava gastando o meu tempo tentando resolver um problema que era dela. Não recebi nem um "muito obrigada", nenhuma palavra de consideração por todo meu esforço. Só críticas e acusações. Com o tempo, comecei a entender mais sobre narcisismo e a reconhecer algumas dessas características nela, mas isso nem passava pela minha cabeça naquela época. Tudo o que eu pensava era que aquela era a mãe que eu tinha, então ia tratar de dar um jeito para, ao menos, tentar tirá-la da miséria.

À medida que o processo judicial avançava, descobri que o proprietário do terreno não tinha conhecimento do meu pedido de regularização em relação à área invadida por minha mãe. Ele havia iniciado o processo de despejo simplesmente para proteger sua propriedade, após ter notado a invasão, em um de seus passeios pela região. Durante as negociações, conseguimos chegar a um acordo, e ele concordou em nos transferir o terreno mediante o pagamento de dez parcelas de setecentos reais. Naquela época, precisei utilizar parte do dinheiro com que o pai do Victor contribuía para cobrir as prestações. Depois de formada, eu consegui efetivar a escritura da propriedade e resolver a situação por completo.

Ao longo dos quinze anos de ocupação do terreno, a região valorizou significativamente por causa do fluxo de novos moradores. Isso levou a prefeitura a fornecer serviços essenciais, como esgoto, água encanada, eletricidade e infraestrutura básica. Pouco tempo depois, as ruas também foram pavimentadas e o bairro cresceu e se desenvolveu, a ponto de abrigar uma grande universidade nas proximidades.

Ao longo dos anos, mesmo com a pouca convivência, eu sempre dei um jeito de apoiar minha mãe com algum dinheiro, para que ela pudesse "terminar" a construção da casa. Construir em um terreno próprio, mesmo para quem vem de origem humilde, tem um significado muito diferente. Em um terreno invadido, a qualquer momento o dono pode despejar você e destruir o que foi construído com muito custo. Agora, com o terreno regularizado, construir algo melhor não pareceria estar "jogando dinheiro fora". O terreno e a casa estavam no nome dela, o que dava para mim a sensação de mais um problema resolvido.

6

Deve ter dado para reparar que meus primeiros anos de vida adulta estiveram sob uma imensa pressão. Eu era ao mesmo tempo uma política em formação, uma universitária, a responsável legal pelos meus irmãos menores e, no "tempo livre", ainda dava um jeitinho de apoiar a regularização da situação de moradia da minha mãe, apesar das suas reclamações e ingratidões. Sempre estive ocupada com alguma coisa, resolvendo alguma situação para alguém ou ajudando a desatar algum nó.

Sentia cansaço não só no corpo como também na mente. Somadas, as minhas responsabilidades traziam um grande peso sobre os meus ombros. Cuidar dos meus irmãos era o que mais me doía emocionalmente, talvez porque eu queria evitar parecer relapsa como a minha mãe ou porque sabia que chegava em casa já muito esgotada da pressão da universidade ou do trabalho no partido. Fato é que meus irmãos lidavam com "o que restava" de mim ao final de cada dia. Quando me pediam auxílio nas tarefas de casa, por exemplo, geralmente eu já estava exausta de todas as outras atividades e responsabilidades que tinha tido ao longo do dia e acabava perdendo a paciência ao tentar ajudá-los com as tarefas escolares.

Entre estudar, trabalhar, viajar pelo partido, coordenar as atividades de casa e das escolas deles, meus irmãos acabaram ficando muito sozinhos, ainda que estivessem instalados em uma casa com melhores condições. Acho que a vida que eu tinha me deixava nessa situação complicada, mas tentava oferecer o que eu podia dentro do meu tempo e das minhas posses, fosse levando ao cinema, a balneários ou outras atividades culturais gratuitas.

A verdade é que eu estava sempre correndo de um lado para o outro, tentando fazer tudo dar certo, e não conseguia ver uma forma de "deixar" de fazer qualquer uma dessas coisas: estava tudo tão interligado e era tudo tão necessário para o nosso futuro que eu só ia adiante, por mais exaustivo que fosse.

O corre-corre era tão intenso que às vezes eu esquecia até de coisas básicas para a sobrevivência, como tomar água. Isso me deixava com uma propensão para problemas renais e gastrointestinais. Cheguei a passar duas semanas constipada por não ter me hidratado e me alimentado corretamente. Sem ter alguém por perto para me lembrar de "cuidar de mim", fosse tomando mais água ou fazendo refeições mais saudáveis, lidei com infecções e cólicas renais.

Quem mais tentou cuidar de mim, estendendo a mão para me ajudar, foi mesmo o Vinícius. Foi ele quem me indicou o advogado, quem me emprestou um apartamento para morar e quem me assistia nos momentos difíceis. Só que eu sentia que, por mais genuínas que fossem as suas ações, existia ali uma intenção de conquista, de a gente engatar em um relacionamento sério. Até tentamos por um tempo, mas não deu mesmo certo, eu o via como irmão, e ele seguiu sendo alguém muito especial para mim e para os meus irmãos, que adoravam tê-lo por perto. Tenho um imenso carinho e gratidão por ele, mas nunca pude corresponder além da amizade. Sempre fui honesta com ele nesse sentido, ainda que não recusasse a assistência que ele me oferecia, porque precisava muito dela.

Felizmente, sei que o Vinícius era um cara muito bem resolvido quanto a isso e uma pessoa muito boa, muito generosa. Mantivemos uma longeva amizade. Eu, Vinícius e Brysa fomos um trio inseparável por muitos anos.

7

Minha vida no último ano da faculdade era muito diferente da minha vida quando eu tinha chegado a Porto Velho para prestar o vestibular. Estava em um apartamento com quartos, cozinha e banheiro, meus irmãos moravam comigo e estavam estudando em escolas particulares, o terreno da minha mãe fora regularizado e eu tinha um trabalho político promissor. Só que eu estava exausta. Completamente exausta.

Já tinha entendido que a política era um ambiente de trabalho instável, que me beneficiava ou me prejudicava com movimentos que estavam além do meu controle, como a troca de governos durante as eleições, e, por mais que eu quisesse muito fazer parte daquele mundo, também precisava de estabilidade financeira para manter minha vida pessoal de pé.

Com o final dos estágios e a formatura da graduação em enfermagem, era hora de decidir o meu próximo passo. Eu me via naquele momento em um dilema complexo: de um lado, gostaria muito de me dedicar à carreira política, mas ao mesmo tempo tinha a consciência de que precisava da estabilidade de um emprego que a área de saúde poderia me dar.

Enquanto me digladiava com essas vontades e verdades, uma proposta mágica aconteceu: a Fundação Friedrich Naumann, na Alemanha, que eu já tinha frequentado durante um curso alguns anos antes, abriu uma vaga de estágio. A pessoa selecionada receberia uma ajuda de custo para viver na Alemanha por três a quatro meses, atuando na Academia de Política Internacional Alemã.

Era uma oportunidade que tinha surgido para mim por conta do meu trabalho no partido e que se adequava exatamente ao meu perfil de recém-formada. Decidi que eu queria arriscar e me preparei para ir para a Alemanha. Não foi uma decisão fácil, porque, por mais que eu já tivesse a guarda dos meus irmãos, não conseguiria levá-los comigo. Isso significou ter que bater na porta da minha mãe e pedir que ela ficasse com eles durante o período da bolsa, que estava estimado em quatro meses.

— Vou tentar conseguir um emprego na Alemanha, mas, se não der certo, assim que terminar o estágio, volto para buscá-los — avisei minha mãe.

Fiquei na torcida para que a rotina que eu tinha estabelecido pudesse ajudar meus irmãos a seguirem na linha certa na minha ausência, embora não conseguisse confiar no pulso firme da minha mãe. Em todo caso, eu não podia perder essa oportunidade de estágio, que me parecia algo único e que poderia também abrir portas para que eu os levasse para viver comigo por lá. Peguei o avião e aceitei o convite da Fundação Friedrich Naumann para ser estagiária ao longo daquele semestre.

Foram meses gloriosos na Alemanha, em que pude trabalhar em seminários e treinamentos dos mais diversos, e aprender muito sobre política na Europa. Encontrei gosto até nas tarefas mais burocráticas, como a organização do banco de dados da fundação ou os suportes administrativos que oferecia ao time, porque isso me permitia entender mais do funcionamento da organização e ser útil para aquelas pessoas. Foi uma temporada incrível, de muito aprendizado, mas que com a alegria trouxe também um gosto amargo de saber que seria minha última empreitada associada à política. Era hora de buscar algo estável.

Assim que as luzes de Natal começaram a aparecer pelas ruas de Gummersbach, eu fui lembrada que era hora de voltar para a minha realidade. Foi ótimo enquanto durou, mas conseguir um trabalho formal na Alemanha não era tarefa fácil e ficar como ilegal não era o que eu queria. Era hora de encarar o próximo passo, dessa vez com o meu diploma de enfermeira e muito confiante em novos avanços. *Auf Wiedersehen, Deutschland.*

Na minha formatura na Universidade. (Fonte: Acervo Pessoal)

Em busca do pai desconhecido: desvendando o mistério

> *O mistério gera curiosidade e a curiosidade é a base do desejo humano para compreender.*
> (Neil Armstrong)

1

Enquanto eu trilhava minha vida em linhas paralelas — a formação universitária, o trabalho na política, os cuidados com a família, os sonhos da juventude —, existia uma questão que eu carregava comigo há décadas como pano de fundo: quem era o meu pai?

Ele fora sempre um grande mistério. Já tinha escutado algumas histórias que minha prima me contava, de que ele teria trabalhado em um cassino no Paraguai, que minha mãe frequentava aos finais de semana. O que me diziam era que ia ao cassino fingindo ser uma mulher rica e bem-sucedida, o que teria sido a sua arma de sedução com o meu pai, que teria ficado deslumbrado ao vê-la jogando. Só que era uma história muito vaga. As pessoas "sabiam" quem era o meu pai, só que, ao mesmo tempo, não sabiam exatamente muita coisa. A única informação consistente era a sua nacionalidade paraguaia e o fato de ele ter trabalhado no cassino.

Em uma das minhas viagens de férias da faculdade, indo visitar a minha avó em Foz do Iguaçu quando ela ainda estava viva, decidi ir até o Paraguai e bater na porta do cassino para ver se por acaso alguém lá saberia do paradeiro do meu pai. Quais eram as chances de isso dar certo? Eu não sabia. Só sentia que precisava tentar.

Chegando ao cassino, me peguei observando ao redor, procurando por um senhor mais velho. Tudo o que eu sabia sobre o meu pai naquele momento era o seguinte: ele era um senhor paraguaio, de nome Silvio, que no passado havia trabalhado no cassino. Não era exatamente muita informação, mas era o que eu tinha.

Fiquei um tempão circulando por ali, olhando para os homens mais velhos e refletindo se fazia algum sentido sair abordando cada um deles e questionando "olá, por acaso você é o Silvio?". Parecia uma estratégia frustrante e fadada ao fracasso, mas segui com ela mesmo assim. Avistei um senhor mais velho trabalhando em um dos bares e engatei a conversa da maneira que consegui.

— Olá, tudo bem? Por acaso o senhor se chama Silvio?

— Não, moça, esse não é meu nome.

— Entendi. E você sabe se por acaso o Silvio vai vir trabalhar hoje? — emendei, fingindo normalidade.

— Hum, mas por que você quer falar com o Silvio?

BINGO! Por mais improvável que parecesse essa história, aquele senhor no balcão do cassino conhecia mesmo meu pai! Imaginei que para conseguir informações eu precisava explicar o motivo de tantas perguntas. Percebendo a desconfiança no olhar dele, não pensei duas vezes em abrir o jogo.

— Olha, meu nome é Katia, e supostamente o Silvio é o meu pai. Eu não o conheci, o que me disseram é que ele teve contato comigo enquanto eu era bebê, e gostaria muito de reencontrá-lo e de poder ter um contato com ele agora que sou adulta.

Talvez minha honestidade tão direta, ainda que elegante, tenha sensibilizado aquele senhor, que me explicou que fazia já muitos anos que o Silvio não trabalhava no cassino, mas que ele poderia compartilhar comigo o telefone dele.

— Este é o último contato que eu tenho dele. Veja se você consegue falar com ele neste número.

Voltei do cassino com aquela sequência de números em mãos, sem saber exatamente o que fazer. Estava tão perto de descobrir! Será que ligo? Será que não ligo? Será que ele vai me atender? Será que ele vai entender? Fiquei nesse dilema interno, guardei o papel com o número e voltei para Porto Velho para concluir o último ano da graduação.

Queria tanto conhecer meu pai, mas também tinha tanto medo do que podia acontecer. Guardei aquele telefone por uns seis meses, até conseguir encontrar a coragem que precisava para ligar. Até que um dia finalmente puxei o telefone do gancho, digitei a sequência de números e esperei tocar. Meu coração batia tão forte que eu tinha medo de que a pessoa do outro lado da linha pudesse ouvi-lo. Até que disse uma voz feminina, do outro lado:

— *Hola*?

— *Hola*, meu nome é Katia e eu gostaria de falar com o Silvio. Ele está? — eu disse logo em espanhol, apresentando-me e já pedindo para falar com o meu pai.

— Katia, [...] é você?

Eu congelei do outro lado da linha. Como assim, "é você?"? Quem era ela? Será que era a esposa dele? Será que ela achava que eu era uma amante? Como eu poderia explicar isso para ela sem causar um problema para o meu pai? Felizmente, antes que eu precisasse dizer qualquer coisa, ela rapidamente complementou.

— Olha, o Silvio não está no momento.

— Tudo bem. Que horas será que ele chega para que eu possa ligar e falar com ele?

— Ele só retorna daqui a duas semanas, ele está viajando. Você quer deixar um recado?

Voltei a ficar em silêncio. Provavelmente por alguns poucos segundos, mas que na minha cabeça pareceram horas. Que recado eu deixo? Nem sei quem era a mulher que falava comigo! Será que ela vai surtar do outro lado da linha? Ao mesmo tempo, eu queria, sim, deixar um recado. Então tentei fazer isso da maneira mais sincera e cuidadosa que consegui.

— Olha, supostamente ele deveria ser meu pai e eu gostaria de falar com ele — resumi, a voz quase falhando entre as palavras.

— NÃO ACREDITO, É VOCÊ MESMO, KATIA!! — a mulher quase gritou do outro lado da linha, mas de uma forma doce e gentil. — A gente nunca esqueceu de você, ele vai ficar muito feliz com a sua ligação, você não imagina o quanto esperamos por este momento!

Eu não estava nem um pouco preparada para ouvir isso. Eu nem sabia quem era ela, mas nada disso fazia o menor sentido para mim. Eu me senti confusa e feliz ao mesmo tempo.

— Por favor, não deixe de ligar de novo — ela complementou. — Este contato com você é muito importante para a vida dele. Como você está? Está precisando de algo?

Essa foi uma das ligações mais surreais da minha vida. Minha vontade era desligar aquele telefone e sair correndo, mas garanti que não estava precisando de nada e que voltaria a ligar dentro de algumas semanas. A verdade é que eu precisei não de semanas, mas de bem mais tempo para reunir novamente a coragem de retornar naquele número. Já tinham se passado quase dois meses daquele primeiro contato quando eu peguei o telefone e liguei novamente. Dessa vez, uma voz masculina que me atendeu.

— Oi, aqui quem está falando é a Katia — eu disse, sem saber com quem eu estava falando.

— Milha filha, que bom ouvir sua voz. Onde você está? — foi a resposta que recebi.

Fiquei muda por alguns instantes. Que mundo era aquele que estava atendendo as minhas ligações? Que universo de pessoas preocupadas comigo e afetuosas era aquele? Como é que eu deveria responder a esse tipo de pergunta? Era muita coisa para digerir e eu não estava acostumada a ter diálogos carinhosos assim.

— Olha, supostamente eu sou sua filha, e você supostamente seria o meu pai... — descrevi de modo muito factual, guardando as emoções dentro de mim.

— Sim, sim, mas onde você vive hoje? Onde você está? — meu pai rebateu.

— Estou me formando este ano. Vivo em Porto Velho, no Norte do Brasil, e este é meu último ano na universidade aqui. Eu queria muito conhecer o meu pai. Consegui este telefone com seu colega do cassino. Da última vez, quem me atendeu foi uma mulher — fui descrevendo, segurando as emoções que borbulhavam dentro de mim.

— Quem atendeu da última vez foi a Loli, minha esposa. Você não sabe a alegria que senti no meu coração quando ela me contou que você tinha ligado!

A esposa do meu pai sabia que eu existia e conhecia toda a história dele comigo, o que era algo completamente inesperado para mim. Eu esperava negação, gritos, alguém desligando o telefone na minha cara, ou talvez uma completa indiferença, ou que eu tivesse ligado para o telefone da pessoa errada. Esse era o tipo de situação para a qual eu estava mais preparada. Mesmo que a receptividade do outro lado da linha fosse péssima, eu ao menos poderia fechar esse capítulo da minha vida.

E o que aconteceu foi completamente diferente do que eu tinha imaginado. Na verdade, foi tudo ao contrário. Com a maturidade, entendi que muitas vezes a gente cria expectativas ou para se iludir ou para se defender. A sabedoria que o tempo me trouxe é que criar expectativas pode ser muito frustrante, porque a gente não tem o menor controle sobre o que os outros vão fazer ou dizer.

O que me lembro é que ficamos um tempo nos falando por telefone, perguntando e respondendo tantas coisas... Falar espanhol me ajudou no processo de comunicação com meu pai, mas eu não sabia exatamente como processar tudo aquilo. Ainda me faltava entender o que aquele reencontro poderia significar para mim. Aquela descoberta poderia transformar minha relação com a minha própria história, mas eu ainda não sabia quão potente seria isso. O que eu sabia era que eu queria, sim, explorar aquele caminho e ver aonde aquela trilha poderia me levar. Desligamos emocionados, combinando de manter contato. E eu sabia que, assim que eu pudesse, após terminar a universidade, iria fazer uma visita para conhecer ele e toda a família pessoalmente.

Agora, eu não apenas tinha descoberto quem era meu verdadeiro pai, mas também tivera a oportunidade de falar com ele. O que experienciei nessa ligação telefônica foi completamente diferente de tudo que vivi até aquele momento. Mesmo a distância, pude sentir o afeto da minha nova família, uma experiência nova e genuinamente especial para mim.

2

Descobrir quem era o meu pai foi apenas uma das primeiras grandes descobertas daqueles últimos anos na faculdade. Por conta das disciplinas práticas e dos estágios em enfermagem, passei a ter um convívio frequente com pacientes nos hospitais públicos de Rondônia. E aquela vivência me fez pensar e refletir sobre a vida e as pessoas.

Um dos primeiros pacientes que me marcou foi um senhor de mais de setenta anos que estava em tratamento para um câncer na cabeça e no pescoço. Por conta dos tratamentos quimioterápicos, ele passava boa parte do dia vomitando, por causa do efeito colateral das medicações que estava recebendo. O problema é que eu, recém-chegada na enfermagem, quase precisava de alguém para me acudir também: a cada vez que ele vomitava, minha vontade era vomitar com ele. Será que aquela reação visceral me tornava incapaz de cuidar de alguém?

Esse foi um dos meus primeiros choques nos estágios, que tinham por premissa nos deixar responsáveis pelos cuidados de um mesmo paciente durante alguns dias. A cada semana, os professores nos apresentavam a um novo paciente e discutíamos todo o caso com detalhes.

E como é que uma enfermeira como eu, que sente vontade de vomitar com o paciente doente, seria capaz de cuidar de alguém? O paciente sofria, eu sofria junto. "Talvez essa profissão não seja para mim", pensava no final dos meus turnos.

— É assim mesmo com os primeiros pacientes. Depois vira rotina — aconselhavam os colegas já com muitos anos de profissão.

Será mesmo? Por semanas a fio, eu sentia que misturava as minhas emoções com as dos pacientes, principalmente porque me compadecia por cada um deles. Além disso, existia também uma série de questões sociais, especialmente com as famílias dos pacientes. Em muitos casos, vinham transferidos do interior do estado e ficavam sozinhos nos hospitais, sem ter um parente para oferecer apoio ou companhia.

Deixava meus turnos exausta, física e mentalmente, além de muito preocupada. "Será que fulano jantou bem? Será que ele tem uma muda de roupa extra? Será que a família conseguiu vir visitar?" Esses questionamentos ficavam indo e voltando na minha cabeça muito depois de eu tirar o jaleco e voltar para casa.

Com o passar dos meses, esse contato com os doentes me ajudou a ganhar uma clareza sobre a fragilidade da vida e o quanto a gente chega ao mundo sozinho e deixa este mundo desacompanhado. A depender da gravidade de cada caso, a morte pode ser uma tragédia ou um bálsamo. Foram reflexões difíceis, profundas, mas que mostraram para mim que lidar com essas emoções, repensar a vida, a morte e os sentimentos que aparecem nesses momentos finais, como a solidão e o abandono, alegria, satisfação seriam constantes naqueles espaços. O que precisaria mudar não eram as situações, mas a minha forma de encará-las dali por diante. Existiria sempre um viés positivo e um viés negativo. Qual deles eu iria focar?

Manter o otimismo era um esforço diário, até porque os casos que chegavam eram diversos e se conectavam com as nossas histórias pessoais de modos surpreendentes. Tentava manter meu lado racional em alerta, mas também não tinha como evitar ser impactada emocionalmente, como no dia em que recebemos um paciente de cerca de 25 anos, que tinha sofrido um acidente de moto e precisaria amputar as duas pernas. Enquanto prestava os primeiros atendimentos, era impossível não me colocar no seu lugar. Um rapaz jovem, com toda a vida pela frente, e que agora precisaria seguir adiante sem suas duas pernas. Percebia que aquele envolvimento sentimental meu com os casos era dolorido, mas não conseguia fazer diferente. Todo mundo que está dentro de um hospital está vivendo um drama ou superando um momento turbulento. Alguns organismos vão responder melhor do que os outros, algumas recuperações parecem milagres, enquanto outras deteriorações caem sobre a gente como tragédias. Independentemente do caso, todo mundo que está ali está sofrendo de alguma forma. Eu tentava apoiar da melhor maneira que podia.

Infelizmente, por vezes, as condições dos hospitais públicos do Norte do Brasil não eram exatamente de bonança. A nossa realidade envolvia muitos desafios relacionados a superlotação, falta de equipamentos e recursos, mas os hospitais de Porto Velho eram a referência regional, para onde eram encaminhados os casos mais graves. Ou seja, tudo era muito distante, todos os hospitais sofriam com a superlotação, todos os recursos eram superdisputados e muitas das pessoas que chegavam até nós estavam em situações de extrema vulnerabilidade.

E nem todo mundo consegue lidar bem com as situações que aparecem num pronto-socorro hospitalar. Em certa ocasião durante o meu estágio, aconteceu uma rebelião em um presídio nas proximidades, quando uma das pessoas em privação de liberdade, de alta periculosidade, levou alguns tiros. Quando cheguei ao hospital, ele já estava há horas aguardando atendimento. Só que essa pessoa era tão forte, tão determinada, que não fazia nem cara de quem estava agonizando por conta dos tiros que havia levado.

Ao observar a situação, fui removendo sua roupa para fazer a assepsia dos locais e percebi que o corpo da pessoa estava cheio de cicatrizes, provavelmente de outros tiros que havia levado, em alguns casos bastante extensas. Fui explicando que iria aplicar um medicamento para dor e ela me agradeceu.

Essa pequena gentileza no meu atendimento fez com que a pessoa baixasse a guarda, mostrando um sorriso de agradecimento. Conforme fomos interagindo ao longo dos próximos dias, quando eu ia fazer o curativo das suas feridas, ela ia me contando as origens de cada uma das cicatrizes. "Essa foi da vez que roubei do tráfico na favela", "essa foi quando matei o traficante tal", e por aí vai. Histórias escabrosas, que eu fazia questão de deixar entrar por um ouvido e sair pelo outro. Não compactuava com nada do que a pessoa tinha feito, mas minha função não era julgar ou punir, era cuidar, mesmo que às vezes sentisse medo. E isso foi se tornando uma espécie de diferencial meu na equipe de enfermagem, a ponto de um dos meus professores me chamar de lado para me fazer um elogio.

— Tenho observado sua maneira de lidar com os desafios aqui no pronto-socorro, que incluem uma variedade de situações e pacientes.

Sua abordagem é única. Sua capacidade de se comunicar com os pacientes em situações de emergência os acalma, e acredito que você deveria considerar uma especialização em enfermagem de emergência no futuro, em virtude das suas excelentes habilidades de comunicação e eficiência no atendimento.

Fiquei contente com o que ouvi, mas tinha dúvidas se realmente queria trabalhar na área assistencial em hospitais, já que me envolvia sentimentalmente com aqueles casos.

3

O mais surpreendente do trabalho de enfermagem é que, quando a gente acha que está ficando mais experiente e preparada, sempre aparece um caso que nos tira do nosso prumo. Um caso que fez isso comigo foi o de uma criança que foi internada na Unidade de Terapia Intensiva (UTI) por desnutrição infantil. Quando eu cheguei para o meu turno, vi que tinha um paciente de seis anos internado, mas o que eu via na maca era um ser humano tão mirradinho que parecia não passar de três anos. Aquela criança ficou ali por alguns dias antes de vir a falecer, o que me abalou muito. Morrer de desnutrição infantil é o mesmo que morrer de fome. Por que será que essa criança não tinha tido a oportunidade de comer? Será que ninguém teve coragem de pedir comida por ela? Como conseguiram ver essa criança definhando e não fizeram nada sobre isso?

Passei dias atordoada e, sempre que lembro, me emociono de novo, porque sigo sem conseguir entender como é que algo desse tipo pode acontecer, ainda mais em Porto Velho, uma capital estadual. Onde será que faltou amor ao próximo, um olhar generoso para essa criança, de ver que ela precisava de comida?

Acho que isso me pegava tanto que eu me desviava das funções nas áreas que envolviam bebês, como na enfermagem obstétrica. Preferia ficar no pronto-socorro, que não dava muito tempo para pensar, precisava agir. Só que o estágio não funciona assim, a gente não faz apenas o que prefere, mas o que precisa ser feito, para que possamos aprender a atender o maior número de pessoas possível nas diversas áreas de atuação da enfermagem.

Durante meu estágio na ala obstétrica, uma paciente chegou para dar à luz seu 11º filho sem ter feito pré-natal. Ela estava calma, mas eu estava apreensiva, pois casos assim exigem atenção constante, para evitar que a criança nasça em locais inapropriados, como o banheiro. Passei horas ao seu lado, ansiosa. Quando as dores aumentaram, a professora me designou para conduzir o parto. Minha insegurança e nervosismo eram evidentes, e eu tremia e suava enquanto tentava disfarçar minha insegurança por fazer pela primeira vez o parto. Era uma situação desafiadora.

— Provavelmente você vai ter um parto muito rápido, porque esse é seu 11º filho... — fui descrevendo enquanto colocava a paciente na maca.

— Está tudo bem, filha, não precisa ficar nervosa. Vai ser igual peido, rapidinho já vai sair — ela dizia aos risos, tentando me tranquilizar enquanto segurava o meu braço.

Sentia que ela tinha senso de humor, mas nem isso adiantava para me acalmar.

Fiz o meu melhor durante todo o processo, cortei o cordão umbilical, mas tremia tanto que esqueci todas as dinâmicas recomendadas do parto humanizado: esqueci de mostrar a criança pra mãe e já fui entregando-a direto para as enfermeiras neonatais. Foram elas, inclusive, que me lembraram de retornar e fazer o processo direitinho.

De repente, quando achei que tudo tinha terminado, levamos um novo susto: não era apenas um bebê, eram dois! A mulher estava grávida de gêmeos e não sabia. "Não vai ser tão rápido então", pensei, ainda assustada por que estava participando de um parto normal de gêmeos.

O pós-parto também me deixou envolvida com aquela situação. Aquela mulher veio para a maternidade com a roupa do corpo, sem uma fralda, um sabonete, sem uma roupinha para a criança, imagine, então, para duas! Ela não tinha absolutamente nada. Saí maternidade afora falando com todas as mães e perguntando quem tinha uma fralda para doar, quem podia ceder uma roupinha, quem podia doar a metade de um sabonete... Consegui coletar o suficiente para que ao menos a mãe pudesse tomar um banho e abrigar os recém-nascidos. Perguntei qual seriam os nomes das crianças, mas ela me respondeu que ainda não sabia.

Fiquei imaginando a situação da família e em que condições treze ou mais pessoas poderiam viver sob o mesmo teto. Será que ela teria condições de alimentar todos bem? Será que dentro de alguns meses algum desses bebês retornaria ao pronto-socorro na condição de subnutrido? Eu preferia me distrair e nem pensar nisso, tudo que pude fazer foi encaminhar o caso para a assistente social.

Só que os dramas não somem, apenas se transformam quando a gente muda de área. Dentro do setor de infectologia, certa vez recebemos um caso muito dramático, de uma paciente de 65 anos que precisava ficar isolada. Além de estar entubada, com pneumonia grave, ela também tinha o diagnóstico positivo para HIV, o que complicava o seu tratamento. Ela estava acamada, sedada, isolada e com visitas restritas, e eu sabia que a família tinha sido informada. Nessa época, eu já atuava como uma espécie de enfermeira responsável pela área de doenças infectocontagiosas, por isso fui eu quem precisei atender a ligação do filho dela, que ficou sabendo que a mãe estava internada e que estava vindo do interior do estado para visitá-la.

— Enfermeira, por favor, sou o único filho dela, nem que seja para vê-la pelo vidro, eu preciso muito, nem que seja para me despedir dela — ele suplicou.

Eu disse que poderia me procurar assim que chegasse ao hospital. Eu sabia que ela estava em uma situação bastante crítica, com poucas chances de reversão. Quando ele finalmente chegou, queria detalhes do diagnóstico da mãe e entender por que ela estava isolada naquela área em específico. Como ele era o familiar responsável, tínhamos autorização para compartilhar o diagnóstico e tentei informar, com a maior delicadeza possível, que a mãe dele era portadora de HIV, o que complicava bastante o seu caso.

— NÃO É POSSÍVEL, EU NÃO ACREDITO!!! — ele começou a gritar, chacoalhando as mãos para o alto, completamente fora de si. — Como é que a minha mãe tem HIV? Eu me cuido, eu poderia imaginar que, por eu ser homossexual, isso poderia acontecer comigo, mas JAMAIS com a minha mãe!

Esse filho estava completamente transtornado, tivemos que buscar apoio psicológico e psiquiátrico para atendê-lo. Isso me marcou muito, porque o filho era declaradamente homossexual, sem medo do preconceito, mas estava completamente chocado com a informação de que não eram apenas os homossexuais que estavam sujeitos à contaminação com o vírus do HIV.

Ao final do estágio, precisava refletir sobre que rumo profissional dentro da enfermagem eu iria tomar. A parte assistencial me consumia muito emocionalmente, estava mais inclinada para a área acadêmica, administrativa e educação em saúde.

Cada paciente que cuidei trouxe lições valiosas que moldaram minha jornada na enfermagem e de vida. Aprendi que ser enfermeira vai além dos procedimentos técnicos, envolve também compreensão e apoio emocional. A fragilidade é parte da vida, e chegará um momento em que todos nós precisaremos de ajuda. Ser forte não significa nunca ser vulnerável; é importante praticar a solidariedade e empatia, pois todos nós, em algum momento, enfrentamos desafios que nos aproximam da fragilidade.

4

Quando terminei os estágios da enfermagem e finalmente me formei, embarquei rumo à Alemanha, para fazer o estágio na

Fundação Friedrich Naumann. Naquele ano, eu encerrava dois ciclos importantes na minha vida, o da política e o da graduação.

Assim que voltei ao Brasil, fiz uma parada em Foz do Iguaçu para visitar a família. Era hora de encontrar meu pai! Já tinha se passado um ano da nossa primeira conversa telefônica. Combinamos de nos encontrar na cidade paraguaia de Ciudad del Este, em um McDonald's. É até engraçado pensar o quanto o McDonald's estava presente no cenário de momentos importantes da minha vida, uma hora na Alemanha e outra hora no Paraguai.

E meu pai não veio sozinho para esse encontro. Com ele vieram também seus três outros filhos, além da sua esposa. Assim que nos encontramos, recebi um abraço tão apertado e afetuoso, quase como se aquele abraço tivesse a intenção de compensar os anos de distância.

— Minha filha, como é bom finalmente reencontrar você! — ele me dizia sem desatar os braços em torno de mim, o que foi me envolvendo em todo tipo de emoções, de sensações, meus olhos se enchiam de água, meu estômago revirava, meu sorriso se alargava.

Eu tinha um pai. E aparentemente ele de fato me amava muito. Não sabia se deixava aquelas sensações fluírem ou se me esforçava em contê-las. Sabia que tinha me tornado alguém relativamente racional e blindada para não sofrer. Ao mesmo tempo, sentia que já tinha segurado muito meus sentimentos ao longo da minha vida, para resistir a todas as dificuldades que tinha vivido até ali. Dava um calor gostoso no meu coração.

Até então, sentir emoções, para mim, era o equivalente a sofrer, era isso que eu tinha de experiência até ali, na forma como fui sobrevivendo. Naquele momento, ainda carregava esse receio dentro de mim, como se eu quisesse primeiro sentir onde estava pisando antes de abrir meus sentimentos, não queria me frustrar, assim como já tinha acontecido com a minha mãe. Aquele era um reencontro com o meu passado, repleto de emoções fortes e conversas difíceis, mas que eu não queria deixar passar sem sentir. Ia doer, talvez, mas também ia afagar e consolar, ia fechar lacunas e resolver mistérios em torno da minha existência, mas eu iria com cuidado, pois ainda tinha medo de me machucar.

Na sequência, cada um dos meus meios-irmãos paraguaios também veio me abraçar, cheios de amor. Um deles era o Roland, supertímido, depois logo veio a Ana Lia, toda feliz, porque ela queria muito ter uma irmã, e por fim veio o Edil, que me abraçou meio sem jeito. Do McDonald's, fomos todos juntos para a casa do meu pai, que era uma casa super-humilde, que ainda estava no contrapiso. Lembrou muito a época que eu morava com meus avós, as situações de pobreza que eu tinha passado, mas, apesar das dificuldades financeiras, eu via uma família muito unida. Pobres, sim, mas muito juntos também. Todo mundo conversava comigo de uma maneira muito querida, curiosos, mas muito afetuosos. Com o tempo, desenvolvi com a esposa do meu pai um relacionamento incrível, muito melhor do que o que eu tenho com a minha própria mãe.

Ela relatava que, a cada filho que nascia, meu pai ficava entre radiante e se sentindo punido por Deus, que jamais lhe daria uma filha de novo porque ele não tinha conseguido cuidar da primeira. Até que finalmente chegou a Ana Lia, a caçula, que o levou a pensar que o perdão de Deus finalmente havia chegado. Eu era uma presença frequente nas conversas e nas orações da família. Todos sabiam da minha existência. Eu é que não sabia de nenhum deles. Foi nesse grande encontro que meu pai finalmente pôde contar a versão dele da história do meu nascimento.

Ele tinha apenas 19 anos quando minha mãe, já com 26 anos, tinha engravidado dele. Ciente de que era ainda muito jovem e que não estava pronto para um casamento, apesar da insistência da minha mãe, ele disse ter tentado, ao seu modo, se manter envolvido com a minha criação. Porém, com 19 anos, que tipo de prática era possível esperar desse adolescente? Pouco, muito pouco. Tanto é que quem vinha em socorro dele era sua irmã, Erica, minha tia paraguaia, que tinha muito carinho por mim e me cuidava com muita atenção.

No entanto, essa narrativa não combinava muito com as expectativas de futuro de minha mãe. Talvez ela quisesse, afinal, se casar e montar uma família? Difícil dizer. Só sei que, talvez frustrada com a falta de potencial de relacionamento com o meu pai e sem estrutura emocional e maturidade para manter uma relação de coparentalidade, num momento de impulso ela me buscou no Paraguai e sumiu do mapa comigo. Eram os anos 1980, as comunicações não eram tão fáceis como são hoje em dia, ainda mais entre as camadas menos abastadas da população. Meu pai perdeu o contato com ela e comigo, e a partir daí minha mãe me deixava em distintas casas de parentes, amigos e conhecidos.

Meu pai e minha tia Erica sofreram muito com a minha ausência. Eles já tinham uma rotina bem estabelecida, em que minha tia cuidava de mim enquanto meu pai estava no trabalho, e ele sempre vinha para brincar comigo.

— Chegamos até a escrever para o *Porta da Esperança*, do Silvio Santos, relatando seu sumiço e pedindo apoio para reencontrá-la — disse meu pai, mencionando o famoso programa de TV dos anos 1980 e 1990 no qual as pessoas podiam fazer pedidos dos mais diversos.

O programa de TV mantinha os convidados à frente das cortinas e acompanhava a expectativa deles, que aguardavam alguém vir ao palco informar se os seus pedidos poderiam ou não ser realizados. Eu também assistia a esse programa e ficava imaginando que um dia eu iria ser chamada para encontrar meu pai lá. Percebi que, mesmo com a falta de recursos, ele e minha tia Erica foram criativos para tentar me reencontrar. E pensar que eu estava literalmente na cidade ao lado, a pouco mais de quarenta minutos de onde eles moravam.

Meu pai queria me assumir. O que ele não queria era ter que assumir minha mãe junto. Eu nunca soube ao certo a história do lado da minha mãe, só que nesse momento eu nem precisava mais dessas informações. Eu finalmente tinha encontrado o meu pai, que demonstrou que me amava muito e era muito afetuoso. Eu estava pronta para conhecê-lo e ficar mais próxima da minha nova família paraguaia, olhando o passado e tirando lições importantes, ressaltando sempre o lado positivo de tudo que vivi até aquele momento. Afinal, acredito que existem coisas que acontecem com a gente por alguma razão e que muitas vezes não temos clareza do porquê de tudo isso. Ao mesmo tempo, também acredito que não adianta se manter amarrado ao passado! É importante conseguir aprender com as circunstâncias e seguir leve no caminho da vida, libertando-se das tristezas e amarguras do passado.

A oportunidade que chegou na hora certa

*Você tem o poder de escolher entre ser vítima ou vencedor.
É melhor escolher vencer!*

(Katia Wendt)

1

Minha vida nos últimos anos da faculdade e nos primeiros meses de recém-formada parecia uma orquestra sinfônica. Eram diversos os instrumentos que estavam sendo tocados ao mesmo tempo, cada um trazendo uma profundidade de sons, ritmos, beleza e tensão.

A política soava como um violino, elegante e sedutor, mas com muita instabilidade. Os desafios que encontrei nos atendimentos de saúde funcionavam como uma percussão, que me lembrava dos obstáculos do mundo real, um bumbo que iria ressoar nos meus ouvidos onde quer que eu estivesse. A descoberta de quem era o meu pai e a chance de finalmente conhecê-lo e experimentar esse encontro paternal inédito para mim tinha a doçura de uma flauta.

O conjunto de sons dos meus vinte anos era surpreendente, só que o ritmo da música precisaria mudar. Era hora de buscar um trabalho estável e que pudesse trazer perspectivas boas o suficiente para que eu pudesse alcançar meus sonhos.

De Frankfurt, parei direto em São Paulo. Não fazia o menor sentido gastar minhas economias da época para ir até Rondônia, já que a chance de conseguir um emprego na área da saúde parecia mais provável na capital paulista. Sem ter onde ficar e com apenas umas poucas economias feitas durante o estágio na Alemanha, fui buscando na memória algum conhecido ou parente que pudesse me abrigar, ao menos temporariamente, até que eu encontrasse um trabalho.

Felizmente, um casal de primos que vivia na região metropolitana de São Paulo me estendeu a mão e permitiu que eu ficasse por um tempo na casa deles. Era um apartamento simples e pequeno na cidade de Osasco, no bairro de Remédios, onde eu compartilhei o quarto com seus dois filhos. Minha prima trabalhava como diarista e seu esposo era pedreiro, então eu sabia que o orçamento familiar era apertado. Desde o primeiro dia, deixei claro que eu contribuiria financeiramente com as despesas da casa. Minha intenção era acertar todas as contas pendentes assim que conseguisse um emprego.

Eu não sabia na época, mas Osasco era considerado um lugar muito distante para quem morava na capital paulista, ainda que a cidade seja parte da região metropolitana de São Paulo. No entanto, com o tempo, comecei a compreender a perspectiva das pessoas, que levavam em consideração as muitas horas gastas no trânsito e no transporte público para se deslocar de/para Osasco, o que podia chegar em média a quatro horas diárias. Essa rotina não era fácil, especialmente para alguém de estatura baixa como eu, que precisava se apertar entre corpos suados e passar debaixo de sovacos úmidos em ônibus sem ar-condicionado, lutando para se encaixar entre pessoas maiores e mais fortes. Era como se eu fosse uma peça de quebra-cabeça, sendo encaixada com força em um espaço.

Minha rotina de busca por trabalho era bastante puxada. Eu saía logo cedo, às 4h, para pegar o ônibus e o trem para o centro de São Paulo, levando nos braços um calhamaço de currículos impressos para distribuir nas empresas ou agências de recrutamento da cidade. Naquela época, não era tão usual enviar currículos online ou preencher formulários digitais: era tudo muito manual, na base do papel e da caneta, e tudo tinha um custo agregado. Era preciso considerar o custo da impressão do currículo, depois o custo das cópias da impressão (afinal, a impressão era mais cara que o xerox), além de planejar o trajeto da forma mais econômica possível. Sempre que dava, preferia fazer uma parte do caminho a pé para economizar na condução.

Foi um processo bem mais desafiador do que eu tinha antecipado. Como recém-formada, sabia que a cidade de São Paulo estaria cheia de oportunidades, mas eu não tinha considerado que minha inexperiência seria limitadora, já que a maioria das vagas exigia experiência de no mínimo três anos. Passei semanas nessa via-sacra de sair muito cedo de casa, distribuir currículos e voltar já tarde da noite, passando mais de quatro horas por dia no transporte coletivo, sem nenhuma notícia positiva para compartilhar. Era não só frustrante, mas também desesperador: conforme os dias iam passando e eu ia gastando com ônibus e os currículos em papel, menos dinheiro ia sobrando na minha conta no banco.

A contabilidade ia ficando cada vez mais dramática. Após uma das entrevistas da qual participei, depois de pegar um punhado de conduções, fiquei ponderando se eu precisava mesmo almoçar naquele dia. Ao mesmo tempo, não comer nada ia ser pior, porque eu poderia desmaiar. Acabei decidindo comer um pastel, lembrando do tempo em que eu e Brysa dividíamos o pastel na universidade. Aquela sempre fora a opção mais econômica, e ali estava eu novamente comendo o pastel para conseguir parar em pé. Era importante economizar para a passagem de volta e dos dias seguintes, já que a jornada da busca por um emprego não tinha previsão para acabar.

Os dias se passavam e eu não conseguia nenhum emprego, a situação ia ficando cada vez mais crítica e chegou ao extremo quando eu percebi que tinha apenas dez reais restantes no banco. Ainda não tinha encontrado um trabalho, apesar de andar dia e noite pra lá e pra cá entregando currículos e fazendo entrevistas. Chegava em casa às 22h ou 23h, não só fisicamente esgotada, mas emocionalmente desgastada também.

Sentia que não só tinha esgotado minhas economias, mas também minha energia. Estava exausta e sem forças para continuar, sem entender por que esse processo de encontrar um trabalho estava tão difícil para alguém recém-formada como eu, fluente em espanhol e com estágio internacional. Achei que seria mais fácil do que vinha sendo até então. Pensava sobre isso muitas vezes olhando pela janela dos ônibus, que sempre passavam na frente da Igreja dos Remédios, em Osasco, que ficava a algumas paradas de distância do ponto de ônibus mais próximo da casa dos meus primos. Não sei por que, mas nesse dia decidi descer e fazer uma visita ao sacrário. Ao entrar na igreja, me sentei, agradeci, mas também questionei, com toda a minha sinceridade:

— Meu Deus, o que eu fiz para merecer isto? Por que este sofrimento todo, por que tantas dificuldades e desafios?

Eu estava revoltada com Deus. Tinha me sobrado tão pouco dinheiro e tão pouca energia para continuar. Estava ali prostrada depois de sair de uma condução lotada, sendo cotidianamente esmagada pelas pessoas nos meus trajetos diários a partir da periferia, em conduções sempre superlotadas, e não via nenhuma luz de esperança no fim do túnel. Aqueles dez reais que me restavam na conta acabariam sendo gastos no dia seguinte em mais uma jornada dessa, o que sinalizava que eu provavelmente precisaria pedir dinheiro emprestado para continuar essa maratona ou encontrar alguma saída para continuar procurando um trabalho. Naquela maratona diária, o pensamento sempre me levava até meus irmãos, não me conformava que eu ainda não tinha conseguido dar os passos necessários para conseguir ajudá-los.

Completei o percurso até a casa dos meus primos a pé, remoendo o que é que eu ia fazer dali por diante. Meu rosto já cansado e a voz um pouco amuada ganharam alguma vivacidade quando ouvi minha prima dizer:

— Ó, Katia, uma empresa ligou e deixou um recado pedindo para você comparecer na entrevista deles. Deixei anotado aqui o nome da pessoa, da empresa e o telefone.

Meus olhos brilharam tanto! Era a resposta para um anúncio que eu tinha visto no jornal, que pedia por uma enfermeira recém-formada, com espanhol fluente. Parecia a oportunidade perfeita pra mim, mas eu não conseguia me lembrar exatamente em que jornal eu tinha lido aquilo por conta dos métodos que eu usava para buscar as oportunidades nessa época. Com a falta de recursos, não era incomum que eu parasse nas bancas de revistas e, como quem não queria nada, espiasse o caderno de classificados para anotar os telefones dos anúncios de empregos importantes na minha área. Outras vezes, colegas que também estavam em busca de emprego doavam o caderno de classificados para os vizinhos de condução.

Obviamente fui empolgada para a entrevista, que era para uma vaga em uma empresa de pesquisa clínica. Logo nas primeiras interações, tudo já foi em espanhol, evidenciando a importância da fluência para a função. Quem me entrevistou foi uma executiva muito elegante, também formada em enfermagem, que recrutava as enfermeiras que iriam atuar naquele projeto na Argentina e no Chile. O contrato de trabalho era para atuar nesses países coordenando alguns projetos de pesquisa clínica, algo que eu já tinha ouvido falar na graduação. Fato é que, infelizmente, a maioria das universidades não entrava nessa área do conhecimento nas graduações em saúde.

Fiz meu melhor durante o processo seletivo e passei, para meu grande alívio. Sabia que teria que estudar muito, mas, de qualquer maneira, o que eu não soubesse eu estava muito disposta a aprender. Foi ali, nessa vaga para a SiNeQuaNon, que eu dei o pontapé inicial para o que viria a se tornar uma longa carreira sólida no setor farmacêutico. Minha compensação era o equivalente a pouco mais de sete salários mínimos, um valor que era o dobro da oferta que qualquer outra oportunidade que eu tinha visto na época estava disposta a pagar.

Finalmente tinha encontrado um emprego e ia poder começar a me bancar. A sensação era só de gratidão no coração. Outra coisa boa era que finalmente isso ia me permitir dar um jeito na situação em que meus irmãos viviam. Sempre pensei que precisava encontrar uma maneira de tirá-los de Rondônia e agora eu tinha a opção de trazê-los a São Paulo, cidade que todos os brasileiros conheciam como "a terra das oportunidades".

2

Apesar de ter aliviado minha situação financeira com o novo salário, o início da minha carreira frustrou minhas expectativas. Embora eu soubesse que teria desafios a enfrentar, o que eu não previa era que esses desafios seriam, em sua maior parte, emocionais. Logo durante o treinamento, percebi uma estranheza na relação com meus novos colegas de trabalho. A sensação era de que eles me excluíam, mas eu também não sabia exatamente o porquê. Será que era porque eu não tinha me formado em uma universidade renomada? Ou tinha a ver com o fato de eu ter uma personalidade mais comunicativa e resolutiva? Tantos questionamentos, mas eu não tinha nenhuma resposta. Essa hostilidade afetou minha autoestima e minha capacidade de me integrar com as equipes nos hospitais. Tentei colaborar, mas me sentia rejeitada e inferiorizada. Decidi sofrer em silêncio, pois precisava do emprego para manter minhas despesas e ganhar experiência.

Por muitas vezes fui ao trabalho mais com base na disciplina do que na vontade, e passei a ficar muito mais calada, tentando ser o menos expressiva possível. Mesmo tendo boas ideias ou questionamentos pertinentes, escolhi o silêncio e me escondi sob a capa da invisibilidade, mesmo que isso me desse a sensação de estar amarrada a uma camisa de força. Quanto menos eu perguntasse e menos fizesse dentro daquele ambiente, talvez a situação melhorasse.

Olhando para trás, acredito que a minha determinação de fazer as coisas acontecerem, independentemente dos obstáculos, possa ter causado um estranhamento no time. Meu lado resolutivo, que eu trazia comigo até por conta das questões da minha vida pessoal, podia parecer como uma liderança impositiva ou algo do tipo. Não era tão intencional assim (eu só queria fazer meu trabalho e mostrar resultado!), mas, independentemente da minha intenção, talvez esses movimentos não fossem tão bem-vistos pelos meus colegas.

Minha imaturidade profissional da época também fez com que eu internalizasse a ideia de que talvez aquele formato de trabalho não fosse tão bom assim, o que fez com que eu começasse a tentar me ajustar ao que eu imaginava que era o esperado, o que me causava muito sofrimento, pois eu não conseguia ser quem eu era.

Refletindo sobre esse período, é difícil entender como me permiti ser afetada por um ambiente de trabalho tóxico. Eu já havia enfrentado desafios mais complexos, mas naquele momento deixei o medo tomar conta de mim e me paralisar. Nessas situações de vulnerabilidade, reconheço a importância de buscar o apoio de amigos e entes queridos, que podem nos orientar e ajudar a manter o controle sobre nossos pensamentos na direção correta, ajudando-nos a ver aquilo que não estamos enxergando e percebendo. Infelizmente, naquele momento eu não podia contar com meus amigos por perto. Brysa havia ganhado uma bolsa de estudos em Cuba, Vinícius estava a 3 mil quilômetros de distância e, como recém-chegada à capital paulista, eu ainda não havia construído novas amizades.

Em paralelo a isso, assim que eu consegui juntar um dinheiro e passar pelo período de experiência, fiz questão de alugar um apartamento na Vila dos Remédios, no mesmo prédio dos meus primos, e trouxe minha mãe e meus irmãos para morarem comigo. Sentia um alívio de ter conseguido trazê-los de Rondônia, já que na minha visão da época eu não conseguia ver oportunidades para eles no ambiente em que estavam inseridos. Assumi toda a responsabilidade de recebê-

-los nesse novo apartamento, dividindo com eles a mesma condição de vida que tinha conquistado para mim. Sempre fiz o meu melhor para oferecer a eles uma boa vida, dentro do que as minhas posses da época permitiam.

3

Conforme os dias se passavam, a situação de hostilidade com meus colegas foi ficando tão intensa e tão forte para mim que chegou um momento em que eu acabei espanando e soltando o que eu pensava de verdade, por mais que por dentro estivesse tremendo de medo de ser mandada embora. Eu finalmente estava tomando coragem de externar meus sentimentos em relação ao ambiente de trabalho.

— Se eu pudesse, não trabalhava mais aqui, eu me sinto excluída e isso acaba comigo, principalmente porque eu preciso deste trabalho! — confessei a um diretor da empresa.

Esse ato exigiu grande coragem de minha parte, pois eu sabia que falar sobre o assunto poderia agravar a situação. Foi um momento em que quase chorei, mas em que fui compartilhando com ele os exemplos das situações que estava vivendo.

— Isso não era para estar acontecendo, Katia, e lamento muito que essa tenha sido a sua experiência até agora. Saiba que você não precisa ter medo de nos contar isso. É importante que eu saiba, para tentar contornar a situação. Se você tiver um pouco mais de paciência, em breve essa fase de treinamento se encerra e nossa intenção, desde o início, é alocar você na Argentina. Por lá, acho que as coisas vão melhorar para você, porque essa sua característica de liderança vai ser importante — ele me aconselhou.

Isso estava mesmo previsto na minha contratação e achei que valia aceitar o conselho desse diretor. Afinal, dentre os profissionais que estavam passando pelo treinamento no Brasil, eu seria a única que seria realocada para atuar na Argentina.

Chegando em solo argentino, realmente minha condição de trabalho se transformou da água para o vinho. A estrutura de trabalho nem sempre era das melhores, porque os hospitais onde a pesquisa clínica acontecia lidavam com os clássicos desafios da maioria dos hospitais, como falta de recursos e superlotação. Só que por lá eu me vi trabalhando com outros tipos de pessoas.

Era minha responsabilidade conduzir os projetos, garantir que os cronogramas estavam sendo seguidos e que os objetivos estavam sendo alcançados dentro do tempo determinando. Com minha diligência, fazia e acontecia para que tudo estivesse dentro do esperado. Fui me dando superbem, encontrando um ambiente acolhedor e diferenciado para trabalhar, com uma supervisora sensacional, que me apoiava e me permitia liderar os projetos sob minha responsabilidade, sem microgerenciamento e com total autonomia. Sempre soube que ela confiava no meu trabalho e sigo muito grata por ter encontrado Claudia Miya no meu caminho profissional.

No início, fiquei uma boa temporada na região do Mar del Plata, passando depois para a região de Buenos Aires e por fim cheguei em Rosário, onde passei a maior parte do tempo. Contudo, conforme os meses foram passando, percebi que os recursos com que eu podia trabalhar e me manter na Argentina ficavam limitados.

A empresa inicialmente pagava o meu salário, mantinha minha estadia em um hotel e me dava uma ajuda de custo adicional. Depois de alguns meses, me transferiram para uma espécie de hostel, depois uma casa alugada onde iriam residir os funcionários da empresa que estivessem naquela localidade. Passei a me alimentar só com comidas rápidas, tipo McDonald's, e com as *medialunas*, que eram oferecidas como cortesia no hostel.

Uma dessas localidades onde fiquei foi em Mar del Plata, em uma casa alugada e mobiliada, que servia de base para os funcionários que estivessem passando pela região e que foi cenário de situações místicas ou, melhor dizendo, sobrenaturais. Era uma casa nos fundos de um sobrado, que era alugada por uma senhora de mais de setenta anos, que morava com a filha, que tinha em torno dos seus cinquenta anos, e o neto adolescente, com cerca de quinze anos. A entrada era feita por uma escadinha na lateral da garagem. Assim que se abria a porta de entrada, já se dava direto para uma pequena cozinha, que ficava ao lado de uma sala. Mais à esquerda, existia o que chamávamos de "suíte máster", um quarto com banheiro que tinha vista para a rua. Atrás da cozinha, havia ainda um segundo cômodo com duas camas de solteiro, que se conectava com um terceiro quarto, onde ainda tínhamos uma cama de solteiro adicional. Ou seja, somadas todas as camas disponíveis, era possível acomodar bem cerca de quatro pessoas.

Para mim, era também uma localização muito conveniente, porque estava nas proximidades do hospital da comunidade, onde eu ficaria trabalhando. Eventualmente, caso algum outro funcionário estivesse pela região, também dividiria o espaço comigo. Parecia tudo muito bom, até que eu precisei dormir lá pela primeira vez.

Logo na primeira noite comecei a sentir uma "presença feminina" naquela casa, que com uma voz um pouco rouca me pedia para sair dos lugares. No começo, achei que estava ouvindo conversas vindas da casa da frente. Seria aquela a voz da senhora locatária conversando com a sua família? Ou me dando algum recado? Lembro de me levantar, acender todas as luzes, mas não ver nada. "Bom, deve ser coisa da minha cabeça, melhor voltar a dormir", pensei comigo mesma. Foi só retornar à suíte máster que a voz voltou a ecoar, dessa vez vinda de trás do guarda-roupa.

— Você não vai sair daí? Eu já pedi para sair! — reclamava a voz.

Não conseguia ver a pessoa que dizia aquelas frases. Tinha até dúvidas se efetivamente havia sons, porque minha sensação era de que ela se comunicava comigo por telepatia, mas eu sabia que ela estava ali. Até que eu decidi responder, também telepaticamente:

— Tá bom, vou sair daqui, deste quarto, mas não da casa, vou ficar no quarto dos fundos, eu não tenho para onde ir e preciso descansar, por favor, não me assuste! — pensei enquanto pegava minhas coisas e me dirigia para o último quarto. Eu me retirei morrendo de medo, e mantive todas as luzes do quarto acesas.

Conforme os dias foram passando, vez por outra eu escutava barulhos ou ruídos que não eram de minha autoria. Eram panelas que se batiam, passos pela casa... não via nada acontecendo, mas escutava tudo. E, como não tinha muito o que fazer, fui me acostumando. A voz da senhora virou algo cotidiano e até esquecia que ela estava por lá. Até que um dia precisei receber companhia naquele "alojamento". A empresa precisava treinar uma nova funcionária para atuar no Chile e pensou que era uma boa ideia que ela passasse algumas semanas comigo na Argentina para se ambientar, já que os mesmos estudos clínicos também aconteceriam no Chile.

Fui buscar a Vanessa, a nova funcionária, na rodoviária da cidade, a trouxe para casa e apresentei todos os cômodos. Ela achou esquisito que mesmo estando sozinha no imóvel eu não tivesse ficado na suíte máster. Afinal, não só o quarto era maior, como tinha também uma cama de casal, mais espaçosa. Ela, no final, acabou me questionando onde poderia dormir.

— Tem esta opção de quarto aqui ou também um mais ao fundo, o único inconveniente é que para você ter acesso a ele terá que passar pelo meu, mas não é nada complicado — expliquei.

— Entendi, mas por que você não quis ficar aqui na suíte máster? — ela insistiu.

— Olha, Vanessa, este quarto fica de frente para a rua, e eu sou bem sensível a barulho, preferi dormir lá nos fundos que é mais silencioso — desconversei, tentando contornar para que não precisasse explicitar que a voz da senhora tinha me expulsado dali.

— Ah, sim, faz sentido. Também vou preferir ficar por lá com você, eu também sou sensível ao ruído e prefiro o silencioso — ela decidiu.

Apesar de nenhuma de nós duas dormir na suíte máster, aquele era o único banheiro da casa, de modo que transitávamos pelo quarto sem ficar nele. Tudo estava correndo bem até que, já na primeira noite, acordei no susto, com a Vanessa logo ao meu lado, deitada na outra cama que havia no meu quarto.

— Nossa, Vanessa, jurava que você estava dormindo na cama do outro quarto, o que houve?

— Não sei o que está acontecendo nesta casa, Katia, mas vou conversar com a Claudia e vou embora daqui. Quero ficar em um hotel — ela declarou, decidida, apesar da voz assustada.

— Mas o que aconteceu, Vanessa?

— Katia, sei que você vai achar que sou louca com o que vou dizer. Fechei a porta, você apagou as luzes, tudo certo. Só que aí lá estava a porta se abrindo sozinha de novo. Achei curioso, talvez eu estivesse mesmo muito cansada. E, Katia do céu, eu vi a maçaneta abrindo! — ela relatou, de olhos arregalados. — E eu jurava que era você do outro lado. Pensei que, sei lá, você estivesse sem sono e quisesse conversar, mas, depois de a maçaneta girar, a porta se abriu por completo e você não estava do outro lado. VOCÊ NÃO ESTAVA LÁ, KATIA, eu juro que eu vi a porta se abrindo por completo, sozinha! Fechei os olhos e cobri a cabeça com lençol, mas senti que quem abriu a porta veio até a minha cama e levantou o lençol para ver a minha cara! Logo na sequência, parecia que ela estava saindo do quarto e eu vi novamente que não era ninguém, porque a maçaneta da porta estava pressionada e a porta se fechou SOZINHA! — ela começou a falar mais alto, entrando em pânico ao relembrar a cena.

Eu acreditei em cada palavra que ela me disse. Eu tinha consciência de que aquela casa não era normal, mas teria adiantado avisá-la com antecedência? E se fosse algo que só eu estivesse percebendo? No final, eu não queria amedrontar a Vanessa, que estava chegando para passar um mês em treinamento. Só que, agora que ela tinha passado por essa experiência e sentido medo também, achei que era uma boa acalmá-la da mesma forma que eu tinha me tranquilizado ao longo das semanas.

— Vanessa, sei que você nem me conhece ainda, mas eu vou lhe contar por que eu não durmo mais lá no quarto principal. A rua não é tão barulhenta assim, mas a verdade é que eu sinto uma presença feminina por ali. Já me acostumei, ela caminha pela casa e também faz ruído com as panelas. Telepaticamente, fizemos um acordo que eu não ia incomodá-la nem ficar no "quarto dela", mas que eu não tinha para onde ir e precisava ficar ali. Acredito que ela aceitou o acordo e, embora ainda sinta a presença dela, o que não sinto mais é o medo. Só que talvez a sua chegada deve tê-la surpreendido ou despertou a curiosidade dela para saber quem você é — fui explicando, ao mesmo tempo que percebia que a colega, ao invés de se acalmar, estava ainda mais assustada.

Na manhã seguinte, a nossa chefe Claudia chegou. Logo na primeira interação com a Vanessa, já precisou lidar com toda aquela situação. A Vanessa estava transtornada de ter sido encaminhada para viver numa "casa mal-assombrada" e determinada a não passar mais nenhuma noite ali.

— Mas vocês são mesmo muito medrosas! — dizia a Claudia, achando a reclamação da Vanessa completamente não procedente.

— Medrosa eu não sou, porque já estou aqui convivendo com este espírito feminino há algumas semanas! — eu me defendi.

— Gente, mas até parece que... — começou a dizer a Claudia, em tom de riso, quando do nada a TV ligou sozinha na sala.

Tanto ela quanto a Vanessa ficaram paralisadas.

— Chefe, desculpe a franqueza, mas acho que você precisa baixar o tom, porque "ela" está aqui e está ouvindo você. Melhor não fazer pouco caso — aconselhei, em uma voz séria.

Decidi ir conversar com a dona da casa, que morava na casa ao lado. De repente, ela podia saber de alguma coisa que pudesse nos ajudar. Foi um dos começos de conversa mais esquisitos que tive na vida, mas, como eu já tinha passado por uma série de experiências religiosas diversas — entre catolicismo, protestantismo, UDV e até umas palestras sobre kardecismo —, decidi tratar com a maior naturalidade possível.

— Tenho que informar a senhora de algumas situações que estão acontecendo na sua casa, mas preciso que me ouça sem achar que eu sou louca e que mantenha a mente aberta. Desde que passei a viver na sua casa dos fundos, tenho sentido uma presença feminina muito forte, que parece não gostar que ninguém durma na suíte máster. Eu estou em harmonia com essa presença, já conversei com ela telepaticamente e me mudei para o quarto dos fundos, mas será que a senhora sabe de algo que possa ajudar a explicar o que aconteceu na casa e de quem poderia ser essa presença? Minhas colegas de trabalho também tiveram experiências sobrenaturais e a última delas foi a televisão de tubo ligar sozinha.

— Olha, minha filha, não acredito muito nessas coisas, mas o que me questionei esses dias é que, sempre que alugamos essa parte da casa, as pessoas não ficam até o final do contrato. A maioria reclamava que a gente estava entrando na casa e tirando as coisas do lugar, mas a gente nunca fez nada disso! — ela se defendeu, mas logo começou a incluir outros contextos que meio que explicavam a nossa experiência dos últimos dias.

— Quem vivia nesse espaço era a minha *nonna*. Ela viveu uma vida muito longa, passou dos 90 anos, mas veio a falecer enquanto dormia, bem na cama deste quarto principal — ela finalmente relatou.

Segundo a locatária, a sua *nonna* italiana tinha sido uma senhorinha muito independente, tendo vivido ali naquela casa sozinha por muito tempo, e sempre fora muito dona de si. Tudo acontecia dentro de casa do jeito dela, ninguém podia tirar nada do lugar. "Não me diga", pensei comigo mesma.

A senhora até tentou ajudar da maneira dela. Convocou um padre exorcista para benzer a casa, o que até achei que funcionou, mas que não tranquilizou a Vanessa de jeito nenhum. Em menos de uma semana, ela já deu o treinamento por encerrado e partiu rumo à sua base de trabalho no Chile. E eu? Bem, eu continuei lá por meses a fio, na maior parte do tempo sozinha, porque o boato de que eu morava em uma "casa mal-assombrada na Argentina" já tinha se espalhado pela empresa e todos tinham muito medo de ter que fazer um treinamento na cidade e ficar na casa. Nessa altura do campeonato, a *nonna* e eu tínhamos uma boa convivência e coexistíamos em harmonia, mas, com as visitas do padre ao longo de algumas semanas, eu já não sentia mais a presença dela e depois de um tempo nunca mais escutei pegadas noturnas e barulhos de panela na cozinha. Estava tão imersa em meus deveres profissionais e em superar os grandes obstáculos da vida que a preocupação com espíritos não estava na minha lista de prioridades.

4

Fui contornando todas essas situações enquanto trabalhava, só que com o passar do tempo as coisas foram ficando ainda mais difíceis, porque a empresa começou a atrasar os meus pagamentos. Como esse era meu primeiro emprego e eu ainda bancava financeiramente minha família em São Paulo, não me sobrava nada para montar uma reserva de emergência.

Precisava do meu salário caindo mensalmente na conta para cumprir minhas responsabilidades financeiras do mês, então comecei a procurar emprego de novo. Passei a circular meu currículo e me candidatar a vagas, mas seguia atuando para a empresa mesmo sem pagamento, na expectativa de receber os valores em algum momento, mesmo que atrasados.

Infelizmente, os salários foram atrasando cada vez mais e, com a ausência deles, a minha situação começou a complicar, a ponto de eu não conseguir mais bancar o aluguel do apartamento em Osasco. Não tinha nem dado tempo suficiente para ultrapassar o mínimo de meses de locação necessários para poder deixar o imóvel sem o pagamento de multa. Ou seja, eu não tinha dinheiro nem para pagar o aluguel nem para bancar a multa caso deixássemos o imóvel. Diante dessa situação complexa, só me restou ligar para a imobiliária e explicar a minha situação:

— Infelizmente estou em uma situação muito complicada. A empresa em que eu trabalho "quebrou" e, por conta disso, eu e muitos dos meus colegas perdemos nossos empregos. Por isso, não tenho mais condições financeiras de manter meus pagamentos em dia. Com o que consegui por meio de acordos para compensar os salários atrasados, tenho o suficiente para pagar o aluguel até o próximo mês, mas depois disso não consigo mais arcar. E, de acordo com o nosso contrato, se eu deixar o imóvel agora, também não teria como arcar com a multa. Estou sendo supersincera com vocês, porque não gostaria de trazer problemas, pois penso que vocês poderiam estar alugando o apartamento para outras pessoas, mas peço que também entendam o meu lado. Minha proposta é manter o aluguel em dia até o próximo mês e devolver o imóvel com a dispensa da multa. Podem conferir com o proprietário se esse arranjo é possível? — expliquei por telefone à imobiliária, na grande esperança de ter uma resposta positiva.

Era detestável precisar ter conversas assim, porque sempre prezei por manter tudo em dia, mas era uma situação que estava além da minha capacidade de controle. Felizmente, a imobiliária entendeu meu lado, o proprietário foi flexível e conseguimos negociar da forma que eu tinha proposto.

Com isso, consegui resolver a questão burocrática com o aluguel em São Paulo. Faltava, agora, lidar com a parte prática: para onde eu mandaria minha mãe e meus dois irmãos? Como eu era quem sustentava a casa, precisava encontrar um novo trabalho e ter o mínimo de gastos possível.

Liguei para a minha prima de Foz do Iguaçu, a mesma que tinha me acolhido durante a minha adolescência. Eu sabia que ela tinha uma casa que iria colocar em locação. A negociação que fizemos, além de envolver um valor acessível para mim, também permitia que eu quitasse os aluguéis a partir do momento que eu encontrasse um emprego. Felizmente, ela aceitou e ficou a meu encargo arranjar toda a mudança para levar os nossos pertences de Osasco para Foz do Iguaçu.

Para economizar, acabei negociando com um caminhoneiro que ia primeiro passar por Santa Catarina para só depois subir em direção ao Paraná. O dinheiro que eu tinha, contudo, não dava para pagar o caminhão de mudança e ainda três passagens de ônibus que dessem conta da minha mãe e dos meus dois irmãos. Por isso, o Emanoel acabou ficando temporariamente na casa de um senhor que era um conhecido da igreja que minha mãe frequentava, na região do Brás, e eu usei o que restava do meu dinheiro para pagar a passagem de ônibus da minha mãe. A alternativa era enviar o Victor, uma criança de doze anos, com o caminhoneiro que ia fazer a nossa mudança, que já era um senhor de certa idade e que também era uma pessoa de confiança da família do meu primo, o que me deixou tranquila de que podia confiar nele. Até hoje eu não sei ao certo por que minha mãe não foi com ele no caminhão de mudança, mas o fato é que essa foi a melhor decisão que eu achava que podia tomar na época, com a idade de 24 anos. A tristeza é que eu estava errada, muito errada. Em poucos dias, estávamos todos em pânico, porque o tal caminhão de mudança não chegava nunca em Foz do Iguaçu.

Sem ter um celular para um contato imediato, já que isso ainda era algo a que apenas a elite tinha acesso, ficamos sem ter notícias. Já estávamos embalados em um completo desespero, quase dando parte na polícia, quando a minha tia, que era conhecida do tal caminhoneiro, descobriu que eles tinham tido um imprevisto no caminho. O pneu tinha furado, o que atrasou a viagem bem mais do que o previsto. Foram três dias de nó na garganta e de uma preocupação absurda, até que eu tivesse notícias de que o Victor tinha chegado são e salvo na casa da minha prima.

5

Não foi um período fácil da minha vida. Sabia que aquilo era o melhor que eu podia ter feito, dada a conjuntura e a minha maturidade. Como o dinheiro tinha acabado, liguei para meu anjo da guarda, o Vinícius, e pedi um empréstimo para pagar a pensão que havia encontrado em São Paulo, na região da Vila Sônia, enquanto continuava na procura por um novo emprego.

Vez ou outra eu conseguia me encontrar com o Emanoel e via que ele também estava sofrendo de alguma forma. Por mais que estivesse com um teto sobre a sua cabeça e continuasse indo para a escola, ele era um adolescente vivendo sem muita referência de família. Acredito que, mesmo sem ter consciência naquele momento, ambos sabíamos intuitivamente que deveríamos seguir sempre em frente.

Parece que eu consertava de um lado e aparecia um problema de outro. Um desses problemas foi de saúde mesmo, quando o Emanoel acabou tendo uma apendicite. Eu me desbanquei da Vila Sônia para o Brás a fim de socorrê-lo e levá-lo a um hospital público, já que estávamos todos sem convênio médico. Já conhecia aquela realidade por conta do meu histórico profissional e fui preparada para acompanhar meu irmão pela longa via-sacra até que ele pudesse passar pela cirurgia. Entre a correria para lá e para cá com o intuito de dar conta disso tudo, eu esquecia de beber água, e em poucos dias estávamos os dois adoentados no hospital público, ele se recuperando da apendicite de um lado, deitado sobre uma maca no pronto-socorro, e eu contornando uma intensa crise de cólica renal do outro, apoiada em uma escadinha da maca enquanto acompanhava o seu pós-operatório, pois era o único local disponível para sentar no hospital, que estava lotado.

Ainda durante a recuperação do Emanoel, em um dia que já estava mais bem-disposta, fui até o quarto dele lá no Brás para buscar algumas trocas de roupas e me peguei reparando que aquela não era uma condição boa para o meu irmão viver. O lugar, além de ser muito simples, era também muito precário em termos de condições de higiene. O senhor que cedia o espaço era bem gentil, mas não era exatamente a pessoa mais asseada que eu já tinha conhecido. Tudo naquele espaço estava sujo, fedendo e cheio de poeira. Claramente não havia uma circulação de ar decente ali, além de muito mofo. Enquanto buscava as roupas do meu irmão, vi um rato passando pelo canto da parede, o que foi a gota d'água para mim. Não daria pra levar meu irmão recém-operado de volta para aquele espaço insalubre.

Também não me pareceu sensato manter meu irmão naquela ala da enfermaria do pronto-socorro por mais tempo, expondo-o ao risco de contrair uma infecção hospitalar. Conversei com o médico responsável e solicitei a alta antecipada, explicando minhas preocupações com a permanência dele no hospital. Em razão da escassez de leitos disponíveis e da minha formação como enfermeira, defendi que poderia cuidar melhor dele em casa.

Pensei que a única solução seria levá-lo comigo para a pensão. Antes de sair do hospital, expliquei toda a situação e o contexto para a proprietária da pensão, que tinha um coração enorme e aceitou que ele ficasse lá comigo enquanto estava em recuperação. Era um espaço minúsculo, que mal comportava dois colchões no chão, mas foi ali que pude cuidar do Emanoel da melhor forma, até que ele estivesse plenamente recuperado. Infelizmente, após essa recuperação, ele precisou voltar para o quarto dele, lá no Brás, já que nenhum de nós tinha qualquer condição de pagar por algo melhor. Era o que tínhamos: dificuldades, dores emocionais, uma saúde frágil e muitas dívidas financeiras.

Não estavam sendo anos de recém-formada fáceis. Mas as coisas estavam prestes a mudar. Segui firme, acreditando que as circunstâncias iriam melhorar e que eu conseguiria sair daquela situação e finalmente conquistar os meus sonhos.

Conquistas baseadas em resiliência e coragem

Você é o único representante do seu sonho na face da Terra
Se isso não fizer você correr, eu não sei o que vai.
(Emicida)

1

Até que certo dia eu recebi a resposta de um dos muitos currículos que havia enviado ao longo dos últimos meses. Era um convite para participar de uma entrevista na farmacêutica Roche, que na época ficava na Marginal Tietê, entre Osasco e São Paulo. O trajeto estava bem na contramão de transporte da pensão. Eu precisaria passar horas em transportes públicos lotados para chegar até lá, fora o gasto, que eu não tinha como bancar, somando o custo das passagens de ida e volta... tudo me deixaria zerada. Até que o filho da dona da pensão, que já tinha me dado algumas caronas e tinha um bom relacionamento comigo, soltou uma informação que eu não sabia:

— Não é essa a Roche que tem os fretados que passam ali pela USP? — ele questionou.

Como ele estudava por lá, comentou que sempre via o ônibus da Roche circulando próximo ao campus da Universidade de São Paulo (USP) diariamente, levando pessoas por volta das 7h e 8h. Ele disse que me daria uma carona até o local. Mas será que eu podia entrar naquele ônibus, que provavelmente seria apenas para os funcionários da empresa? Não tinha a menor ideia, mas eu iria descobrir.

Marquei a entrevista para o meio da manhã e logo nas primeiras horas do dia lá estava eu no ponto de ônibus da USP. Assim que a condução fretada chegou, as pessoas subiram as escadas e buscaram onde se sentar. Fiz cara de paisagem, como se sempre pegasse aquela condução corporativa, e fui subindo também. Ninguém pediu qualquer identificação ou crachá, escolhi uma das poltronas e aguardei até a chegada na Roche, o coração pulsando tanto de nervoso que eu quase podia ouvir cada uma das batidas. Desci como quem sabe exatamente aonde vai, mas logo precisei pedir informações para encontrar o caminho da minha entrevista.

Logo na recepção, apresentei minha identidade e indiquei que tinha chegado "um pouco cedo" para o horário da minha entrevista, questionando se eles se importavam que eu esperasse nas cadeiras ali da recepção. Ninguém se importou. Fiquei ali por algumas horas até que pudesse ser chamada.

Nesse meio-tempo, várias coisas passaram pela minha cabeça. Uma delas era como eu tinha sido tão cara de pau a ponto de entrar no fretado da empresa que ainda nem tinha me contratado. Também não acreditava que estava sendo chamada para uma entrevista de emprego em uma multinacional. Imagina que sonho ter convênio médico, salário, décimo terceiro e a certeza de que ninguém ia atrasar os pagamentos! Conseguir aquela vaga seria minha chance de mudar de vida. Comecei a mentalizar que eu iria conquistar aquela vaga. "Vou passar neste processo seletivo", repetia em voz baixa, como se estivesse me convencendo de que aquilo era possível. Até que me chamaram bem em meio ao meu pensamento mais importante daquela manhã: quando é mesmo que o fretado ia voltar? Talvez eu precisasse esperar mais um pouco na hora de retornar, se quisesse economizar a passagem de retorno para a pensão.

2

Fiquei muito feliz quando me informaram que eu havia passado de fase e estava sendo convocada para uma nova entrevista.

Inclusive, eu estava muito mais tranquila sobre como fazer o meu trajeto e já sabia todos os horários do ônibus da Roche. A segunda vez que entrei naquela condução foi ainda mais fácil que a primeira, tive coragem e até falei "bom-dia" para o motorista antes de encontrar o meu lugar.

A segunda entrevista seria em inglês, o que me deixava um pouco nervosa. Por mais que eu tivesse estudado o idioma e treinado bastante enquanto estava na política, sabia que ele era o meu ponto fraco, porque meu nível ainda era básico. Mas tive uma grande sacada: e se eu pudesse me apoiar em uma apresentação? Lembrei-me de um treinamento internacional que tinha feito no trabalho anterior, que abordava exatamente as regras internacionais da pesquisa clínica. Não lembro nem ao certo o que a recrutadora queria saber de mim, mas sei que fiz uma apresentação mencionando o que eu sabia fazer e mostrando os slides em inglês no computador, pois eles me ajudavam ao funcionar como guias do que devia falar dentro do vocabulário que eu estava acostumada. Senti que foi um grande sucesso, acho que acabei inovando na forma de fazer a entrevista.

— Katia, estou muito impressionada, esta é a primeira vez que vejo alguém vir tão bem preparada para uma entrevista — ela me contou, elogiando a minha apresentação e meu profissionalismo. — Tudo isso que você faz é exatamente o que estamos procurando para esta vaga. Você tem o perfil ideal para o que vamos fazer neste setor! — ela me contou, antes de avisar que ainda precisaria passar por uma nova entrevista com os gestores da vaga.

Fiquei muito feliz, ainda que um pouco preocupada com o horário que essa nova conversa ia acontecer. Agradeci à recrutadora pela atenção e ainda tive o cuidado de perguntar se ela se importaria se eu ficasse na recepção por um tempo, até que desse a hora de o ônibus passar na região. O que ela não sabia era que eu estava esperando o horário do retorno do ônibus da própria Roche.

Foi na terceira entrevista na Roche que conheci a Marcia Pahl, um desses anjos humanos que a vida nos dá de presente. Ela era a gestora da vaga na época. Enquanto falava das minhas experiências profissionais, acabei mencionando minha temporada na Alemanha, o estágio na Fundação Friedrich Naumann, e ela rapidamente se conectou comigo com esse assunto.

— Sério? Que legal! Também morei na Alemanha, foi lá que continuei minha especialização em nefrologia pediátrica! — ela me contou.

Ao término da entrevista, ela se propôs a me explicar os próximos passos do processo seletivo:

— Gostei muito do seu perfil! Acho que agora só falta a prova de inglês!

Pronto, só me faltava isso agora, será que eu seria barrada por uma prova de inglês? Não, não, não! Estava determinada a ganhar aquela vaga, tinha mentalizado lá atrás, daria certo!

— Ah, mas com o que estou vendo aqui das anotações do RH, acho que nem precisamos disso! Vou sinalizar para a nossa equipe que você nem precisa passar pela fase da prova, porque estamos mesmo com pressa neste processo seletivo — explicou a Márcia, o que me deu um enorme alívio.

Depois da conversa com a Márcia, a última fase era uma conversa com a chefe do departamento, a Luciana Vasconcellos. Durante a entrevista, ela me colocava em situações hipotéticas complicadas para ver como eu ia me sair. Para cada um dos casos, eu oferecia a minha visão do que poderia ser uma saída. Foi uma hora inteira de tensão e questionamentos difíceis e complexos. Saí dessa conversa me sentindo muito derrotada, achando que poderia ter feito melhor. Aqueles casos não me saíam do pensamento e sabia que poderia ter feito melhor.

Peguei o fretado da Roche de volta para a pensão e cheguei já um tanto cabisbaixa. Ao me ver desanimada, quem veio tentar me motivar foi a dona Terezinha, a dona da pensão.

— Não fique assim, minha filha. Vai dar tudo certo! Estou torcendo por você — ela me dizia, tentando me animar um pouco.

— Obrigada, dona Terezinha, mas eu não sei se vou conseguir. Foi uma entrevista superdifícil. Talvez seja uma vaga que precise de alguém com conhecimentos muito maiores do que os que eu tenho para entregar, mas é uma pena. Eu quero tanto esta vaga! — eu relatava.

Até que no dia seguinte alguém tinha deixado um recado, dizendo que era da Roche e que esperava um retorno meu. Liguei quase com receio de criar esperanças demais, mas as notícias felizmente eram muito boas. Do outro lado da linha, a recrutadora me explicou que tinham uma oferta para me fazer: eles poderiam me pagar o equivalente a 22 salários mínimos da época, além de uma série de benefícios, como plano de saúde, carro da empresa, reembolso de gasolina, além de décimo terceiro, também um décimo quarto salário, e até bônus! Chegou num certo ponto da lista de benefícios que eu nem estava ouvindo mais. Tudo o que eu tinha registrado era que eu iria ser contratada por um valor que era o dobro do meu salário anterior e com benefícios suficientes para dividir com os meus irmãos. Não conseguia parar de sorrir e acabei interrompendo a recrutadora. Era uma felicidade plena, que explodia dentro de mim, porque aquele emprego poderia resolver muitos dos meus problemas.

— Eu estou muito, muito feliz. Nem acredito que estou recebendo esta ligação de vocês — eu dizia, sem saber controlar muito bem a alegria naquela hora.

— Também estamos muito felizes de poder contar com você no nosso time, Katia. Esperamos você aqui na segunda-feira, para o seu primeiro dia, pode ser?

Confirmei e desliguei o telefone, radiante e cheia de planos. Com esse salário, eu conseguiria pagar uma escola para o Victor, um curso de inglês para mim, acertar o aluguel atrasado com a minha prima, finalmente conseguiria quitar os pagamentos atrasados da pensão com a dona Terezinha e até conseguiria pagar a faculdade do Emanoel, que já estava trabalhando, mas que não ia dar conta de pagar os seus estudos sozinho. Nas minhas contas, ia até conseguir providenciar um plano de saúde para a minha mãe.

3

Chegar à Roche foi, para mim, um grande símbolo de sucesso. Estava tão radiante e feliz de ter conseguido conquistar aquela posição, de ter "materializado" o que eu havia "mentalizado", que decidi entregar nada menos do que o meu melhor! Eu trabalhava com tanta gratidão! De tão motivada que eu estava, não foram poucas as vezes que fiquei até as 2h da madrugada cuidando de atividades, nas quais eu me envolvia até o último fio de cabelo, ia para casa feliz, dormia um pouco e às 8h lá estava eu de novo, pronta para as atividades do dia seguinte, com toda a energia e determinação do mundo.

Além disso, os benefícios oferecidos pela Roche e o apoio constante que a Márcia, minha gestora, me proporcionava eram de extrema importância, sobretudo no aspecto emocional. Logo no início, ela fez questão de agilizar os procedimentos para disponibilizar um veículo do departamento, permitindo que eu me deslocasse para o trabalho com maior conforto, além de flexibilizar minhas tarefas para visitar clientes e participar de reuniões fora do escritório da empresa. Sentia-me verdadeiramente empoderada, com a liberdade necessária para prosperar, trabalhando com dedicação e empenho, ciente de que minhas contribuições eram reconhecidas. Aquela era a minha oportunidade de ouro e eu estava muito dedicada a lapidá-la da melhor forma possível. Queria provar que era capaz e que a confiança que tinham depositado em mim iria valer a pena.

Com os primeiros salários, comecei a organizar minhas finanças, quitando todas as dívidas pendentes. Também consegui alugar um apartamento na Vila dos Remédios, em Osasco, muito próximo da Roche. Meu grande desejo era trazer o Emanoel para morar comigo, mas, ao calcular até onde meu salário poderia chegar, levando em conta a necessidade de construir uma reserva financeira e todas as responsabilidades financeiras com as despesas do Victor e da minha mãe, percebi que a solução seria dividir o aluguel e o espaço com uma colega. Finalmente, senti que estava conseguindo me estabilizar e construir uma base sólida para caminhar com minhas próprias pernas.

Aos finais de semana, ia buscar o Emanoel no Brás, para passear no shopping, ir ao cinema, comer em restaurantes. Na época, também tive que investir em roupas mais profissionais, melhorando minha imagem no ambiente de trabalho. Era uma fase de vida melhor, com muitas conquistas, aprendizado e também com desafios.

Nesse período, lembro-me de estar passando pela região da Vila Leopoldina, nos arredores do bairro onde ficava o prédio da Roche na época, e ser fisgada por uma placa que avisava da construção de um prédio numa das principais avenidas do bairro. Eu já tinha visto aquela placa antes, em um relance enquanto circulava de ônibus pela cidade em busca de trabalho há alguns anos, quando eu tinha imaginado como seria maravilhoso morar em um lugar assim tão lindo, eu ficava sonhando com aquele estilo de vida que prometiam as propagandas imobiliárias.

Aquele era um dos primeiros prédios que estavam sendo construídos na região, que ainda era composta majoritariamente de galpões e de áreas com utilidade mais industrial. O empreendimento prometia um condomínio moderno, com apartamentos voltados para a estação de trem Imperatriz Leopoldina. Só que naquele dia, diferentemente de quando havia passado na frente da obra e visto tudo pela janelinha do ônibus anos atrás, fiquei intensamente intrigada com qual seria o custo daquele estilo de vida. Resolvi parar para descobrir qual era o tamanho do esforço financeiro que eu precisaria fazer para ter uma vida confortável como aquela. "Talvez agora eu possa", pensei comigo mesma, enquanto entrava na área onde estavam os corretores de plantão.

Enquanto observava as maquetes e sonhava com a decoração que meu futuro apartamento poderia ter um dia, foi feita uma análise do meu perfil e um orçamento do que a construtora poderia oferecer em termos de custos de entrada e de financiamento. Li o documento com cuidado, com a sensação de que aquele seria mesmo um passo maior do que as minhas pernas dariam conta.

Voltei para casa com aquele papel em mãos, ainda sonhando com o apartamento, ainda imaginando como poderia ser linda a vista dali de cima, visualizando as marginais sobre os viadutos enquanto contemplava o pôr do sol no outono. Será mesmo que não seria possível negociar algum formato de pagamento possível para realizar esse sonho? Retornei ao stand de vendas poucos dias depois para conversar com os mesmos corretores que tinham me feito a proposta inicial, dessa vez com uma contraproposta que incluía o uso dos meus salários décimo terceiro e décimo quarto, bem como os bônus previstos pela Roche.

— A proposta que vocês me fizeram segue sendo inviável para mim, mas, se vocês estiverem dispostos, tenho condições de fazer os pagamentos neste formato, com este número de parcelas. Será que podem avaliar essa possibilidade? — solicitei com elegância e muita firmeza.

Entre surpresos e receosos de aceitar a contraproposta da jovem cliente, os corretores disseram que iam levar a sugestão para que a equipe da construtora avaliasse a possibilidade de avançar com a venda naquele formato. Duas semanas depois, recebi uma ligação avisando que a minha contraproposta fora aprovada e que eu poderia comprar o apartamento na planta. Contraí uma dívida imensa, que se somava aos já vultuosos valores que pagava de aluguel e as despesas da minha família, mas que me apontavam um caminho de futuro que parecia incrível. Finalmente eu teria uma casa totalmente minha, em que eu poderia fazer tudo exatamente do jeito que eu quisesse.

4

A chegada na Roche deixou claro que tinha algo que eu precisava melhorar muito, e melhorar rápido: a qualidade do meu inglês. Por mais que eu tivesse me virado bem com a apresentação durante a fase de entrevistas, daqui por diante a situação seria muito séria e eu precisaria dominar o idioma para não sofrer de novo.

Ao ingressar na minha nova posição de trabalho, deparei-me com uma discrepância evidente em relação às formações e habilidades dos meus colegas. Enquanto eles tinham diplomas da renomada USP e fluência em inglês, eu vinha da UNIR, uma universidade pouco conhecida, e meu inglês era limitado. Essa diferença me fez sentir deslocada e em desvantagem profissional grande; em alguns momentos, até mesmo discriminada. Passei por situações em que dois colegas faziam comentários irônicos ou maliciosos sobre minhas debilidades e experienciei o que chamamos hoje de "bullying corporativo".

No entanto, em vez de me abater, escolhi focar o meu crescimento pessoal e profissional, mantendo minha autoconfiança e ignorando os comentários negativos e a toxicidade. Eu sabia que precisava estar no controle da minha mente e guiá-la para o lado bom da vida e dos desafios para continuar prosperando. Eu aprendi a enfrentar as adversidades no mundo corporativo e a superar a sensação de inadequação.

A Roche oferecia um benefício incrível de 80% de bolsa para aulas de inglês, o que me permitiu financiar meu próprio curso. Dediquei-me intensamente a aprimorar o idioma, certa de que ninguém poderia me demitir alegando falta de progresso nessa área. Embora soubesse das minhas limitações, como a língua, eu compensava com uma dedicação incansável em outras áreas em que eu podia dominar. Queria mostrar minha capacidade, não apenas para que a Márcia, que acreditou em mim, reconhecesse a qualidade da sua escolha, mas também para provar a mim mesma que estava à altura da oportunidade única que tinha em mãos. Estava determinada a aproveitá-la ao máximo.

Naquela época em que cheguei à empresa, a Roche estava sendo pioneira em tratamentos oncológicos de ponta, tudo o que tinha de mais avançado para tratar o câncer de pulmão, câncer de mama e a artrite reumatoide, e eu estive envolvida no sentido de monitorar os projetos de pesquisa clínica associados a esses tratamentos. Foi uma época que viajei de norte a sul do país conhecendo os principais centros de pesquisa brasileiros.

Mais de 90% do meu tempo de trabalho acontecia fora dos limites do escritório, circulando por cidades como Belém, Brasília, Vitória, Rio de Janeiro, Florianópolis, Curitiba, Cuiabá, Campo Grande, Rio Branco, Porto Velho, Salvador. Foi um período muito gostoso, porque eu também tentava aproveitar as viagens a trabalho para conhecer um pouquinho dos lugares turísticos do Brasil nas minhas horas livres. Adorava tanto o meu trabalho que eu não sentia que trabalhava, parecia que estava praticando um hobby.

Nos centros de pesquisa, meu papel envolvia monitorar a pesquisa clínica, que na maior parte das vezes eram estudos de fase três. Isso significa que eu atuei por muitos anos próximo dos grandes nomes da medicina do Brasil. Meu trabalho era conferir os prontuários dos pacientes e arquivos dos estudos clínicos. Era minha responsabilidade garantir que não existiam inconsistências, visando a excelência na coleta de dados em cumprimento aos protocolos e requisitos internacionais. Em outras palavras, se eu encontrasse alguma intercorrência, o médico líder do centro ou sua equipe de médicos precisariam corrigir, mitigar ou justificar aquela situação, o que sempre deixava os profissionais um pouco incomodados.

Sabendo da delicadeza dessas situações, sempre me coloquei como parceira de todos, com um posicionamento muito mais de colaboração do que de fiscalização. Meu ponto de vista era que juntos precisávamos resolver as questões da melhor maneira possível e dentro das boas práticas de pesquisa clínica. Esse tipo de posicionamento que, pensando hoje, talvez eu tenha trazido da minha experiência na política, me ajudou a criar uma imensa rede de contatos por todo o país. Eu me sentia bem recebida nos centros de pesquisa, porque não viam em mim uma "fiscalizadora ou auditora", mas uma parceira que ia ajudá-los a tornar o processo o mais correto e fluido possível.

Além de ter sido um período de bastante avanço profissional, em que me senti bem fazendo o que sabia fazer de melhor, também pude ganhar um importante respiro financeiro e ir, aos poucos, melhorando minha qualidade de vida. Estava com o sonho da casa própria em vias de ser realizado com a compra do meu apartamento, já conseguia comer bem, além do conforto de poder transitar de carro e de avião nos compromissos profissionais. Sentia que finalmente tinha uma melhor qualidade de vida, mesmo que as finanças estivessem sempre apertadas. Por precisar também manter minha mãe e meu irmão em Foz do Iguaçu, ajudar a pagar os estudos dos meninos e manter em dia as parcelas do financiamento do apartamento, nunca me sobrava dinheiro para fazer uma reserva de segurança.

5

Enquanto eu corria de um lado, também via meu irmão literalmente correr do outro. De volta a Foz do Iguaçu, Victor tinha encontrado finalmente um espaço em que parecia se sentir muito feliz. Ele nunca foi do tipo mais intelectual, nunca ligou muito para os livros ou os estudos, mas sempre foi muito ativo fisicamente. E, por sorte do destino, encontrou, no oeste paranaense, um tipo de atividade que ia funcionar muito bem para ele por muito tempo: o ciclismo.

Quem o incentivava era um técnico muito querido da prefeitura da cidade, o Tiago, que percebeu o entusiasmo dele e foi investindo treinamento e recursos municipais de modo a capacitar meu irmão para as competições de ciclismo regionais e nacionais. Ficava feliz de ver o Victor em uma *vibe* toda saudável, cuidando da alimentação e envolvido em atividades esportivas. Certa vez, enquanto visitava um centro de pesquisa clínica em Curitiba, consegui fazer uma folga do trabalho e apareci de surpresa para acompanhar uma das suas competições em nível nacional. Eu não entendia nada de ciclismo, mas entendia de superação. E ali estava o Victor, superando-se! Eu gritava e assobiava dentro do carro com o Tiago, acompanhando o trajeto da categoria *speed*, na qual o Victor estava competindo. Ele ganhou aquela competição e foi campeão brasileiro de ciclismo na categoria *speed*. Eu tinha tanto orgulho dele que queria espalhar para o mundo todo a notícia da vitória do meu irmão. Era uma alegria não apenas vê-lo vencedor de um esporte, era uma vitória de vida, que ensinava que ele estava na direção certa! Eu sentia uma paz tão grande dentro de mim! Entre idas e vindas, mesmo que no atropelo, tinha feito o certo de trazê-los a São Paulo e, agora, podia vê-lo brilhar em Foz do Iguaçu.

Mesmo a distância, fazia questão de lutar pelo bem-estar deles. Dediquei-me fortemente a ir atrás do pai do Victor, para que ele não só reconhecesse a paternidade, como também mantivesse o mínimo de estrutura financeira para que o meu irmão pudesse ter uma vida mais confortável e que pudesse cobrir parte dos custos dos seus estudos.

O salário na Roche me permitiu pagar um advogado para mover o processo de reconhecimento da paternidade, incluindo o nome do pai na certidão do Victor e, consequentemente, já protocolando a cobrança judicial da pensão dele. O processo foi judicialmente tranquilo, mas emocionalmente muito desgastante. Apesar de eu ser responsável pela guarda legal do meu irmão, o processo precisava de declarações da mãe que afirmassem que o tal senhor era mesmo o pai do Victor. Mas ela preferia não fazer nada, porque achava desconfortável mexer nessa história, sentia vergonha do seu passado.

— Mãe, mas isso não tem a menor importância! Você teve o Victor, mas ele também tem outra família, que é a família do pai dele! E esse menino precisa ter educação, precisa ter quem pague uma escola para ele! — dizia, já com a voz elevada de exaustão, porque aquilo tudo parecia óbvio para mim.

— Você fala como se eu fosse a errada, Katia, como se eu fosse responsável por tudo. Só porque saí com ele e porque ele era casado, preciso ser levada na frente de um juiz para falar isso? Já estou arrependida, não preciso passar por essa situação constrangedora — ela ia reclamando, enquanto sinalizava que não tinha intenções de participar ou auxiliar para que o processo que eu estava pagando pudesse transitar com mais rapidez. Era um martírio.

— É o seguinte, mãe: a gente já não tem uma relação boa, e, depois de tudo o que eu tenho feito para dar certa estabilidade para o Victor, você parece que não vê o meu lado ou não se importa, está mais preocupada com você. Não é nada fácil, tenho que me desdobrar para manter todos, enviar dinheiro para o que vocês precisam, e acho que o Victor merece ter o direito a uma pensão oficial, mesmo que mínima. Já basta eu sempre ter que pressionar o pai dele para pedir ajuda, o que ele faz só esporadicamente. Eu cansei, dei todas as oportunidades, agora chegou a sua vez de ser responsável pelo futuro do Victor também! — disse a ela, de forma muito resolutiva.

Minha preocupação era que, caso acontecesse algo comigo, meus irmãos tivessem uma segurança financeira para se manterem.

Confesso que parte da raiva também vinha de um completo mau uso que eu sabia que minha mãe fazia dos valores que eu despachava a Foz do Iguaçu para que eles pudessem se manter. Essa conversa aconteceu muito próximo de um episódio em que descobri que os valores que eu enviava estavam sendo usados para outros fins que não os que eu havia designado. Em vez de pagar a matrícula e a mensalidade da escola que tínhamos escolhido, minha mãe tinha colocado meu irmão no ensino público e usava o dinheiro para outras finalidades. Tudo isso sem me comunicar, o que significava que eu seguia despachando os valores, completamente alheia à situação. Só fui descobrir quando pedi para ver o boletim de notas da escola, na ânsia de ver meu esforço financeiro reconhecido nas boas notas do meu irmão.

— Sabe o que é, Katia, a gente precisou tirar o Victor da escola, porque estava faltando dinheiro em casa... — ela me disse, como se fosse algo normal de acontecer.

Eu estava borbulhando de raiva. Estava ali, trabalhando duro, dedicando-me da melhor maneira possível e usava grande parte do meu salário para manter o conforto da minha família, e aí ela tomava decisões sem pensar em falar comigo, desviando o dinheiro do foco na boa educação do Victor? Eu fiquei muito transtornada!

Certa vez, enquanto conferia o extrato do cartão de crédito que tinha deixado com ela para o pagamento das compras do mercado, reparei uma série de valores gastos com fraldas. Não fazia sentido, já que não havia nenhum bebê aos nossos cuidados. Quando questionei, ela desconversou, dizendo que estava ajudando "pessoas necessitadas" da igreja.

— Mas, mãe, como assim, ajudar necessitados? Sem nem me consultar ou me perguntar? Esse dinheiro era para fazer as compras do mercado, para comprar eventuais remédios para você e o Victor, e não para fazer caridade! — eu respirava fundo do outro lado do telefone, sabendo que era em vão. Ela estava mesmo fazendo caridade com o dinheiro que não era dela, sem o menor remorso.

O que me indignava, no final das contas, não eram nem tanto os valores gastos, mas a falta de reconhecimento e de diligência com o dinheiro que ela recebia. Sempre fui muito generosa e tenho certeza de que jamais teria proibido minha mãe de comprar um pacote de fraldas para uma pessoa que precisasse, mas custava me perguntar antes? Afinal de contas, eu estava trabalhando intensamente e economizando até nas minhas próprias refeições para tentar prover o que eu achava justo para a família toda, mas ela continuava tomando decisões, assim como essa, sem me avisar ou trocar uma ideia comigo.

Desde que comprei o apartamento, eu tinha que economizar e viver com um orçamento muito limitado. Minha estratégia, quando não estava viajando, era fazer todas as minhas refeições do dia no refeitório da empresa, pois assim elas não me geravam custos. No geral, sempre fui muito contida, sem gastar quase nada. Aos finais de semana, quando eu saía com o Emanoel, tentava gastar o mínimo possível. Tinha até a impressão de que eu comia menos do que durante a semana, já que eram refeições que eu pagava integralmente.

Para comprar roupas mais apresentáveis para o trabalho, eu passava garimpando as lojas em busca dos melhores preços em peças que fossem clássicas e apresentáveis. Eu estava representando uma multinacional e sabia que precisava me vestir de acordo, mas não existia uma verba ou benefício especial para bancar a "moda trabalho", e isso tinha também seu custo. E, enquanto eu fazia todas essas economias, realmente não existia um espaço de sobra para caridade naquele momento.

A situação que já não estava boa piorou ainda mais quando o Victor sofreu uma queda com a bicicleta e trincou uma vértebra ao cair e bater com a coluna no meio-fio. Ele insistiu em treinar mesmo lesionado, mas a dor que ele sentia acabava freando seu desempenho. Por sorte — e por estar sob a minha guarda legal —, ele era meu beneficiário no plano de saúde da empresa, o que permitiu que ele consultasse rapidamente um ortopedista, que nos alertou:

— Olha, o Victor ainda é muito jovem para passar por uma cirurgia para corrigir este problema. Ele pode ter uma vida normal se não for atleta, porque no dia a dia não irá forçar a coluna. Porém, se ele quiser seguir carreira no ciclismo, talvez a fisioterapia que recomendei não seja suficiente. No entanto, a cirurgia é complicada e não é recomendada, a não ser que ele vá seguir realmente no ciclismo. É algo para vocês pensarem, em família — aconselhou.

Foi um período de muita tristeza e revolta para o Victor, o que eu entendo perfeitamente. Ele tinha um potencial tão grande e estava no rumo para o sucesso, mas seria difícil ultrapassar aquele obstáculo sem correr riscos muito graves de saúde. A fisioterapia resolveu a dor, mas não permitia que ele chegasse à performance anterior, o que o levou a desistir das competições de ciclismo e abandonar a equipe da cidade.

Ele ficou perdido por um tempo, navegando nessa sensação de fracasso e de desmotivação, mas felizmente, dentro de alguns anos, conseguiu dar a volta por cima. Lá na frente, ele iria se encontrar de novo em uma nova atividade em que podia usar seu físico sem se desgastar tanto. Era preciso apenas esperar que o tempo curasse as feridas da frustração que só ele mesmo pode curar.

6

Enquanto pagava as parcelas do financiamento do apartamento, fui pensando em tudo que eu precisaria colocar dentro da casa depois que a construtora fizesse a entrega das chaves. Além dos pisos e revestimentos, das louças e dos armários, também fiz planos específicos para alguns dos cômodos.

Eu tinha em mente que um dos quartos deveria ser transformado em um escritório, com uma boa mesa e cadeira para que eu pudesse trabalhar com conforto. No meu quarto, queria uma janela antirruído que amenizasse o barulho do trem que passava a cada dez minutos. Afinal, descansar bem era uma parte importante do meu rendimento profissional no dia seguinte. E, no terceiro cômodo, a ideia era ter um quarto para que os meus irmãos pudessem morar comigo.

Enquanto sonhava com isso, ia folheando revistas de decoração e descobrindo que o preço de cada móvel e de cada detalhe que eu sonhava para a minha casa custavam muito dinheiro. Claramente, meu salário não seria suficiente para pagar as parcelas do financiamento, colocar pisos, revestimentos e fazer a pintura, que dirá comprar os móveis e eletrodomésticos que iríamos precisar. "Acho que vou precisar buscar outro trabalho, porque, para executar os planos deste jeito que estou imaginando, o salário da Roche não vai ser suficiente", pensava comigo mesma.

Isso significava que era hora de procurar um trabalho que me pagasse melhor e que me permitisse ascender na carreira. Ainda iria pagar algumas boas parcelas antes de receber as chaves da construtora, então eu tinha tempo para fazer essa busca com calma.

Foi também mais ou menos nessa época que estava chegando ao Brasil uma multinacional chamada Covance, que estava em busca de uma pessoa para o cargo de monitor sênior de pesquisa clínica. Quem me avisou da vaga, inclusive, tinha sido a minha colega de apartamento, que dividia o aluguel comigo e que me incentivou a me inscrever para o processo seletivo.

Rapidamente, a Covance retornou meu contato e pediu que eu fizesse uma parte do processo seletivo na Argentina, onde eles tinham um escritório. Pedi que a entrevista acontecesse em uma sexta-feira e solicitei um dia de licença na Roche para resolver assuntos pessoais. Estava muito empolgada com a oportunidade, mas também com muito medo do que a Márcia acharia dessa minha movimentação profissional. Precisava de um salário melhor para alcançar meus objetivos de vida, mas também não queria deixá-la. Era uma mistura de sentimentos desencontrados.

Fiz um voo bate e volta para Buenos Aires, retornando no final da mesma sexta-feira. Confesso que me senti muito importante de ver que a Covance queria tanto conversar comigo que tinha se disponibilizado para bancar minha passagem até lá, indo e voltando no mesmo dia.

Poucas semanas depois, recebi a melhor resposta da minha vida até então: eu tinha sido selecionada para ser monitora sênior da Covance no Brasil, por um salário que era o dobro do que eu ganhava na Roche. A negociação para chegar nesse valor, contudo, não foi nada fácil. Coloquei minha pretensão salarial lá em cima — afinal, eu tinha um apartamento para decorar! — e fiz questão de ressaltar todos os detalhes da minha experiência que poderiam ser benéficos para a empresa, que estava ainda chegando ao Brasil.

Assim que desliguei o telefone, comemorei de uma forma muito semelhante à que eu tinha comemorado na chegada à Roche, mentalizando tudo o que o salário ia me permitir adquirir. "Finalmente vou poder comprar cama, geladeira, fogão e decorar o apartamento todo do meu jeito", celebrei comigo mesma. Mas a verdade é que o mais importante de tudo era que finalmente teria a possibilidade de ter meus irmãos comigo e poderia bancar os custos da nossa vida com esse novo salário.

7

A mudança para o apartamento novo foi um grande momento de glória. Finalmente estava conseguindo realizar o meu sonho, tendo o meu próprio teto e decidindo exatamente o que faria em cada um dos cômodos. Uma das primeiras decisões que tomei assim que pude ter as chaves em mãos foi trazer o Emanoel para viver comigo. Ele já havia arranjado um trabalho e iniciado a faculdade, o que me deixava mais tranquila por saber que ele estava encaminhado e logo conseguiria também suas próprias conquistas.

O início na Covance também estava sendo incrível. Logo nas primeiras semanas, fui enviada para um treinamento nos Estados Unidos, onde conheci as outras primeiras funcionárias da empresa no Brasil. A modalidade da contratação era remota, ou seja, eu trabalharia do meu home office, o que era algo bastante ousado para a época. Éramos quatro brasileiras contratadas para iniciar as primeiras atividades da companhia no país. Aproveitamos um final de semana livre e fomos passear por Nova York, foi uma experiência emocionante que me marcou profundamente. A grandiosidade da cidade, seus arranha-céus imponentes, a agitação das ruas e a serenidade de lugares como o Central Park me encheram de fascínio e curiosidade. A visão da Estátua da Liberdade foi um momento de orgulho e gratidão, representando a realização de um sonho. Essa viagem deixou em mim um profundo impacto e memórias que guardarei para sempre com carinho. Em uma dessas paradas pelo nosso passeio, me perguntaram por que é que eu não tinha namorado e rapidamente o grupo quis achar uma pessoa para me apresentar.

— Ai, Katia, sabe o que fico pensando? Que você e um amigo meu, que é alemão, têm tudo a ver! Pena que ele mora na Alemanha! Da última vez que nos falamos, ele estava namorando uma brasileira. Ele ama o Brasil e já percebi que gosta de brasileira também! Ele até fala bem o português, sabia? — uma das colegas me disse.

Era uma conversa que parecia um pouco sem sentido para mim. Como é que ela estava tentando ser cupido de alguém que já estava comprometido? Além disso, eu estava tão envolvida e focada com os primeiros meses no meu apartamento novo, pensando em como decorar, como organizar os móveis e o que comprar, que relacionamento amoroso estava fora da minha lista de prioridades. Meu foco era cuidar do meu novo lar, trazer o Victor para morar comigo em São Paulo e apoiar o Emanoel nos estudos. Já fazia um tempo que eu vinha conversando com o Emanoel sobre como um intercâmbio para aprender inglês poderia ser incrivelmente valioso para o seu futuro pessoal e profissional, e eu estava economizando para poder financiar essa oportunidade. Como tinha enfrentado minhas próprias dificuldades com o inglês, sabia o quanto seria importante deixar o Emanoel mais preparado para o mercado de trabalho e desejava proporcionar a ele a chance de adquirir esse conhecimento, que representaria uma grande vantagem em sua vida como um todo.

Voltamos para o Brasil e, depois dessa experiência maravilhosa nos Estados Unidos, o trabalho foi se desenvolvendo, até que um determinado dia decidimos fazer um happy hour da "equipe brasileira" e marcamos de nos encontrar novamente. Conversa vai e conversa vem, essa mesma colega retornou com uma novidade:

— Você não sabe o que aconteceu, Katia! Lembra do amigo alemão que comentei com você da última vez? Então, ele terminou com a namorada brasileira e está solteiro. Tem certeza de que você não quer nem tentar uma conversa com ele? Acho que vocês poderiam se dar superbem!

— Ah, não sei, eu estou com outras prioridades — desviei, meio receosa desse tipo de relacionamento arranjado que ela estava tentando fazer.

Eu disfarcei, mas a verdade é que eu fiquei bem curiosa. Depois, quando ela voltou a mencionar o tal amigo alemão em outra ocasião, disse que precisava pelo menos ver uma foto dele. Foi aí que ela me passou o contato do perfil dele no Orkut, que era a principal rede social do momento, e o seu e-mail. A foto de perfil dele mostrava um moço sereno, bonito, sentado em uma colina numa posição que parecia de meditação, com um lindo lago ao fundo. Seu olhar azul me transmitia muita paz. Parecia que ele também gostava de natureza, o que já me conquistou de cara. Refleti por alguns minutos até chegar à conclusão de que, de maneira geral, na minha vida, eu não tinha me permitido viver nenhum relacionamento que pudesse me tirar do foco e da rota que precisava trilhar, sempre minhas prioridades eram outras. Só que ali, vendo aquela foto e sentindo aquela paz em seu olhar, algo diferente aconteceu. Depois de muito refletir, resolvi enviar um e-mail para ele:

"Oi, Hubert!
Aqui quem escreve é a Katia Wendt, amiga da Paula. Ela que me passou o seu contato e comentou que você poderia me ajudar com dicas sobre mergulho. Vi seu perfil no Orkut e parece que você já mergulhou muitas vezes. Eu estou bem interessada em fazer o batismo de mergulho, mas me sinto insegura e queria conversar com alguém experiente para me dar dicas. Será que você tem algum tempo para falarmos sobre o assunto?
Obrigada!

                                        Katia Wendt"

"Bom, o máximo que vai acontecer é ele nunca responder. Ao menos, eu tentei", pensei comigo mesma enquanto fechava a janela do e-mail.

Para a minha surpresa, ao abrir o e-mail alguns dias depois, encontrei uma nova mensagem:

"Oi, Katia!
Tudo bem com você?
Muito legal que você quer mergulhar. Meu português ser um pouco limitado. O que é batismo de mergulho? É o mesmo que mergulhar a primeira vez?
Procura meu MSN, podemos falar mais por lá.
Hubert."

O MSN era o equivalente ao WhatsApp de hoje e começamos a conversar muito por lá. As trocas de mensagens às vezes eram um pouco engraçadas e até tinha momentos que eram confusas, porque misturavam a falta de destreza dele no português com a minha falta de costume com o humor alemão. Uma das nossas conversas foi esta:

Katia: Eu gosto muito de brigadeiro, você conhece?

Hubert: Sim, já comi. Muito doce, né?

Katia: Verdade, é mesmo! E, vem cá, você já viu alguma baleia nos seus mergulhos? Eu queria tanto ver uma quando eu mergulhasse!

Hubert: Se comer muito brigadeiro, não vai precisar mergulhar para ver uma! :D

Era um flerte meio trôpego, que por vezes me fazia ler e reler até entender que... ah, ele tinha tentado fazer uma piada. Estava tão feliz de ter alguém com quem conversar que nem ficava ofendida, só ria mesmo. Inclusive, as conversas com o Hubert se tornaram um dos pontos altos dos meus dias. Ficava sempre com a janela do MSN aberta, esperando ele voltar do trabalho lá no fuso dele, na Alemanha, que estava sempre umas quatro ou cinco horas à frente do meu horário. Sorte que eu trabalhava em home office, porque ia dando a hora de ele chegar em casa e eu ficava já vidrada na janela do MSN, esperando ele se conectar. Quando ele aparecia online, eu declarava aberta minha hora de almoço e usava boa parte do tempo conversando com ele, antes de decidir que precisava usar os últimos minutos de folga para comer algo e voltar ao trabalho.

> **Katia:** Ah, droga, está quase acabando a minha hora de almoço. Preciso ir, ainda preciso comer alguma coisa antes da próxima reunião.

> **Hubert:** Eu também preciso ir, estou cansado. Muito trabalho hoje, vou tomar um banho e dormir. Até amanhã, Liebezinha!

Inventei esse apelido em uma dessas nossas muitas conversas, misturando a palavra *liebe*, que em alemão significa "amor", com o "zinho" do diminutivo em português. Hubert gostou tanto da brincadeira que também passou a me chamar da mesma forma, apenas ajustando o gênero, e eu virei a "Liebezinha", que se tornou um apelido carinhoso entre nós.

Chegou uma hora que falar assim por MSN já não parecia suficiente. Trocamos telefones e nos programamos de nos falar ao telefone todos os dias. Essas chamadas internacionais eram caríssimas de fazer a partir do Brasil, mas muito baratas se feitas a partir da Alemanha. Por isso, era sempre ele quem me ligava. Eu precisava ouvir a voz dele, contar do meu dia, ouvir o que ele tinha feito de bom. A gente se falava por horas e horas. A Paula estava mesmo certa. O Hubert era de fato um rapaz incrível, e eu, bem, eu estava realmente ficando muito apaixonada por ele.

Por amor

*Cause I need you
And I miss you
And now I wonder*
(Vanessa Carlton, "A Thousand Miles")

1

Eu já não aguentava mais apenas conversar com o Hubert, que eu já chamava normalmente de "Liebezinho". As conversas eram ótimas, mas... parecia pouco. Eu queria mais do que conversar, mais do que a ansiedade de vê-lo se conectar ou de perceber o telefone tocar sabendo que era ele do outro lado da linha.

— O que acha de a gente se ver pessoalmente? — soltei com toda a coragem que o entusiasmo fazia surgir em mim durante uma das nossas conversas.

Meu plano era perfeito: iria usar todas as minhas milhas e parte das economias para viajar a algum lugar da Europa onde ambos pudéssemos compartilhar a felicidade no nosso primeiro encontro presencial. Decidimos que Paris, na França, parecia um bom lugar para esse primeiro encontro, só faltava escolher um momento bacana em que eu pudesse me ausentar do trabalho para aproveitar melhor as milhas que eu teria que percorrer para atravessar o Atlântico e encontrar com aquele que, até esse momento, era apenas um namorado virtual.

Embarquei naquele abril de 2008 num misto de felicidade e nervosismo. Por mais que nós já estivéssemos tendo conversas superíntimas e sobre várias coisas, como é que seria encontrá-lo ao vivo? Será que a gente iria se beijar, logo de cara, quando ele fosse me buscar? E se eu não gostar dele quando encontrá-lo pessoalmente? Pior, e se ele não gostar de mim? Eram muitas emoções, numa mescla de entusiasmo e ansiedade, de expectativa e de medo. Nas mais de dez horas de viagem, eu não preguei o olho, apesar dos diversos calmantes que tomei na tentativa de lidar com tantas emoções, uma ansiedade latente e tantos outros questionamentos que passavam pela minha cabeça.

Era como se o tempo passasse muito rápido e ao mesmo tempo também não passasse. Era como se eu estivesse congelada no tempo e na minha ansiedade, até que o avião pousou, eu desembarquei, passei pela imigração e, assim que cheguei ao saguão do aeroporto, vi aquele homem de cabelos castanho-claros e olhos azuis me esperando. Bastou vê-lo e tudo se tornou mais calmo. O relógio voltou a fazer tique-taque nos tempos corretos. A agitação se dissipou. Era como se algo dentro de mim dissesse "está tudo bem, esta é a pessoa certa para você e para a sua vida, era isso mesmo o que você tinha que fazer, não há nenhuma loucura nisto". Abraçamo-nos e nos beijamos intensamente.

Eu tinha feito tudo movida pelo impulso? Sim. Era tudo verdadeiro e intenso? Também. Já saímos de mãos dadas do aeroporto, ficamos o dia todo na companhia um do outro e já dormimos juntos na primeira noite, entregando-nos de corpo e alma. E, por mais esquisito que pareça dizer que eu fui para um hotel parisiense junto de um homem que eu nunca tinha visto ao vivo antes, nada daquilo me parecia insensato, porque era como se eu conhecesse Liebezinho desde sempre. Quem nos via andando pela Champs-Elysées e ao lado da Torre Eiffel jamais diria que aquele era nosso primeiro ou segundo dia juntos.

Foram três semanas mágicas e muito intensas com ele na Europa. Além de conhecer alguns dos principais pontos turísticos de Paris, também pegamos um avião e fomos passar alguns dias em Londres e, mais ao final da viagem, também passei um final de semana no interior da Alemanha, quando fui apresentada para a família dele. Eu já estava apreensiva pelo momento do encontro com a família dele, em que podia dar tudo errado ou certo, mas para meu alívio deu tudo muito certo! Ainda que os pais dele morassem numa cidade pequena no interior da Alemanha, daquele tipo onde todo mundo se conhece e a gente já antecipa as fofocas da vizinhança, eles me receberam com muita gentileza e afeto. Desde o primeiro momento, fui apresentada como "a namorada que mora no Brasil". Não falar o idioma me fazia sentir um pouco deslocada, mas tinha certeza de que eles não estavam nem um pouco preocupados ou ressabiados com a minha presença. Muito pelo contrário: estavam felizes que eu tivesse percorrido tantos quilômetros para vir conhecê-los.

Voltar ao Brasil depois desse sonho de romance internacional foi sofrido. Nós nos despedimos ainda na estação de trem de Heidelberg, de onde eu pegaria um trem para Paris e na sequência embarcaria no voo de volta a São Paulo. Assim que o vagão começou a se mexer, acenamos uma última vez um para o outro, ambos chorando tanto de um lado quanto de outro. Até tentei me conter um pouco, mas, conforme Liebezinho ia ficando menor com a distância percorrida ao longo dos trilhos, mais lágrimas eu parecia deixar cair. Teria sido só um sonho? Será que essa paixão toda poderia se transformar em amor e superar as milhas de distância entre nós? Se antes eu chegara para conhecê-lo com tantas perguntas na cabeça, agora voltava para casa com muitas outras mais.

Aquelas lágrimas não tinham gosto de tristeza, nem de alegria. Foram aqueles pingos salgados que rolavam pelo meu rosto que me fizeram concluir algo que ainda não era óbvio para mim: eu estava mesmo apaixonada. Aquilo tudo era lindo demais e eu não queria, de forma alguma, parar de viver todos aqueles sentimentos. No entanto, eu tinha um trabalho para o qual voltar, uma família para cuidar. Caberia a mim equilibrar essa equação entre a vida que eu tinha e a vida que eu queria levar. Começou ali uma intensa reflexão se porventura não estava na hora de focar a minha vida, as minhas vontades e os meus projetos. Percebi que tinha vivido até ali sempre focando resolver problemas, ajustar a situação da minha família, mas quase nunca tinha colocado minha vida pessoal como prioridade. Talvez fosse hora de mudar a ordem das coisas.

2

Tem um ditado que diz que "não sabendo que era impossível, foi lá e fez". Acho que foi mais ou menos assim que vivi grande parte da minha vida pessoal e profissional. E não seria diferente com a minha vida amorosa.

Desembarquei no Brasil absolutamente incomodada por não poder ser tão feliz como nas três semanas anteriores. Talvez eu não estivesse preparada para a intensidade daquela conexão com o Hubert. Ou talvez nunca tivesse sentido tanta paz ao lado de alguém, difícil dizer. Tanto que os dias depois da minha volta ao Brasil foram terríveis, com uma melancolia horrível. E essa tristeza acabou permeando também nossas conversas remotas depois do nosso encontro europeu.

— Estou devastada de estar de volta ao Brasil, Liebezinho. Queria mesmo era estar aí com você!

— Também queria que você estivesse aqui.

— Parece que a gente se conhece por toda a vida, mas agora a gente precisa ficar separado...

— E o fuso horário não ajuda também.

— Poxa, será que você não quer vir morar no Brasil, não? Você fala português superbem! — sugeri, na ousadia de quem busca uma solução rápida e fácil.

— O problema é que o Brasil não tem oportunidades de trabalho tão boas quanto a que eu tenho aqui, Liebezinha — ele constatou, com a objetividade clássica dos alemães.

E não era mentira. Ele estava em uma posição muito confortável dentro de uma conhecida montadora alemã de automóveis de luxo. E ganhava em euros! Além disso, a área de trabalho dele, em engenharia de desenvolvimento, tinha pouco espaço de crescimento no Brasil, o que dificultava uma realocação.

Tudo bem, se ele não consegue se mover, a outra opção era eu mesma me mover. Parecia difícil, mas não impossível. Estava decidida a fazer o máximo de esforço para que aquela paixão não terminasse em uma grande desilusão e fosse apenas uma história bonita de um curto momento da minha vida para ter apenas na memória.

A partir desse momento, passei a vasculhar a internet em busca de oportunidades de trabalho internacionais relacionadas com a minha área de atuação. Na época, o tipo de trabalho de pesquisa clínica que eu fazia tinha muita carência de profissionais, pois era um setor globalmente muito aquecido, em busca do meu tipo de perfil profissional. Por isso, em questão de poucas semanas, eu já estava fazendo minhas primeiras entrevistas, mas, por mais que avançasse nos processos seletivos das empresas na Alemanha, havia sempre um empecilho que empresa nenhuma estava disposta a resolver: o visto de trabalho, que concedia permissão legal para que eu trabalhasse no país. O processo de "patrocinar" um visto de trabalho para latino-americanos parecia algo complexo, com que a maioria das empresas não queria se envolver, e, sem o visto, os processos seletivos acabavam interrompidos. Depois de algumas entrevistas frustradas por conta dessa questão burocrática e de perceber que minhas chances estavam sendo impedidas por uma questão puramente documental, eu também fui clara com ele que eu não iria abrir mão do meu lado profissional e da minha independência financeira. Eu tinha pavor de pensar em depender de alguém. Liebezinho me surpreendeu com uma pergunta que eu não esperava:

— Liebezinha, você aceita casar comigo? — ele perguntou, um pouco apreensivo com o que eu diria.

Casados, conseguiríamos resolver os trâmites burocráticos que impunham a nossa distância, eu teria minha independência financeira e poderíamos viver aquele sonho na plenitude.

Fiquei muito surpresa. Eu me sentia tão em paz com ele, tão feliz, a gente se entendia e tinha tantas coisas em comum, e eu não via a hora de estar perto dele de novo, para valer! Senti que era o certo a fazer, então aceitei a proposta de casamento.

Eu fui atrás da papelada necessária no Brasil, ele verificou a papelada necessária na Alemanha e chegamos juntos à conclusão de que o processo ia ser menos demorado no Brasil. Depois, seguiríamos com a documentação brasileira do casamento apenas para ser validada na Alemanha, o que era um processo muito mais simples e rápido. Enquanto a gente providenciava todas as vias, traduções e apostilamentos necessários para que os documentos fossem válidos para as autoridades no Brasil e na Europa, também precisei calcular como ficaria a organização da minha família no Brasil.

Meu irmão mais novo, o Victor, queria continuar estudando em Foz do Iguaçu, onde já estava bem ambientado. O Emanoel, irmão que morava comigo em São Paulo, já estava analisando a possibilidade de fazer um intercâmbio no Canadá para melhorar seu conhecimento de inglês. Na minha cabeça, pensando no planejamento e manejo de tudo e todos, era uma questão de manter o Victor onde ele estava, acelerar os planos do Emanoel, me casar no Brasil, alugar meu apartamento de São Paulo, me mudar para a Alemanha e, pronto, tudo resolvido! "Simples assim", pensava. Dentro de poucos meses, quando toda a papelada estivesse estabelecida, eu poderia ainda submeter às autoridades locais um pedido com o intuito de tentar levar o Victor e o Emanoel para viverem comigo na Alemanha, a fim de terem um melhor ensino e oportunidades. Pensei que seria fácil levá-los, já que eu tinha a tutela deles, fator que, nos meus pensamentos, poderia facilitar o processo.

E, por mais que tivesse sido difícil comprar e montar meu próprio apartamento, todo o trabalho, a dedicação, as renúncias, não me lembro de ter pensado duas vezes sobre deixar tudo para encontrar uma maneira de ficar com o Liebezinho. Era o que eu queria! Aluguei meu apartamento mobiliado super-rápido, provavelmente porque tudo estava novo e muito bonito. Estava pronta para celebrar aquele momento e focar mais a minha própria felicidade!

Nós nos casamos literalmente na segunda vez que nos vimos; entre o nosso primeiro encontro e o casamento se passaram menos de três meses. Com a papelada toda resolvida, Hubert desembarcou em São Paulo na metade de junho para nos casarmos no civil no Brasil. O casamento foi marcado exatamente para a semana em que eu completava 28 anos — comemorados discretamente com uma pequena reunião no salão de festas do meu prédio. Convidei apenas alguns poucos amigos e meus irmãos, que o Hubert nem conhecia ainda. Todos estavam encantados com o Hubert, felizes por mim e ao mesmo tempo muito surpresos com a nossa velocidade em resolver tudo que era necessário. E, bem no meio da festa, Hubert usou todo o seu português da época para impressionar quem estava ali celebrando comigo.

— Liebezinha, você quer casar *de mim*? — ele disse em voz alta e tímida, bem no meio do salão.

Parece simples, mas para o Liebezinho, que era tão reservado, foi um grande feito. Era evidente que ele estava se esforçando, tanto que todos os meus amigos ainda lembram disso com carinho até hoje. Não apenas pela autenticidade, mas também porque ele tentou fazer o pedido de casamento em português, embora tenha cometido alguns erros na construção da frase. Todos acharam isso fofo. E eu, que já havia concordado com a ideia muitas semanas antes, aceitei novamente. No entanto, dessa vez, não havia mais segredos; era um evento diante de todos os presentes.

Nosso matrimônio aconteceu sem que nossas famílias soubessem de nada. Sabíamos que a família dele não iria aprovar nossa decisão repentina de nos casarmos. Do meu lado, não estava preocupada com o que minha família iria pensar, porque estava focada em olhar para mim e buscar a minha felicidade. Não queríamos ouvir julgamentos e simplesmente optamos por não comentar nada com quase ninguém. Apenas meu irmão Emanoel e alguns amigos mais próximos nos acompanharam. Celebramos de forma discreta no renomado restaurante Famiglia Mancini Trattoria, em São Paulo.

Entre as burocracias e duas vias de todos os documentos, não conseguimos nem tempo para ter uma lua de mel. Logo após resolvermos os trâmites no Brasil, Hubert voltou para o seu trabalho na Alemanha, enquanto eu, recém-casada e já com meu apartamento em São Paulo alugado, me abriguei por algumas semanas na casa de uma amiga enquanto providenciava os detalhes finais do visto alemão. Assim que o visto chegou às minhas mãos, dei os próximos passos. Pedi as contas na Covance, garanti que o Emanoel chegasse ao Canadá e que o Victor estivesse bem em Foz do Iguaçu. Era hora de fechar minhas malas e seguir rumo ao aeroporto. Liebezinho me esperava ansiosamente do outro lado do Atlântico.

3

Parte da grande coragem que eu tive para largar tudo também tinha a ver com a segurança pela perspectiva do mercado de trabalho da Alemanha, que estava bastante aquecido na minha área. Minhas chances de ficar desempregada eram mínimas e, ao mesmo tempo, eu não queria perder a oportunidade de viver aquele amor incrível que havia encontrado.

Além disso, me sentir amada, acolhida, segura, sendo cuidada e respeitada por alguém em quem eu podia confiar de olhos fechados eram sensações inéditas para mim, mas tão boas, tão confortáveis, que não iria deixar, de maneira alguma, essa chance passar sem que eu pudesse tentar. Emprego era algo simples de resolver, eu sabia que conseguiria outro, mas alguém que gostasse de mim daquele jeito? Não estava disposta a arriscar perdê-lo.

Cheguei em solo alemão com muita coragem e um punhado de boas recomendações vindas do Brasil, inclusive da Marcia Pahl, que tinha sido minha gestora na minha temporada na Roche. Por conta da indicação dela, fui conversar com a vice-presidente de uma empresa de biotecnologia alemã que estava com vários estudos clínicos globais, alguns deles acontecendo na América Latina, chamada ImClone. Na época, a empresa tinha acabado de ser adquirida pela Eli Lilly e buscava por profissionais para formar a equipe global de pesquisa clínica. "Sou a pessoa perfeita para isso", pensei, enquanto me direcionava para uma primeira entrevista.

Eu realmente tinha todas as habilidades e experiências necessárias para a função de gerente para a qual eu havia me candidatado, mas o histórico cultural dos latino-americanos não me ajudou nessa hora. Finalizada a entrevista de trabalho, a executiva foi franca e direta comigo, exatamente como costumam ser os alemães.

— Seu currículo é ótimo, ainda mais porque temos alguns estudos que acontecem em mercados da América Latina. Por aqui, costumamos levar em consideração referências e experiências na Europa, e as suas são todas vindas da América Latina. Pensei no seguinte: consigo oferecer a você uma posição de assistente de pesquisa clínica global, o que acha? — disse a vice-presidente global da companhia.

A notícia era um grande balde de água fria na minha perspectiva de futuro. Eu era qualificada para o cargo que estava em aberto e sabia que daria conta da função, mas ainda não tinha ganhado a confiança da pessoa que estava me contratando. Por alguns segundos, passou pela minha cabeça que nada daquilo fazia muito sentido. Saí de um cargo de liderança no Brasil, com estabilidade e experiência na área, e agora estava diante de uma oportunidade como assistente, o que significava retroceder sete anos na minha carreira, além de me colocar diante de um trabalho bem mais operacional do que estratégico. Ainda que um pouco contrariada com o retrocesso profissional, aceitei a oferta sem titubear. O que era um pequeno recuo profissional em troca de dar o pontapé inicial na vida profissional na Europa, ao lado de um grande amor? Eu iria sobreviver àquela frustração.

— Acho ótimo, muito obrigada pela oportunidade, garanto a você que não vou decepcioná-la. Minha esperança é que você passe a ter outra visão dos latinos depois! — disse, enquanto abraçava a executiva em agradecimento por aquela chance, para logo na sequência pensar comigo que abraçar uma alemã porque ela tinha me dado uma oferta de trabalho não era exatamente a melhor forma de modificar a percepção que eles tinham sobre a "emotividade" dos latinos.

Ela me passou uma data estimada para o início das minhas atividades, o que me dava umas boas semanas de "férias" antes de iniciar a minha jornada de assistente de pesquisa clínica em solo europeu. Aproveitei as férias e estudei muito. Assim que aceitei a oferta, me matriculei em uma escola de idiomas para um intensivo de alemão, onde passava quatro horas por dia dedicada a aprender a língua local. O esforço valeu muito a pena! Logo na primeira semana, pude interagir com conversas curtas com o time na sua língua materna, o que gerou um primeiro impacto positivo.

— Você sabia falar alemão e não nos disse nada, Katia? — alguns me perguntavam em tom de brincadeira, surpresos com minha velocidade de aprendizagem.

Mesmo que a vaga fosse para um cargo "menor" do que eu tinha me aplicado, queria fazer aquela experiência ser a alavanca do meu sucesso. Meu otimismo me ajudava também a enxergar as partes boas daquela atividade profissional, que envolvia a chance de trabalhar em projetos de pesquisa clínica de fase um, algo que eu ainda não tinha feito anteriormente. Como a empresa tinha vários projetos do tipo, pedi para participar de um deles, como uma forma de enfrentar um desafio profissional inédito. Decidi ousar e fazer uma proposta para a vice-presidente.

— Sei que eu sou uma assistente, mas queria ter uma responsabilidade e participar em algum projeto importante e de impacto. Será que você consegue me envolver em uma pesquisa clínica de fase um? — eu me dispus logo nas primeiras semanas de trabalho.

— Interessante. Estamos com alguns estudos para uma pesquisa clínica de fase um para acontecer, um projeto bem complexo, para o qual contratamos um diretor. Contudo, por conta dos processos de contratação aqui na Alemanha, ele só deve começar daqui a três meses. Acho que você pode ajudar em alguns detalhes operacionais enquanto esperamos por sua chegada — ela me contou.

Descobri, durante essa conversa, que o aviso prévio alemão poderia chegar a 90 dias, o triplo do tempo que costumávamos cumprir no Brasil. Esse tempo foi uma excelente oportunidade para que eu estudasse o projeto em detalhes, executasse e também implementasse o máximo de atividades possível antes da chegada do diretor.

Essa oportunidade acontecia em paralelo às minhas responsabilidades habituais no cargo para o qual fui contratada. Como assistente, eu era chamada para reuniões internacionais, nas quais eu precisava tomar notas de tudo o que era discutido e preparar resumos das principais decisões. Eu gastava muita energia mental nessa atividade, pois eram conversas intensas, conduzidas em inglês, o que exigia grande atenção ao que estava sendo dito. Além disso, eu também preparava apresentações, ajudava no planejamento dos estudos clínicos e na criação de manuais.

Minha dedicação era de corpo e alma, como sempre fiz com todas as oportunidades que apareceram no meu caminho. E o resultado veio: em três meses, os quais incluíram visitas ao Japão, onde a pesquisa iria acontecer, o projeto de pesquisa clínica de fase um (que eu nunca tinha feito antes!) conseguiu ser devidamente aprovado para começar. Quando o novo diretor começou seu trabalho, ele já pisou na empresa com o projeto pronto para seguir adiante!

Poucas semanas depois desse feito, fui chamada para uma conversa privada com a vice-presidente e o presidente da empresa. Estava bastante apreensiva, já que me encontrava em período de experiência. Respirei fundo e mantive a calma para ouvir o que eles tinham a dizer.

— Katia, estamos muito impressionados com o seu trabalho. O que você tem feito me levou a reavaliar minha decisão. Dar conta de um projeto com a complexidade de uma pesquisa de fase um no Japão não era algo que esperávamos de uma assistente, mas você conseguiu fazê-lo com maestria, destreza, em um tempo recorde. Por isso, estamos aqui para lhe fazer uma nova oferta: queremos promover você para o cargo de gerente, que é mais compatível com as capacidades que você tem demonstrado desde o seu primeiro dia nesta empresa.

Abracei a vice-presidente de novo! Dessa vez, eu quase me contive, mas sabia que ela já estava mais acostumada com o meu jeito latino. Agradeci efusivamente e fiquei ainda mais feliz de saber que a promoção vinha acompanhada de um aumento do salário, ações da empresa e o pleno reconhecimento do time. Tinha sido um semestre pra lá de turbulento, mas que finalmente estava se estabilizando da melhor maneira possível.

3

Aos 28 anos, estava plenamente consciente que vivia um momento inédito. Tive a coragem de atravessar o Atlântico para viver o grande amor que tinha visto surgir na minha vida. Fiz diversos movimentos profissionais ousados, inclusive uma retração de cargos, para continuar atuando na minha área na Europa. Consegui ajudar o Emanoel com seus estudos no Canadá e sentia que o Victor estava no caminho certo em Foz do Iguaçu. Enfim, tinha a paz interior de que a minha família estava bem assistida.

Na Alemanha, nossa situação era bem confortável. O meu salário, como colaboradora de uma empresa multinacional, e o do Liebezinho, que atuava como engenheiro mecânico da Audi, eram equivalentes. Éramos um casal que compartilhava tudo, não existia o meu dinheiro ou o dinheiro dele, tudo sempre foi nosso. A combinação do estilo alemão dele e do meu jeito latino era perfeita e, juntos, nosso poder aquisitivo nos tornava uma família de classe alta na Alemanha. Eu só tinha gratidão pelo universo.

Morávamos em um apartamento aconchegante no último andar de um edifício, em uma área nobre, com vista para o rio Neckar, na cidade de Neckargemünd. A localização era conveniente, pois ficava perto de nossos locais de trabalho: Heilbronn, onde a Audi estava localizada, e Heidelberg, onde estava o escritório da ImClone.

Rapidamente, também fizemos amizade com uma senhora muito carinhosa do andar inferior, a Frau Ptak, que, mesmo com seus mais de 85 anos e os fios de cabelo bem grisalhos, não parecia nem um pouco frágil. Com 1,70 de altura, Frau Ptak não era só mais alta que eu, mas também mais sábia e muito elegante! Vaidosa, estava sempre muito bem-vestida e quase nunca a vi sem suas joias, que eram quase sua assinatura. Independente, ela fazia por conta própria as compras do mercado, dirigindo seu carro para cima e para baixo. Seu carinho conosco se traduzia em ações muito gentis da parte dela, que sempre deixava alguma fruta da estação ou quitute na nossa porta. Nossas interações eram sempre muito afetuosas, repletas de atenção e cuidado, o que fazia Frau Ptak ter um lugar muito especial no meu coração, como uma pessoa muito querida. Falar com ela me fazia lembrar da minha avó Erna, só que com uma saúde de ferro!

Com o tempo, conheci a Melanie, que foi a minha primeira amiga na Alemanha. Ela também foi funcionária da ImClone e até hoje tenho na memória a lembrança dela abrindo e fechando a porta para mim quando fiz o meu processo seletivo. Ela se casou mais tarde com o Andreas, que era o vice-presidente da área clínica da empresa, e que foi também um dos decisores no meu processo de contratação. Segundo ele me confidenciou uma vez, o que o fez defender a minha contratação foi que ele tinha "visto algo dentro de mim" que o fazia acreditar que valia a pena apostar em mim. Andreas falava muito pouco, mas quando o fazia era sempre algo inteligente e perspicaz, praticamente um Google da medicina. Em determinado momento da nossa amizade, ele me presenteou com uma gata tricolor fofíssima, que foi um dos grandes amores da minha vida. Sou muito suspeita para falar, mas talvez a ideia de trazer a Mimi para viver conosco tenha sido uma das ideias mais geniais do Andreas! Mimi era uma gata muito carinhosa, mas quando chegou em casa ainda estava muito arisca e assustada. Levamos semanas para conseguir fazer um carinho nela, de tão receosa que estava.

Essa proximidade e esse carinho dos alemães com quem convivi também me fizeram questionar as visões estereotipadas que costumamos ter sobre eles no Brasil. O que me diziam era que eu deveria esperar por comportamentos frios, distantes, talvez diretos demais. Que poderia ser difícil fazer amigos. E lá estava eu recebendo cestas com frutas da estação de presente da vizinha de baixo e adotando uma gata alemã presenteada por um colega de trabalho. Conviver com os alemães me fez ter outra visão sobre eles, bem diferente do que me disseram e certamente muito mais prazerosa.

O que fui percebendo é que a Alemanha é um país organizado e que se preocupa em facilitar a comunicação ao se esmerar em fazer com que boa parte da população saiba falar inglês, de modo que o idioma não seja uma barreira de entrada. Eles são, sim, mais objetivos e diretos, com uma atitude mais reservada, mas isso não significa que não saibam ser afetuosos. A diferença é que eles tendem a ser bastante seletivos com os amigos, que costumam ser poucos, mas com os quais eles são muito atenciosos, e dos quais esperam um relacionamento recíproco. Ou seja, se você quer ser amigo de um alemão, é bom estar preparado para se dedicar a essa amizade para o resto da sua vida!

Os choques culturais com os alemães foram surpreendentes, mas nada desagradáveis. Reparando no detalhe, dá para ver que eles são quase mais burocráticos que os latino-americanos, dando uma enorme preferência a escrever, tanto no trabalho (onde tudo é bem documentado) quanto na vida pessoal (com troca de cartas ou e-mails entre amigos). Os alemães também são, via de regra, muito coletivamente conscientes. Os resíduos são tratados de maneira muito criteriosa — ai de quem colocar o lixo reciclável na lixeira incorreta! — e, mesmo podendo trafegar a altíssimas velocidades nas suas rodovias (especialmente nas *autobahns*, que não têm limite de velocidade), o número de acidentes era considerado bastante baixo.

A sociedade como um todo parece ter um acordo que preza pela garantia de direitos fundamentais e sociais, ainda que isso lhes custe altos impostos, que eles pagam com diligência, sabendo que a verba será convertida em ótimos serviços públicos, como saúde e educação, o que reduz drasticamente a disparidade social. Dessa forma, por mais que os filhos de pessoas de diferentes classes sociais tenham diferenças financeiras, o Estado garante um mínimo e reduz drasticamente a miséria, que parecia tão presente na minha infância.

Até o frio do inverno deixou de ser um desafio! Por mais que muitos comecem a tremer só de pensar em ter que viver em uma região que pode chegar a ter temperaturas abaixo de zero, fato é que eu prefiro passar frio na Alemanha do que no Brasil. Por conta da calefação e do cuidado térmico que as construções europeias costumam ter, o inverno por lá é bem mais confortável do que os que vivi na Argentina ou no Sul do Brasil, e permite incluir muitos passeios culturais, em locais dedicados a exposições de arte, apresentações teatrais e uma enorme variedade de museus.

A proximidade com outros países da Europa também sempre foi algo muito fascinante para mim. Não foi uma nem duas vezes que usamos o nosso descanso do final de semana para pegar uma estrada e "dar um pulo" na Suíça, Áustria, passar alguns dias em Paris ou embarcar em um voo rápido até a Itália. Essa reduzida distância geográfica também incentivava uma imensa diversidade de pessoas no meu convívio profissional. Não era raro que britânicos, franceses ou suíços viessem passar quatro ou cinco dias a trabalho na Alemanha. As pessoas circulavam pelas fronteiras como quem cruza do Paraná para São Paulo, com uma leveza e confiança incríveis. E, por conta da excelente malha de transportes rodoviários, ferroviários e aeroviários da Europa, nenhuma dessas viagens era tão sofrida como as que eu tinha feito com a União Cascavel entre Foz do Iguaçu e Porto Velho.

Conforme os meses foram passando, minha impressão era de que eu ia me descobrindo cada vez mais alemã. Os pães da Alemanha? Adoro. Seguir as regras? Eu não apenas considero isso necessário, mas também fundamental para manter um convívio harmonioso. E a consciência de usar produtos biológicos sem aditivos químicos ou agrotóxicos? Uma supervanguarda. Aprendi a valorizar o ar fresco (o *frische luft*) que eles adoram fazer circular pelas casas e nos escritórios mesmo durante o inverno, entendi a importância de caminhar em meio à natureza (mesmo no frio!) e me tornei uma exímia jardineira a fim de garantir flores e folhas para dar um ar aconchegante à casa. A minha adaptação à cultura alemã foi tão boa que em certo momento o Liebezinho chegou a brincar que eu era uma brasileira falsificada, de tão alinhada aos valores alemães que eu estava.

No entanto, vale registrar que mantive meu lado latino-americano vivíssimo! A cultura do corpo livre (*freikörper kultur*, a FKK), por exemplo, que incentiva a naturalização dos corpos nus e permite que homens e mulheres fiquem nus nas saunas? Não era para mim. O pudor latino-americano, além das lembranças das regras que aprendi durante a infância, me impediram de abraçar esses comportamentos. Certas coisas seriam sempre um choque para mim, não importava o quanto eu me adaptasse à cultura local.

4

Aos finais de semana, o Hubert também tinha o hábito de pegar alguns dos carros de teste que estavam sendo desenvolvidos pela Audi para que passeássemos um pouco nas cidades ao redor. Eram automóveis lindíssimos, muito finos e elegantes, que estavam disponíveis para que alguns funcionários os usassem e relatassem quaisquer problemas que pudessem ser resolvidos ainda na fase de desenvolvimento, o que fazia eu me sentir em um filme do cinema. Quem me via circular dentro do último modelo de luxo da Audi pelas estradas de Baden-Württemberg e da Baviera, óculos escuros e cabelos ao vento, jamais imaginaria de onde eu tinha vindo e os desafios que eu tinha superado para estar ali, desfrutando aquele momento especial. Dentro de mim só tinha um sentimento: gratidão!

Era também uma vida surpreendentemente boa para o Liebezinho, que também vinha de uma família de origem humilde, ainda que ele não tivesse passado as necessidades que vivi na infância. Seus pais eram agricultores, proprietários de um pequeno vinhedo no sul da Alemanha. Para quem conhece pouco da rotina rural, dizer que meus sogros eram produtores de vinho pode parecer algo de alta classe, mas a verdade é que todo mundo ali trabalhava muito duro na rotina árdua do campo.

Até a decisão do Hubert de cursar a universidade foi tema de debate na família, que preferia que os filhos pudessem se dedicar ao negócio familiar e cuidassem da fazenda. E, da mesma forma que aconteceu comigo, o que permitiu que nossas histórias se desenvolvessem de modo diferente do que nossa origem familiar apontava foi exatamente a oportunidade de nos desenvolvermos nos estudos. No caso do Hubert e seus irmãos, a vantagem foi que o Estado alemão esteve presente de forma muito mais intensa durante a formação fundamental deles, quando professores identificaram o potencial dos alunos e apontaram para eles as possibilidades que teriam se avançassem nas suas formações.

Houve, é claro, certa resistência da família ao ver os filhos se dedicarem aos estudos de computação, eletrônica ou mecânica em vez de focarem os esforços no cotidiano da vinícola que mantinha as contas da família em dia. O irmão mais velho de Hubert já tinha se "rebelado" e foi para a universidade assim que pôde. Como filho do meio, Liebezinho sofreu um pouco menos, mas ainda precisou contornar os choros e as críticas da mãe quando escolheu ir para a faculdade. Ele trabalhava nas férias para pagar pelas suas acomodações e se alimentava de espaguete sem molho para economizar durante os anos de graduação. Já o meu cunhado mais novo foi o último a se matricular em uma faculdade, ainda sob protestos dos pais, que entendiam a dedicação dos filhos aos estudos como um "descaso" com o negócio da família. É curioso pensar que, por mais que hoje os filhos sejam muito bem-sucedidos, eles passaram por inúmeros perrengues para se formar.

Por isso, naquele momento das nossas vidas, não era só eu que estava vivendo um sonho. Meu marido também estava no ponto alto da sua vida, aproveitando a bonança depois de anos de dedicação na universidade. O nosso encontro e casamento apressado parecia não ter nos dado tempo de celebrar as nossas vitórias, mas nos sentíamos radiantes, muito felizes, bem posicionados e com uma vida muito confortável. Ainda carregávamos o comedimento das pessoas de origem humilde, sem esbanjar nem comprar coisas caras, mas nosso posicionamento social nos permitia ter acessos e confortos que não tínhamos imaginado que algum dia poderíamos ter e viver.

Até que, depois de alguns meses, já bem instalados no nosso apartamento e confortáveis nos nossos trabalhos, chegamos à conclusão de que era hora de comemorar de maneira apropriada esse nosso encontro, de compartilhar nossa alegria com os amigos e a família. Era hora de fazer uma festa de casamento de verdade, para que todos pudessem receber um pouco dessa energia boa que estávamos sentindo.

E, como sonhar não tem preço, me permiti sonhar bem alto: já que estamos na Europa, e se o casamento acontecesse num castelo? Pode parecer impossível, mas, com os contatos certos e um investimento nosso, seria sim muito viável.

5

Se viajar no tempo fosse possível e eu pudesse contar para a Katia de 12 anos que ela teria uma vida de Cinderela, a ponto de encontrar seu príncipe encantado e se casar num castelo, ela talvez risse na minha cara. Tudo o que ela tinha na época era uma vida de gata borralheira, nada disso parecia provável de acontecer. Só que aconteceu. E foi incrível!

Parte do motivo para que a gente se dedicasse a pensar em uma festa assim surgiu como uma forma de celebrar com a família do Hubert, que ficou muito surpresa quando soube do nosso casamento no civil no Brasil, feito às escondidas. A família do Liebezinho sempre foi muito querida comigo, mas demonstrou grande indignação por não ter sido convidada para o casamento.

— Vocês se casaram sem nem nos convidar — lamentou minha sogra, com cara de desapontada.

Era uma verdade desconfortável mesmo. Agimos na velocidade da paixão, mas não tínhamos dado espaço para que pessoas queridas do nosso entorno celebrassem com a gente. Pensando nisso, assim que ficamos mais adaptados ao trabalho e à nossa casa, começamos a fazer planos para uma festa de casamento, agora na Europa. Queríamos que fosse algo especial, quando todos que não tinham sido envolvidos na primeira cerimônia pudessem celebrar conosco.

E, em vez de serem estressantes, os preparativos foram uma alegria à parte. Escolhemos nos casar em uma pequena igreja privada dentro do Palácio de Schwetzingen, onde apenas músicos autorizados poderiam tocar as músicas, já que o órgão musical era tombado historicamente. Também pudera, havia sido o mesmo instrumento tocado no século passado por ninguém menos que Mozart! Por mais de uma vez pudemos ter "concertos particulares" enquanto selecionávamos as canções clássicas que seriam a trilha sonora desse nosso momento mágico.

Tão mágico que talvez eu nunca vá me esquecer da alegria e da emoção de adentrar a capela do castelo ao som da marcha nupcial de "Cânone em Ré Maior", em um vestido branco *off-white*.

A festa aconteceu em um salão logo ao lado do jardim da igreja, e o local era tão bonito que não foi nem necessário investir tanto na decoração. Entre os convidados, estavam nossos amigos da Alemanha, os familiares do Hubert e pessoas próximas a mim que foram à Alemanha especialmente para a ocasião.

Tudo aconteceu de maneira muito mágica e emocionante. Nós nos casamos em junho, em pleno verão europeu, exatamente no dia do meu aniversário de 30 anos. Começamos o casamento por volta das 14h e só fomos encerrar doze horas mais tarde, já na madrugada. Os brasileiros que estavam presentes aprenderam na prática como os alemães podem ser muito doces e afetuosos, além de muito festeiros. Os primos do Hubert, por exemplo, organizaram uma surpresa incrível para mim, entrando juntos no salão de festas dançando ao som de samba e empunhando uma bandeira do Brasil e, para minha surpresa, estavam todos só de sunga. "Carnaval! Samba!", eles diziam em português, enquanto dançavam a música de Carnaval em um ritmo engraçado demais.

Eles também se dedicaram a preparar uma série de brincadeiras para tirar sarro dos noivos e integrar os outros convidados da festa. Em certo momento, projetaram um mapa do Brasil em uma das paredes e convidaram o Liebezinho a vir ao "palco" para demonstrar seus conhecimentos sobre o país, questionando sobre onde ficava São Paulo, onde era Foz do Iguaçu, para que lado ficava Rondônia. Foi hilário!

Eu também não fui poupada das piadas e brincadeiras. Logo na sequência, projetaram um mapa da Alemanha e me questionavam coisas semelhantes. "Onde fica Munique? E a Baviera?". O Liebezinho, claro, acertou muito mais perguntas sobre a geografia brasileira do que eu sabia sobre a Alemanha, nós rimos demais e nos divertimos muito.

A lua de mel, a partir do dia seguinte, aconteceu com uma lindíssima viagem para Praga, na companhia dos meus amigos que tinham vindo do Brasil. Circular com eles pela Europa foi ótimo e muito divertido. Passeamos muito, caminhamos até os pés doerem e aproveitamos cada um dos dias que passamos juntos. Eu me sentia vivendo em um sonho que tinha se tornado realidade. Tinha encontrado paz em um relacionamento repleto de respeito, confiança e admiração de ambos os lados.

Fotografia do nosso casamento na Alemanha. (Fonte: Acervo Pessoal)

Juntos no jardim do Castelo onde nos casamos. (Fonte: Acervo Pessoal)

Tudo aos 30

*A vida é como andar de bicicleta.
Para manter o equilíbrio, você deve se manter em movimento.*
(Albert Einstein)

1

O problema é que todo sonho parece que acaba quando a gente acorda pela manhã. Minha vida era repleta de alegrias e de situações incrivelmente felizes e inéditas para mim, mas, conforme os meses foram passando, algumas partes do meu plano foram "falhando". Fiz tudo o que o governo alemão me pediu a fim de tentar trazer meus irmãos para viver comigo em Neckargemünd, mas as nossas solicitações eram insistentemente negadas. Acionamos todas as instâncias possíveis, mas o resultado era sempre o mesmo: os burocratas não concediam a autorização que era necessária para que Emanoel e Victor pudessem vir morar conosco.

Eu seguia auxiliando meus irmãos a distância, mas sentia que não era assim que eu queria manter meu relacionamento com eles. Sentia falta de ter uma conexão mais intensa e estar mais próxima. Tinha a sensação de que eu estava falhando em minhas responsabilidades com eles, além de uma saudade profunda que ia se acumulando dia a dia.

Às vezes, acordava de manhã cedo e subia no terraço de casa para sentir o sereno dos dias mais amenos, observar a mudança da cor das folhas das árvores ao longo do outono, sentir o tempo frio se aproximando quando o inverno começava a dar as caras, enquanto observava a água do rio Neckar correr tranquila, quase sem ruído, logo no meu horizonte. "Por que é que toda esta beleza não me completa?", pensava comigo mesma, cada vez mais consciente de que o que eu buscava de verdade não estava na beleza da natureza, no conforto da casa ou na capacidade de ser remunerada em euros e de trabalhar em equipes globais.

Fui aos poucos entendendo que a maneira de lidar com isso seria mesmo voltar ao meu país, por melhor que fosse a vida na Europa. Essa decisão aconteceu ao longo de meses, quando externei a vontade de retornar a São Paulo, tanto para o meu marido quanto para os meus gestores na ImClone.

Comentei essa mesma vontade com minha rede de contatos e rapidamente recebi uma proposta da Roche, por intermédio da Marcia Pahl, que me convidava a retornar a trabalhar no departamento dela, dessa vez em uma posição gerencial que ela tinha aberta naquele momento. Resolvi informar à vice-presidente da ImClone que meu plano de retornar ao Brasil tinha sido antecipado, e comentei que estava com uma oferta de trabalho da Roche. Ela foi bem direta e me disse o seguinte:

— Você faz parte do nosso quadro de talentos! Não posso deixar você ir sem antes lhe apresentar uma alternativa ou uma melhor solução. Não assine essa proposta e me dê dois dias — ela disse, com tanta confiança e autoridade que me vi sem alternativas a não ser esperar mesmo.

Em dois dias, eu recebi uma contraproposta: uma nova oportunidade, acompanhada de uma promoção, que iria me permitir seguir gerenciando todos os projetos de pesquisa clínica em oncologia, mas agora alocada no escritório da Eli Lilly em São Paulo. Ponderei com cuidado, pois ambas as ofertas eram muito interessantes, mas decidi agradecer à Roche e aceitar a contraproposta da ImClone. O que mais me doeu foi dizer não para a Marcia, mas eu sabia que ela iria entender todos os motivos da minha decisão final.

Correspondendo positivamente à minha movimentação profissional, o Liebezinho também passou a movimentar sua rede de contatos dentro da Audi, em busca de uma oportunidade de recolocação no Brasil, o que em pouco tempo também se converteu em uma oportunidade para ele. Pensando em retrospecto, essa movimentação para ele sempre fora possível, porque ele tinha excelentes qualificações, mas não tinha demonstrado interesse em mudar de área ou experimentar a vida em outra região. Ele estava feliz e satisfeito na sua zona de conforto, mas foi "contaminado" pelo meu espírito inquieto, que o fez pensar diferente e buscar arriscar também com novas experiências e oportunidades.

Em questão de semanas, estávamos ambos com excelentes ofertas de trabalho nas nossas respectivas áreas, em escritórios brasileiros. Hora de refazer as malas rumo a São Paulo.

A minha história de vida, antes marcada por dificuldades na busca de emprego, agora me presenteava com a oportunidade de escolher entre duas multinacionais. Essa situação me fez refletir sobre o quanto eu tinha avançado em busca de meus sonhos, que todo o meu sacrifício e determinação tinham valido a pena. Sei o que é não ter opções, porque vivi a frustração e agonia que sentimos nessas horas. Em um encontro interno comigo mesma, olhei para dentro de mim e respirei fundo, agradecendo ao universo por ter opções diante de mim.

2

Eu já estava tão acostumada com o nosso terraço na Alemanha que preferiria mil vezes mais viver em uma casa do que em um apartamento, de modo a poder ter espaço que possibilitasse olhar para cima e ver o céu. Queria também ter um vasto quintal para cuidar das minhas plantas e abrigar outros animais de estimação além da Mimi. Em todo caso, a melhor opção naquele momento era voltar a viver no meu apartamento em São Paulo.

Enquanto estudávamos as oportunidades de moradia nesse retorno ao Brasil, nos encantamos com uma casa em um condomínio fechado em Jundiaí, no interior de São Paulo, a cerca de uma hora da capital paulista. Colocamos o apartamento da Vila Leopoldina à venda (o que me rendeu o dobro do lucro sobre o investimento) e usamos os valores para dar entrada na casa, que estava ainda praticamente na planta. No tempo que a construtora precisava para finalizar o imóvel, nos organizamos para passar uma breve temporada em um apartamento que também compramos em São Bernardo do Campo, cidade do ABC paulista, na região metropolitana de São Paulo.

Parte desse movimento nosso como casal também envolvia um plano um pouco mais amplo da nossa família. Isso porque o início dos meus trinta anos fez certo relógio biológico apitar, e não era o meu: era o relógio da paternidade do Hubert, que queria muito se tornar pai. Tínhamos um relacionamento tão firme, tão apaixonado, e tínhamos curtido tanto os últimos anos juntos que esse parecia mesmo o caminho mais esperado como família.

Contudo, uma parte de mim ainda pensava de maneira muito racional sobre a maternidade. Cuidar de bebês e de crianças dá um imenso trabalho, como eu sabia pela prática ao cuidar dos filhos da minha prima e do Victor ao longo da sua primeira infância. Coordenar uma rotina com crianças também envolve uma série de dificuldades logísticas e comportamentais, como eu tinha experimentado quando fiquei responsável pela guarda dos meus dois irmãos mais novos. Eu não tinha o romantismo da maternidade em mim, até porque meu relacionamento com a minha mãe não tinha sido nenhum mar de rosas. O que eu via era a necessidade de muita dedicação, muita paciência e uma responsabilidade infinita que iria envolver preocupações que eu levaria para o resto da vida. Eu tinha muito claro que diversas vezes, na fase de adolescência e vida adulta, os filhos podem não compartilhar dos mesmos valores que os pais, com o risco de se perderem ao escolherem caminhos ruins, além de estarem sujeitos à influência do mundo externo, o que pode levar a decisões sem volta.

Ao mesmo tempo, no meu interior, esse era um dos primeiros momentos da minha vida em que eu podia me preocupar apenas comigo e com a minha própria felicidade, em vez de dar conta de cuidar de alguém que estivesse sob a minha tutoria. Ter filhos nesse momento significaria abrir mão dessa "liberdade" e eu não tinha tanta certeza de que queria dar esse passo. Mesmo sem conseguir dizer "eu quero ser mãe" com a confiança que eu acreditava que era necessária para uma decisão desse tamanho, topei tentar ser mãe porque meu marido queria muito ser pai, e eu queria muito que ele pudesse realizar seus sonhos e seus desejos de futuro.

Quando o primeiro teste positivo de gravidez chegou, o Liebezinho fez uma enorme festa. Eu, em contrapartida, olhava para o resultado e não estava assim tão convencida de que isso seria evidência de uma felicidade futura.

— Katia, com tudo o que você está vivendo e já viveu, tenho certeza de que você será uma ótima mãe. E o mundo precisa de mães como você — disse-me uma amiga, tentando me animar com o prognóstico da gestação que estava por vir.

Segui, dia após dia, incrédula com o que me diziam. Todo mundo que me prometia a chegada de um "amor infinito" ganhava de mim apenas um sorriso sem graça. "Será que eu seria capaz de ser uma boa mãe?", pensava comigo mesma. Sem referência do que era uma boa mãe, só sentia questões abertas dentro de mim, mas fui aos poucos criando um mínimo entusiasmo, até porque era difícil resistir à alegria do Liebezinho, que vibrava com planos de futuro para o bebê.

Quando completamos oito semanas de gestação, em um dos exames de rotina, a minha obstetra não conseguiu detectar a presença de batimentos cardíacos. Uma tensão estranha tomou conta do ar e ela respirou fundo, antes de constatar que eu havia mesmo sofrido um aborto espontâneo. A notícia fez o Liebezinho desatar a chorar de tristeza e me deixou um pouco perdida sobre o que fazer. Entendia a dor imensa dele, mas não sentia a mesma coisa. Minha preocupação se resumia a pedir explicações para a equipe médica sobre a possível causa, próximos passos e protocolos. Eu sabia, por conta da minha formação em enfermagem, que provavelmente uma gestante que tivesse sofrido um aborto precisaria passar por uma curetagem, mas a médica me aconselhou a aguardar alguns dias antes de agendar o procedimento, para ver ser o próprio corpo cuidaria de expelir o feto naturalmente. Caso nada acontecesse dentro de alguns dias, eu precisaria retornar ao hospital para realizar a curetagem, procedimento cirúrgico que remove tecidos do bebê do útero da gestante nos casos em que a gestação é interrompida.

Consolei o Liebezinho como pude, mas entendi que era um processo de luto gestacional dele também, que precisaria de tempo para processar a interrupção do seu sonho de ser pai. Enquanto isso, eu seguia dedicada ao meu trabalho, comparecendo a reuniões e tocando projetos novos, especialmente porque eu acabara de ser convidada para assumir uma nova área na empresa, como diretora de *market access*. O cargo significava não apenas uma promoção, mas também uma nova experiência com demandas inéditas, incluindo diversas questões estratégicas ainda a definir. Por isso, minha sensação era de que "eu não tinha tempo" para perder com emoções como luto ou para digerir tudo que estava acontecendo.

Os dias se passavam e nada do meu útero expelir os tecidos conforme o esperado, o que significava que eu precisaria mesmo marcar a curetagem. Apesar de ser um procedimento cirúrgico, trata-se de algo simples para os parâmetros médicos, de modo que levar um acompanhante era opcional. Com a agenda bastante atribulada por conta do meu novo cargo, o único horário que consegui era na tarde de um sábado, logo após uma reunião importantíssima que aconteceria na parte da manhã. Avisei o Liebezinho para que ele me encontrasse diretamente no Hospital Israelita Albert Einstein, onde a equipe médica realizaria o procedimento. Estava tudo sob controle, me sentia agindo de forma responsável diante dos fatos e trabalhando da melhor forma para que a minha vida pessoal não interferisse nas minhas entregas profissionais.

Deixei meu carro com o motorista do valet, me identifiquei na portaria e avisei que tinha um procedimento agendado. A recepcionista me tranquilizou confirmando que os horários estavam todos dentro do previsto e que o procedimento começaria na hora marcada, bastava aguardar que chamassem minha senha no visor da sala de espera. Por lá, estavam apenas eu e um senhor já de idade, acompanhado do seu filho. Logo eles foram chamados, o que me deixou completamente sozinha naquela sala de espera. Foi nesse momento que eu senti todas as emoções reprimidas virem com toda a força, como se meu corpo fosse uma barragem que finalmente não daria conta de represar todo aquele *quantum* de energia.

Uma melancolia intensa tomou conta de mim. Eu me sentia tão sozinha, tão indefesa, tão fragilizada... Uma torrente de sentimentos negativos passou por mim e tive que me segurar muito para não chorar bem no meio da sala de espera. Sabia que o Liebezinho estava a caminho (provavelmente tinha ficado preso no trânsito), mas naquele instante eu estava por conta própria, sozinha, completamente desamparada.

Quando o visor piscou com a minha senha, simplesmente fechei a minha "barragem" e represei tudo de novo dentro de mim. Levantei da cadeira como se eu carregasse todo o peso do mundo, mas me dirigi para o centro cirúrgico com um pé diligentemente na frente do outro, acompanhada de um pensamento fixo: "preciso me separar do Hubert". Eu sabia que ele queria muito ser pai, e ele merecia muito poder realizar esse sonho. "Quem sabe, se eu me separasse dele agora, talvez ele conseguisse encontrar alguém que pudesse realizar esse sonho dele ou que compartilhasse desse mesmo sonho", ouvia minha voz interna concluir, como se fosse o próximo passo óbvio.

O procedimento aconteceu sem intercorrências e fui movida para um quarto, onde fiquei em observação até que o efeito da anestesia passasse. Quando acordei, Liebezinho já estava ao meu lado, com um ar consternado, de preocupação e tristeza. Assim que recebi alta e cheguei em casa, decidi que era hora de tomar medidas drásticas.

— A partir de hoje, eu vou dormir no quarto de visitas. Acho que o nosso casamento acabou. Eu não quero impedir você de ser feliz, acho que você deve seguir sua vida e tentar conhecer uma pessoa, para que você possa viver essa experiência de ser pai com alguém que também queira — comuniquei a ele, como quem passa uma orientação protocolar.

Estávamos tão abalados que nem me recordo ao certo o que ele me disse. Seu olhar tinha um tom de incredulidade e confusão, como quem não estava entendendo absolutamente nada, mas eu dizia tudo com tanta segurança e firmeza que ele não se permitiu me questionar. Peguei meu travesseiro e fui para o quarto de visitas, onde passei a me abrigar pelas semanas seguintes. Dali em diante, circulamos pela nossa casa como quem divide uma residência e não como um casal. Eu entendia que ficar com ele também significava impedi-lo de realizar seus sonhos, o que era inconcebível para mim. Preferia a tristeza da distância à culpa de tirar dele a chance de realizar seu sonho de ser pai.

3

Apesar de determinada a encerrar meu casamento de maneira pacífica e civilizada, fato é que eu estava muito triste e absolutamente perdida sobre o que fazer. Não conhecia nenhuma história como a que eu estava vivendo e tinha poucas pessoas com quem conversar sobre o assunto. Para piorar, foi pouco antes dessa época também que eu e o Emanoel passamos por alguns desentendimentos intensos. Entramos em um cabo de guerra, comigo, de um lado, querendo corrigir os caminhos dele, que estavam tortuosos; e ele, do outro, com a certeza de quem quer tomar as rédeas da própria vida e não está muito disposto a ouvir o que os outros têm a dizer.

Esse atrito, contudo, se transformou em distância e ficamos três anos sem nos falar. Foi um período especialmente solitário, porque eu não costumava envolver a família nos meus problemas. De modo geral, eu era a solucionadora dos problemas dos meus irmãos e da minha mãe, mas não tinha muito apoio quando passava por dificuldades. Nessa época, sofri muito não só pelo fim da minha gestação e pela crise no meu casamento, mas também pela distância do meu irmão. Eram muitos lutos para viver de modo tão simultâneo.

Até que um dia, quase me afogando em tanta tristeza, resolvi escrever novamente para o Khaled, o egípcio que tinha conhecido na Fundação Frederich Naumann. Ele sempre tinha sido muito maduro, e quem sabe, por ser doze anos mais velho, eu pudesse ter algum conselho ou recomendação para me ajudar. Contei o que tinha acontecido comigo e a situação em que meu casamento se encontrava. Ele lamentou muito, me consolou e me atualizou sobre sua situação de vida, que envolvia um casamento malsucedido que tinha se transformado em uma separação em questão de seis meses. Khaled tinha seguido todo o protocolo desejado pela sua família de se casar com uma mulher muçulmana, mas descobriu bem rápido que aquilo o fazia miserável e infeliz. Sua mentalidade era secular, mas ele vivia em um país onde as tradições culturais eram muito fortes. "Antes só do que lamentando a companhia", ele me contou. Entre trocas de mensagens, senti que vivíamos momentos de vida semelhantes, apesar da diferença de idade entre nós.

— Também estou em vias de me separar, porque descobri que alguns dos nossos projetos de vida parecem incompatíveis. Confesso que estou me sentindo um pouco sem rumo, como se a vida não estivesse mais tendo sentido, apesar de tudo o que eu conquistei até hoje — escrevi a ele em uma das nossas muitas mensagens.

O curioso é que eu estava em um momento profissional de vida muito bom. A promoção da Eli Lilly e o sucesso do meu projeto por lá fez com que a Janssen, parte do grupo Johnson & Johnson, notasse meu perfil e me fizesse uma oferta para atuar com *market access* na América Latina, o que eu prontamente aceitei. Ou seja, eu agora estava muito bem posicionada em um cargo estratégico regional, em uma área muito promissora dentro da indústria farmacêutica, mas a minha vida pessoal parecia que ia desmoronar diante dos meus olhos.

— Katia, por que você não dá uma espairecida deste momento e vem pra cá? Eu coloco minha casa no Mar Vermelho à sua disposição. Mudar de ares pode ajudar você a refletir melhor sobre o que você vai querer daqui em diante — ele sugeriu.

No auge da minha confusão sobre o que fazer da minha vida naquele momento, aceitei a oferta e comprei minhas passagens para o Egito. Talvez passar uma temporada do outro lado do mundo fosse a coisa certa a fazer, nesse caso? A minha vontade era sumir do mapa, mas talvez, com uma distância maior da minha casa no Brasil, eu conseguisse pensar de modo mais claro e eficiente. Eu não sabia, mas estava disposta a tentar.

Enquanto eu fazia os preparativos para passar essa temporada fora, via o Liebezinho acendendo a vela que tínhamos recebido no dia do nosso casamento. Essa era uma vela enorme que, segundo a tradição alemã, os casais deveriam acender para ajudar a "iluminar o caminho" em momentos de crise. Eu não queria pensar muito sobre iluminar o nosso caminho, a não ser com a assinatura do divórcio.

Ao mesmo tempo, eu também me sentia muito inconstante nos meus sentimentos e decisões. E se, em um dia, eu tinha certeza de que precisava partir e abrir espaço para que o meu atual marido pudesse ser feliz realizando seu sonho com outra pessoa, em outro momento eu também pensava em tudo o que eu deveria ou poderia fazer para manter nosso relacionamento de pé. O que será que eu precisava fazer para reatar nosso casamento ou para desfazer esse nó em que a gente tinha se enfiado?

Nessa tempestade de sentimentos, sobrou para todo mundo, inclusive para a minha produtividade profissional. Tinha dias em que eu não tinha o menor ânimo para trabalhar, mas usava toda a minha disciplina para diligentemente realizar todas as entregas. Tanto é que em nenhum momento recebi qualquer feedback negativo relacionado a quedas na minha performance. Ainda não consigo acreditar como consegui manter o lado profissional em pé sem ninguém perceber que eu estava vivendo um caos na vida pessoal.

Observando hoje, com o devido distanciamento, não acho absurdo pensar que eu passei por um período de depressão, inclusive considerando o turbilhão hormonal que o início da gestação e a posterior interrupção podem ter causado no meu organismo. Sofri por mim e por ver o Liebezinho sofrendo, e decidi sair de casa. Se eu não ia resolver nada, ao menos eu iria espairecer, como tinha sugerido o Khaled. Algumas amigas tentaram me impedir, lembrando-me que isso poderia configurar abandono de lar, que no Egito as coisas não eram seguras para as mulheres, mas eu ignorei totalmente qualquer conselho e fui, porque tudo que eu queria era sumir, mesmo que fosse do continente.

4

É claro que a oferta da casa na praia não vinha sem segundas e até terceiras intenções. Khaled era separado e seguia sendo um gentleman. Talvez por conta da minha fragilidade emocional ou pela ânsia de fazer algo que me fizesse sentir feliz de novo, fato é que ficamos juntos intensamente mais uma vez ao longo de duas semanas. Voltei ao Brasil com um pouco mais de certeza de que a separação do Hubert seria mesmo o melhor caminho para nós e sinalizei que ele deveria mesmo conversar com a advogada que eu tinha escolhido para cuidar do nosso caso.

Após alguns meses de contato mais próximo com o Khaled, ele foi mais explícito em relação a seus planos comigo. Disse que gostava de mim, e me questionava se não era hora de oficializarmos nosso relacionamento.

— Quero alguém para dividir os dias comigo e adoraria que esse alguém fosse você. Casa comigo? — ele pediu.

Fiquei paralisada, sem muito o que dizer, porque para mim era uma questão muito delicada. O movimento de Khaled fazia muito sentido, especialmente naquele momento de sua vida. A situação econômica do Egito não ia muito bem, seu pai acabara de falecer e sua mãe, já idosa, tinha amolecido suas muralhas rígidas e conservadoras referentes à religião e estava disposta a aceitar o relacionamento do filho com uma mulher que não fosse muçulmana.

Além disso, Khaled estava também em vias de obter sua cidadania europeia e fazia planos de adquirir uma nova residência no Chipre, onde estaria geograficamente mais livre das imposições culturais de seu país e próximo da irmã, que vivia na Europa. O convite era exatamente este: me casar com ele e viver uma vida financeiramente confortável e cheia de descobertas no Chipre, uma ilha do Mediterrâneo.

Apesar de a proposta ser muito sedutora, me vi imersa em uma imensa confusão. Estava ainda saindo de um relacionamento que parecia fracassado porque o meu marido queria ter filhos e eu não, e agora Khaled queria me trazer para sua vida com o intuito de construir família e ajudá-lo a selecionar a melhor casa para vivermos em um novo país.

Cheguei a embarcar para o Chipre e visitar alguns imóveis ao lado de Khaled como se fôssemos já um casal, mas aquela situação começou a me causar uma ansiedade que foi se transformando em um intenso desconforto e até em certo pânico. Alguns dias eu acordava certa de que aquele era o caminho a seguir, mas, ao final da tarde, a saudade do Liebezinho tomava conta de mim de forma absoluta.

E foi justamente depois de sair de uma casa lindíssima que estávamos avaliando no Chipre que tive o estalo que precisava. Não era uma questão de escolher ficar com o Hubert ou com o Khaled, de escolher qual amor valia mais ou me cuidaria melhor.

O que eu precisava mesmo era cuidar de mim e focar a minha carreira e as minhas vontades e desejos. Eu não queria ser mãe e tinha isso muito claro para mim, por isso não poderia continuar com o Hubert. Ao mesmo tempo, aceitar o convite do Khaled significaria ao menos por um período me ver completamente dependente dele, tendo que recomeçar minha carreira em outro continente mais uma vez. E, por mais que eu soubesse que meu currículo era bom e que eu tinha chances de encontrar boas oportunidades já que eu atuava em uma carreira e área internacionais, isso não era o que eu queria para mim naquele momento, ainda mais considerando que o Khaled também tinha desejos de se tornar pai.

Com o coração partido e cheia de tristeza, expliquei ao Khaled que gostava muito dele, mas que nada daquilo seria possível, porque eu não estava disposta a renunciar às minhas conquistas e à minha independência financeira para recomeçar uma vida com perspectivas de ter filhos. Ele tentou argumentar de n maneiras, era um homem maduro e não me forçou à situação, respeitou meu espírito livre. Ambos sofremos um pouco com a desilusão.

Nesse meio-tempo, por mais que eu pressionasse o Hubert para que cuidasse da papelada do divórcio, ele seguiu desviando do assunto. Cheguei ao ponto de sugerir que ele entrasse no Tinder para buscar alguém que o fizesse feliz, mas ele seguia dizendo que eu estava sendo precipitada e que precisávamos apenas de um tempo. Até que, em certo momento, após dez meses de separação, ele me chamou para uma conversa muito franca e séria, já sem aquele ar tão fúnebre no rosto, a vela do nosso casamento estava apagada. Era um sábado de manhã, nos encontramos na cozinha de casa e ele começou a falar de uma forma muito calma e tranquila:

— Acho que chegou a hora, Katia. Sinto que estamos ambos preparados para finalmente assinar o nosso divórcio. Acredito que vamos conseguir fazer isso de forma muito amistosa — ele me comunicou.

— Faz sentido, porque sempre agimos com muito amor, sabedoria, confiança e admiração um pelo outro. Seria ótimo que a gente terminasse assim também. Inclusive, estou vendo que você está muito bem-vestido hoje. As conversas do Tinder finalmente deram certo? — provoquei.

— Sim, estou indo passar o final de semana com alguém que eu conheci recentemente — ele respondeu, esboçando um sorriso meio envergonhado.

Desejei que ele se divertisse, enquanto tive que conter dentro de mim uma emoção inesperada: eu tinha ficado devastada de vê-lo sorrir ao pensar em outro alguém. Sem saber como lidar com aquela emoção, peguei meu carro e fui passar o dia em um spa no interior de São Paulo.

Pensei que sair para cuidar de mim era o que eu precisava, em vez de me preocupar com amores egípcios e alemães. E por mais que eu quisesse relaxar e meditar, eu só conseguia chorar. Foram duas horas e meia de choro na ida, mais duas horas e meia de choro na volta, além de todas as lágrimas que eu deixei na sauna, na maca de massagem, na banheira de espuma. Por mais que eu tentasse, aquela informação de que o Liebezinho estava buscando a felicidade com outra pessoa em outro lugar e sem a minha presença tinha tirado completamente a minha paz, exatamente a paz que eu senti no dia que a gente se conheceu.

Será que o divórcio era realmente o que eu queria e precisava? Quer dizer, se fosse isso mesmo, por que é que eu estava tão arrasada agora que eu tinha conseguido o que queria? Talvez não fosse bem isso. Talvez eu não estivesse tão preparada para me separar dele. Voltei do spa muito fragilizada, sentindo que minha vida tinha perdido a paz em definitivo. O que eu iria fazer agora? Não tinha respostas, mas uma tristeza infinita.

5

Estacionei na garagem de casa ciente de que eu teria uma montanha para escalar. Justo eu, que passara o último semestre e meio martelando na cabeça do Hubert para que ele encontrasse alguém e me desse o divórcio, agora chegaria ao ponto de ter que convencê-lo do contrário, ainda que eu me mantivesse firme com a ideia de não ser mãe.

Assim que entrei em casa, tomei um susto: o Hubert estava lá.

— Ué, o que você está fazendo aqui? Você não ia sair neste final de semana? — questionei, um pouco surpresa e um tanto sarcástica.

— Eu ia, mas decidi não ir — ele respondeu.

— Aconteceu alguma coisa? — questionei.

— Bem, essa foi a primeira vez nesses meses que estamos distantes que eu senti no seu olhar que você não está segura de que quer se separar. E eu continuo não querendo me separar de você, mas já sofri tanto que estava preparado para assinar os papéis, se fosse preciso. Será que existe alguma coisa que a gente possa fazer para resgatar o nosso casamento? — ele perguntou, de um modo ao mesmo tempo muito profundo e muito sincero.

Ninguém havia me preparado para viver algo desse tipo, com essa intensidade e com essa confusão de sentimentos. Nada estava claro, tudo estava muito confuso, eu estava com os olhos inchados de tanto chorar e, sem nada a perder, fui absolutamente sincera e verdadeira.

— Eu não sei o que está acontecendo comigo, mas também sinto que não quero me separar de você. Sei que têm sido dez meses de altos e baixos, e só tenho conseguido manter meu lado profissional em dia, mas no restante estou absolutamente perdida, sem rumo, sem paz! Tem dias que parece que estou vivendo um inferno e em outros é como se eu estivesse em piloto automático — desabafei. — E eu não quero esconder nada de você, nesse meio-tempo eu encontrei aquele meu ex-namorado no Egito e... — desembestei a falar, ao que ele prontamente me interrompeu.

— E eu não me importo, porque para mim não existe nada mais importante do que eu e você. Não quero saber de detalhes nem de nada, eu só quero saber se você acha que a gente ainda tem chance de resgatar nosso casamento, porque para mim isso é o mais importante — ele disse enquanto olhava bem no fundo dos meus olhos.

— Mas é que eu continuo perdida! Achei que estava preparada para assinar o divórcio e aqui estou eu, completamente transtornada! — disse, enquanto mexia os braços, já exasperada de não saber o que fazer. Justo eu, que sempre resolvi tudo, não sabia como iria resolver aquela situação. Achava injusto ele não viver o sonho dele de ser pai.

— Então, vamos recomeçar. Devagar, mas vamos recomeçar — ele disse, abraçando-me. Sempre fomos verdadeiros na nossa relação.

Depois que eu me acalmei, o Hubert foi diligentemente até o quarto de visitas, pegou as minhas roupas e o meu travesseiro e os levou de volta para o nosso quarto. Naquele dia, no jantar, marcamos de fazer uma viagem juntos. Foi um processo de resgate demorado, mas pouco a pouco fomos recomeçando a nos aproximar. E, conforme os dias iam passando e a gente ia se reconectando, eu sentia aos poucos minha paz voltar, como se uma calma viesse ocupar meu coração. Passei a sentir de manhã certezas que se mantinham até a noite e que permaneciam com o passar dos dias. Era aquilo mesmo que eu precisava, aquilo mesmo que eu queria. Nossas conversas também ficaram ainda mais francas e claras, ao mesmo tempo que mantinham os afetos.

Em uma das refeições que fizemos juntos, expliquei calmamente ao Liebezinho que aqueles meses tinham sido terríveis para mim, mas que eu continuava não me sentindo preparada para ser mãe, e que eu sentia certa pressão dele, dos médicos e da sociedade para que eu tivesse filhos, mas era algo que eu não estava certa de que queria, me sentia obrigada.

— É um projeto grande demais, delicado demais e importante demais para eu fazer sem sentir essa certeza no meu coração — contei a ele.

— Eu não sabia que você sentia essa pressão toda. Entendo o que você está me dizendo, e, por mais que eu queira muito ser pai, não quero que você se sinta pressionada a ser mãe por mim. Se formos tentar de novo no futuro, será um desejo de nós dois — ele me prometeu.

Ao longo dos meses, voltamos a nos entender e nos conectar como antes e o relacionamento estava mágico de novo. Eu seguia sem ter uma resposta muito boa para a pergunta que me martelava na cabeça "Quais são as razões pelas quais desejo ser mãe?", mas já estava com 37 anos e os médicos diziam que, se eu queria arriscar, a hora era essa, ou deveria pensar em congelar os óvulos. Ficamos grávidos novamente, mas, da mesma maneira que tinha acontecido na primeira gestação, em poucas semanas sofri um novo aborto espontâneo. Passei pelo processo de curetagem novamente, mas dessa vez os médicos aconselharam a fazer um exame no feto, para entender o motivo do aborto. E, como já se especulava, esse segundo aborto tinha ocorrido naturalmente por conta de uma falha genética.

Só que dentro de mim essa segunda gravidez interrompida significava muito mais do que um problema genético. Significava que o meu corpo não estava de acordo com o que minha mente estava me dizendo para fazer. Sentia que eu tinha racionalmente dado uma chance para que nós tivéssemos um filho, para que o Liebezinho pudesse realizar o sonho de ser pai, mas o meu próprio corpo estava recusando essa ideia.

— Liebezinho, eu não vou tentar de novo — disse para ele depois de algumas semanas de reflexão. Olhei dentro daqueles olhos claros dele e vi até um brilho diferente, úmido, mas o que eu ouvi foi a coisa mais romântica que poderia sair daqueles lábios.

— Tudo bem, Liebezinha. Estou tranquilo com essa decisão, o importante é que a gente esteja bem, em paz e feliz — ele me assegurou.

Foi a partir desse momento que fomos ficando cada vez mais em paz com a ideia de que a gente não iria ter filhos, e que isso não faria de nós um casal menos feliz ou uma família menos completa. Para mim, ouvir isso do Liebezinho também foi uma fonte de grande alívio, de sentir que um peso tinha saído dos meus ombros. Porque, a cada dia que passava, eu sentia que não só a sociedade, mas também a medicina, me pressionavam com um prazo máximo para tentar fazer isso acontecer. Entendia os limites fisiológicos para a gravidez, entendia a pressa dos médicos, do meu marido, da sociedade, mas também ouvia meu próprio coração e corpo dizendo "não, não quero". Até aquele momento, eu me sentia como um obstáculo para que meu marido pudesse viver seu sonho, como se meu corpo não estivesse "funcionando" a contento, mas percebi que na verdade eu estava me obrigando a fazer algo que eu mesma não estava certa de que queria, o que gerava um enorme desconforto e uma intensa ansiedade dentro de mim.

Pode parecer contraditório amar crianças e ao mesmo tempo não desejar ser mãe. Fato é que eu adoro brincar com os meus sobrinhos e com os filhos de meus amigos. Só que até hoje não consigo me ver dando uma resposta satisfatória para a pergunta mais básica que uma mulher pode fazer sobre seu futuro reprodutivo, que é "por que eu quero ser mãe?". Eu não tenho um porquê, não consigo dar essa resposta convincente a mim mesma e, por isso, penso que, se eu não sei responder, é porque provavelmente eu não quero. E, se eu não quero, não há por que eu mesma me obrigar a fazer algo a contragosto. No final, tomar a decisão de não ter filhos foi o que deixou meu coração em paz.

Decidir não ter filhos é tão complexo e complicado como decidir tê-los, com o adicional de que a gente sempre acaba tendo que se justificar sobre os motivos pelos quais um casal saudável e feliz não quis tê-los. Sinto que com o passar dos anos encontrar um casal como nós, que vive feliz, se apoia, viaja e curte a vida juntos e que não tem filhos se tornou menos incomum, mas ainda assim vez por outra me vejo sendo questionada. A minha certeza, contudo, jamais arrefeceu nos últimos anos, e parece se solidificar a cada vez que eu ouço uma história trágica de pais que lidam com problemas com seus filhos pequenos ou adolescentes.

Acredito que até hoje existem muitas mulheres que lidam com esse tipo de indecisão sobre se tornarem ou não mães, e espero que elas possam chegar a uma resposta satisfatória e confortável para suas vidas. Se uma amiga ou conhecida viesse me questionar como é a vida de uma mulher casada sem filhos, eu diria que ela pode ser incrível, repleta de coisas boas e felicidades diversas, e que a convivência com crianças pode acontecer das mais diferentes formas.

O segredo, para mim, é conseguir responder de forma satisfatória os motivos pelos quais se quer ser mãe e garantir que esses motivos dizem respeito a si mesma, e não aos outros. Se você tem uma resposta para essa pergunta e está convencida no seu coração de que ela é suficiente, isso basta, na minha opinião. O mais importante é sentir no fundo do seu coração que isso é uma verdade para você, que é um motivo suficientemente bom ou justo ou razoável para iniciar a jornada da maternidade. Saber "por que você quer ser mãe" não precisa ter motivos, justificativas, racionalização, mas precisa ser o suficiente para convencer o seu coração e lhe dar paz. Não vale a pena decidir ser mãe porque o seu marido quer ser pai, ou porque os seus pais querem ser avós ou porque seus irmãos querem se tornar tios, ou até porque a sociedade espera filhos vindos de você. Eu tentei por duas vezes, mas por alguma razão o universo não permitiu que eu tivesse filhos. Meu coração se sente em paz com isso e hoje, apesar dos pesares, sou grata por ter tomado a decisão mais certa para mim, escutado meu coração e resgatado o meu relacionamento.

6

A grande alegria de estar de volta ao Brasil foi ter meus irmãos sob o mesmo teto, enfim a família reunida! Entretanto, houve dias calmos, mas também com turbulências. Eles eram adolescentes, e, por mais que eu tentasse fazer o meu melhor, eles lidavam com suas frustrações emocionais intensificadas com a ebulição dos hormônios da juventude. Do outro lado estava eu tentando cobrir uma ausência de pai e mãe. Nessa fase da adolescência, normalmente os pais são os chatos, os controladores, aqueles que estão errados, então esse era o meu papel e, de alguma forma, eu também fui tudo isso. Apesar de fazer tudo ao meu alcance para ajudá-los, não havia reconhecimento nem a compreensão de que eu os estava guiando da melhor maneira possível. Isso frequentemente me deixava frustrada. O Emanoel, meu irmão do meio, sempre foi o mais responsável, o mais dedicado aos estudos e o que não me causava tantas preocupações. Isso não significava, contudo, que a gente concordasse em tudo, nem que ele deixasse de ter atitudes que eu reprovava. Houve um desentendimento muito forte entre nós em 2013 e ficamos afastados por três longos anos. Foi um período dolorido, mas sinto que essa foi uma distância necessária para que cada um de nós pudesse crescer e se desenvolver emocionalmente.

Quando finalmente voltamos a nos ver, em um jantar a sós, percebi que estávamos ambos de coração muito aberto para aquele reencontro. Naquela ocasião, depois de tanto tempo sem nos falarmos, ele me contou que ao longo daqueles últimos três anos tinha conseguido um emprego como vendedor de sacos plásticos de lixo. Meu irmão agora estava pensando quais seriam seus próximos passos para continuar crescendo no setor. Foi nesse meio-tempo também que ele conseguiu finalmente conhecer o pai dele, que era gerente do supermercado em que minha mãe tinha trabalhado em Rondônia. Ele também teve a oportunidade de conhecer seus outros irmãos por parte de pai e estava encantado em descobrir essa outra parte da família dele, que era totalmente desconhecida. Somente naquele momento pude perceber com mais clareza que não ter uma base familiar era algo que fazia falta para ele. Por mais que eu tivesse feito o meu melhor para dar suporte, eu não era nem sua mãe nem seu pai, e essas figuras tinham mesmo feito muita falta para ele.

— Meu pai é um cara bacana, Katia, e eu também tenho uma irmã que mora em Brasília, que ainda vou conhecer — ele relatou, com brilho nos olhos.

Percebi, pelo tom de voz dele, que aquele movimento de conhecer a sua família paterna era algo que tinha feito diferença na vida dele. Ele nunca antes havia demonstrado suas emoções daquela forma e eu jamais imaginaria que o fato de ele não conhecer o próprio pai era algo que o afetava tanto.

Da minha parte, atualizei meu irmão sobre os meus movimentos de carreira, mas também sobre as tristezas da vida pessoal a que eu tinha sobrevivido naquele período. Ele me contou que seus relacionamentos amorosos não tinham ido adiante e que agora ele estava morando sozinho.

— Sinto muito que eu não tenha conseguido estar ao seu lado nesses momentos de tristeza, Katia — o Emanoel me disse, visivelmente consternado com a história que eu tinha compartilhado.

— Também queria poder ter tido contato com você, mas agora já passou, e eu estou feliz que você está comigo aqui hoje — respondi.

Desde então, nunca mais nos separamos e sempre mantivemos contato próximo. Tive o privilégio de testemunhar sua jornada de crescimento ao longo dos anos, comemorando com ele quando fundou sua própria distribuidora de sacos plásticos, que se transformou em um próspero empreendimento. Com o tempo, meu irmão expandiu seus negócios, conquistando uma ampla clientela em todo o Brasil. Seu último grande passo foi a aquisição de uma fábrica de plástico, consolidando-se como um bem-sucedido empresário. Além disso, à medida que ele passou mais tempo com a família do pai em Guarulhos, na região metropolitana de São Paulo, conheceu Silvana, sua companheira e mãe de seu filho.

Por outro lado, meu irmão mais novo, o Victor, depois que parou com o ciclismo, demorou para se encontrar. Ele fez amizades com pessoas nada legais, foi bem rebelde, não queria estudar, não queria trabalhar, foi muito difícil colocá-lo no eixo, me deu muito trabalho. Eu precisava ter um pulso firme e exigente com ele, o que nos colocava em pé de guerra muitas vezes, mas no final deu tudo certo. Não consegui convencê-lo a fazer uma faculdade. Isso acabou sendo uma grande lição para mim, que aprendi com o tempo: precisamos aceitar as escolhas das pessoas. Alguns anos mais tarde, ele montou sua empresa de instalação de gesso, faz o que gosta e trabalha com muito capricho, e acredito que isso é o mais importante: conseguir fazer algo que se ame e se goste. Ele também encontrou uma namorada supermadura e inteligente, além de ser bem querida. Ambos hoje vivem juntos em uma cidade no litoral de Santa Catarina e, como eu, são amantes dos animais. Hoje vivem com um lindo cachorro que resgataram das ruas e chamaram de Stark.

Por muitos anos, eu carreguei as memórias daquele pesadelo que tive com o Victor, com medo de fracassar em relação ao seu direcionamento para uma vida melhor. Reconheço que fui mesmo muito dura em relação à educação dele, assim como fui muito crítica sobre as escolhas de suas amizades e a sua forma de encarar a vida real. Sendo muito sincera, além de chata, eu também era careta, na visão do meu irmão. Hoje sei que, de certa maneira, temos personalidades muito diferentes e vemos a vida de forma distinta, mas mesmo assim dentro dos nossos corações existe o amor, ainda que muitas vezes reprimido.

Na penúltima vez que nos encontramos, quando estive visitando a família no Brasil, tive a chance de ter uma conversa muito franca e fraterna com Victor, que me deixou muito feliz. Ele me agradeceu por tudo o que fiz por ele, desde o meu esforço para trazê-los de Rondônia para São Paulo e também em outros momentos mais críticos da sua vida.

— Você foi um alicerce muito forte para mim, Katia. Fico imaginando que, se não fosse por você, talvez a gente ainda estivesse perdido na vida. Muitos dos meus amigos de Porto Velho acabaram presos, outros foram mortos... se eu estou aqui hoje, tem a ver com esse seu esforço de ser uma base para a gente.

Ouvir isso da boca dele realmente aqueceu meu coração.

Ao longo dessas adversidades com meus irmãos, aprendi lições valiosas que levarei para o resto da vida. Entendi a importância de não buscar reconhecimento externo, evitando assim frustrações, e voltei a lembrar que não deveria criar expectativas em relação aos outros e a me concentrar nas questões que posso resolver por conta própria. Muitas vezes, não percebemos que nossos pensamentos moldam nossa interpretação de uma mesma situação, o que pode representar um perigo de criarmos percepções errôneas. Compreendi que, por mais que ofereçamos ajuda, algumas pessoas simplesmente não querem recebê-la e devemos ser sábios para entender que cada um tem seu tempo. Também reconheci que o amadurecimento de cada um ocorre em sua própria velocidade, e é algo que eu também devo respeitar, reduzindo minha pressa nesse processo. Esses aprendizados me ajudaram a enfrentar os desafios dessa década e a encarar o futuro com mais confiança e serenidade.

Sei que há quem diga que aos vinte anos a gente se descobre e aos trinta anos se consolida. No entanto, talvez eu viva em anos de cachorro, como dizem os mais velhos, porque cada um dos meus anos parecia valer por sete. Conforme o meu aniversário de quarenta anos se aproximava de mim, eu me sentia cada vez mais confiante. Não foi uma década tranquila, com imensos altos e profundos baixos, mas as coisas estavam se acertando, meus irmãos estavam se encontrando e eu estava entendendo para onde eu queria ir. Parecia que eu já tinha vivido várias vidas em uma única década, mas a verdade é que muita coisa boa ainda estava por vir.

Vida nueva

> *Si no tienes miedo de que puedes*
> *fallar, nunca harás el trabajo.*
> (César Chávez)

1

Chegar para viver na América Central não foi apenas uma inédita oportunidade profissional, mas um salto de fé meu e do Liebezinho. Aquele movimento de carreira era imensamente sedutor, mas significava também que eu me tornaria a principal responsável pela manutenção financeira do nosso lar, ao menos até que Liebezinho encontrasse sua próxima parada profissional.

Compreendia perfeitamente o tamanho do compromisso que eu estava assumindo, mas não me permiti nem por um minuto sentir medo de falhar. Se eu pensasse em tudo que poderia dar errado, talvez jamais tivesse me arriscado a tentar. E hoje posso dizer que foi o melhor risco que eu me dispus a correr, porque me deu a chance de uma vida nova. Ou vida *nueva*, como diriam os panamenhos.

Foi ótimo que a Janssen tenha me convidado para assumir um novo cargo regional de *market access* baseado no Panamá justamente naquele meu momento de vida, depois de eu ter estabelecido limites claros para o relacionamento com meus irmãos, com meu marido e com a maternidade. É como se eu tivesse liberado espaço para que novas coisas pudessem acontecer na minha vida. E, depois de tantas "sacudidas" que levei ao longo dos meus trinta anos, me sentia muito pronta para aproveitar tudo de bom que estava por vir, de braços e coração abertos.

O processo de realocação nunca é fácil, mas sem filhos certamente foi menos desgastante. A empresa forneceu todo o apoio profissional e financeiro necessário para a nossa adaptação a uma nova cultura, um novo país e um novo idioma. Existiam profissionais para nos apoiar em tudo — desde os assuntos relacionados à mudança em si até no quesito de saber lidar com impostos, obter o visto de trabalho e de residência, a adaptação cultural, entre outros detalhes. Foi algo bastante intenso, porque eram muitas as coisas que eu e meu marido precisávamos aprender em tempo recorde, o que também muitas vezes gera uma sobrecarga em quem está sendo realocado para um novo país e, além disso, eu também estava assumindo novas responsabilidades profissionais que requeriam um alto nível de energia, dedicação e concentração. Confesso que a sobrecarga poderia ter sido aliviada se eu tivesse contado com uma mentoria de realocação, que pudesse nos apoiar naquele momento importante, para que essa nossa transição acontecesse de uma maneira menos cansativa e estressante.

Eu sentia que precisava de alguém com a compreensão profunda dos desafios envolvidos no processo de realocação. Queria poder contar com um profissional que pudesse nos oferecer orientação personalizada, conselhos práticos, um roteiro claro com estratégias para enfrentar os desafios específicos que surgem durante o processo de realocação, o que seria um importante suporte emocional para enfrentar essa fase de maneira mais eficaz. Embora tivéssemos o apoio de diversas empresas, tínhamos que lidar com elas de maneira fragmentada e separada, sem um ponto de contato que pudesse centralizar todo o processo. Perdi a conta de quantas vezes preenchi formulários, que na maioria das vezes pediam as mesmas informações, mas cada qual com um sistema próprio.

Lembro de estar em uma teleconferência e o Liebezinho me ligando porque faltava algum tipo de informação no formulário que o advogado de imigração precisava, ou algo que não estava no formulário que a empresa de logística queria. Tudo o que eu sonhava naquele processo era ter uma mentoria de realocação que pudesse me ajudar a evitar erros comuns, economizar tempo e recursos, e, o mais importante, proporcionar um suporte que teria feito toda a diferença na experiência de transição. Em retrospectiva, me arrependo de não ter sinalizado essa dor e frustração do meu processo de realocação com o departamento de recursos humanos, mas na minha vida problemas e desafios se transformam em lições. E essa seria uma lição aprendida que eu iria considerar em futuras mudanças, a fim de garantir uma transição menos desgastante e mais bem-sucedida.

Sem mentoria de realocação, eu contava com o Liebezinho para ajudar a lidar com todos os trâmites burocráticos da mudança e da transferência dos nossos gatos do Brasil para o Panamá (além da Mimi, tínhamos adotado também a Polly e o Max). A partir do momento em que ele deixou o trabalho na Audi, eu cuidaria de manter as contas todas em dia até que ele encontrasse um trabalho que o fizesse feliz. Sei que pode parecer um arranjo pouco usual, mas foi algo que consolidou nossa parceria, com um apoio mútuo para que cada um encontrasse satisfação pessoal e profissional. E, de verdade, isso não mudava nada a forma como sempre nos arranjamos como família. Tudo que foi meu sempre foi dele e tudo que foi dele sempre também foi meu, no final tudo foi e continua sendo sempre nosso. Não guardamos segredos entre nós e compartilhamos sucessos e fracassos em igual medida. Nossas conquistas nunca são individuais, mas sempre coletivas. A nossa relação seguia fundada nos três pilares que tinham nos trazido até ali: confiança, respeito e admiração. Sabia que era uma base forte o suficiente, que já tinha sido chacoalhada por turbulências e que certamente ia dar conta de nos fazer superar os desafios da adaptação a um novo país.

2

Vida nova, casa nova. Estávamos determinados a buscar um imóvel que pudesse se tornar nosso refúgio e nosso lar. Depois de algumas visitas, encontramos o lugar perfeito, em uma região de muito verde, cercado por uma reserva florestal. Compramos a casa para ter a chance de alterar o seu interior ao nosso estilo.

Sempre fui apaixonada por design de interiores e decoração. Acho que pelo fato de passar tantos anos vivendo em "casas inapropriadas", sempre prezei, dentro da minha realidade financeira, ter o melhor lar possível, com conforto e bem-estar. Pensamos em cada um dos cantos da casa, mantendo sempre a conexão com a natureza, muito paisagismo e muitas superfícies em madeira reaproveitada. Liebezinho usou seu tempo livre para se dedicar a construir quase a totalidade dos nossos móveis planejados. Embarcamos totalmente no projeto, de corpo e alma! Juntos, nós idealizamos uma mesa de centro de madeira maciça e um tampo lindíssimo para a nossa escrivaninha do escritório, que mescla galhos de madeira de diferentes larguras em uma peça resinada e bem-acabada. Cada espaço da nossa residência foi pensado e trabalhado com muito carinho, com o aconchego da madeira, a vivacidade dos jardins internos e do paisagismo externo, o detalhe de cada lustre e cada corrimão. Nem mesmo o piso foi escolhido ao acaso: cheguei a atravessar a Cidade do Panamá em busca da peça ideal.

Enquanto trazíamos nossas referências favoritas dos nossos lares no Brasil e na Alemanha para essa casa panamenha, Hubert também aproveitou seu ano sabático para rememorar com alegria antigos hobbies. Após terminar com afinco e dedicação os móveis da nossa casa, ele partiu da marcenaria para as aulas de piano, que o lembravam da sua juventude. Compramos um piano e instalamos na lateral da nossa sala de estar, com vista para o jardim, e a melodia das peças que ele treinava foram trilha sonora para muitas das histórias que narrei ao longo da construção deste livro, embalando o ritmo da minha narrativa. Cada vez fiquei mais feliz e agradecida por ter o Liebezinho ao meu lado, e a cada dia o admirava ainda mais. Ele não só era um erudito que estava aprendendo a tocar Mozart, como também tinha cinco patentes em seu nome, mas nunca mencionava a ninguém. Sempre com seu estilo discreto, foi um excelente marceneiro e fez coisas grandiosas para a nossa casa, que eu nem mesmo imaginava que ele seria capaz de fazer. No final, ele era como eu, uma pessoa simples, que saía todos os dias para caminhar com os cachorros e amava os animais e a natureza. Uma pessoa inteligente, analítica e perfeccionista, mas ao mesmo tempo tolerante com a minha organização minuciosa e meu desejo por uma casa sempre impecavelmente limpa. A companhia do Liebezinho nas minhas muitas aventuras me trazia segurança e felicidade, além de uma calma e tranquilidade que eu nem podia imaginar que seriam possíveis.

Alguns meses depois de termos desembarcado no Panamá e feito a maior parte da reforma da nossa casa, lembro-me de ter buscado um chá na cozinha e sentado na varanda para apreciar a paisagem. Respirei bem fundo e pude sentir o cheiro do mato, do verde, das plantas fazendo fotossíntese e limpando o ar. Ouvi os pássaros, os passos dos gatos, o som do vento batendo nas folhas. Expirei com calma, bem devagar, sentindo o diafragma esvaziar sem fazer força. Isso, sim, é vida! Isso que é paz!

3

Sentir calma e paz, para alguém agitada e cheia de afazeres como eu, era algo bem novo, mas muito gostoso de sentir, ainda que me parecesse inusitado. Eu era uma brasileira, filha de paraguaio, casada com um alemão, que já havia morado literalmente no Norte e no Sul do Brasil, que tinha vivido no conforto europeu, mas que agora estava se encontrando ao residir na América Central, na linda Cidade do Panamá.

E não tinha feito essa peregrinação continental sozinha. Além de Liebezinho ter vindo comigo nessa jornada, Mimi, nossa gatinha tricolor, também tinha vindo conosco por todas as casas que passamos, seu passaporte europeu era mais carimbado que o de muita gente. Ela viveu conosco na Alemanha, depois no Brasil e agora era a vez de nos acompanhar para o Panamá. Polly e Max, nossos outros dois gatos irmãos, que adotamos no Brasil, vieram na sequência, cada um em um voo separado, já que a companhia aérea só permitia um animal de estimação por passageiro. Foram viagens cansativas, mas importantíssimas. Mimi, Polly e Max completavam a nossa família!

Também fomos nos aproximando dos vizinhos e criando uma forte rede de amizades. Foi assim que conheci a Ediane, que se tornou não só minha amiga, mas uma grande parceira em um projeto que eu carregava no meu coração há anos: montar um abrigo para animais abandonados.

Ediane, assim como eu, também é uma amante dos animais. Quando contava para ela dos inúmeros cachorros e gatos que eu tinha tentado trazer para casa e cuidar no Brasil, ela não me reprimia, mas se empolgava junto. Em uma das nossas conversas, começamos a delinear se seria possível resgatar animais que estivessem em situações tristes de vida e ajudá-los. Somos amantes dos animais e sabemos o tanto de espaço e recursos que são necessários para manter os peludos.

Hoje, nosso abrigo tem capacidade para cerca de trinta gatos e pelo menos dez cachorros, que são tratados, vermifugados e esterilizados assim que chegam. Muitos deles acabam se tornando residentes fixos, porque, por conta dos maus-tratos que sofreram, acabam ficando com sequelas, como problemas motores, o que dificulta o interesse pela adoção. Alguns estão com a gente já há anos, são quase "de casa", ajudam a integrar os novatos, mas mais da metade deles acaba sendo de residentes fixos mesmo, que chamamos carinhosamente de "a nossa turminha".

Nos últimos quatro anos, já resgatamos mais de trezentos animais e contabilizamos pelo menos 150 que foram adotados depois de serem recebidos por nós. É uma grande vitória, principalmente porque estamos trabalhando majoritariamente com recursos próprios (ainda são poucas as doações). Da minha parte, enquanto eu puder, sempre vou dedicar parte dos meus ganhos para a causa animal.

No meu aniversário, por exemplo, sempre peço que as pessoas evitem me dar presente, prefiro que me deem uma doação de ração, de vacinas e vermífugos para os animais do nosso abrigo. Sinto que, depois de ter completado a "missão" de cuidar da minha família e dos meus irmãos, meu maior propósito de vida é ajudar a cuidar dos animais e da natureza em geral. Tenho planos de no futuro estabelecer uma organização não governamental (ONG) aqui no Panamá, com foco no cuidado dos animais e da natureza. É algo que eu tenho certeza de que gostaria de continuar envolvida por toda a minha vida!

Quando me permito sonhar sem limites, eu imagino que seria incrível poder construir um hospital veterinário que pudesse atender a todos esses animais que vêm de situações de miséria ou têm tutores de famílias humildes, que não possuem recursos para cirurgias ou castrações, por exemplo. É algo que visualizo, da mesma maneira que um dia visualizei conquistar minha vaga de trabalho na Roche ou o apartamento que comprei na Vila Leopoldina, em São Paulo. E, se você acompanhou bem minha história até aqui, já sabe que eu não renuncio aos meus sonhos e que sou uma pessoa determinada e de execução.

4

Nossa vida no Panamá estava tão agradável e completa, estávamos nos realizando tanto com nossas vontades e desejos, que começamos a nos permitir sonhar novos sonhos. Quase todo final de semana, saíamos eu e Hubert caminhando pela região, observando os terrenos à venda ao redor. Nosso plano era comprar um sítio e ter uma vida ainda mais próxima da natureza, onde eu não tivesse limitação de espaço para as plantas e o jardim.

Certo dia, decidimos ir a San Blas, um local paradisíaco, cheio de praias belíssimas, e bastante longe de casa. No caminho, estávamos com muita fome e paramos próximo a uma parada de ônibus para estacionar o carro e comer nosso lanche, já que na região não existe nenhum restaurante; foi quando eu avistei uma cachorra pequena, de pelo preto, muito magra. Desde pequena, sou muito apegada aos animais, ainda mais aqueles que parecem estar em sofrimento, e não consegui continuar comendo ao ver aquela doçura de cachorra morta de fome. Simplesmente me levantei com meu lanche em mãos e dei tudo para ela.

O problema com animais abandonados e em situação de miséria, como era o caso dessa que estava diante dos meus olhos, com o pelo infestado de pulgas e carrapatos, aparecendo suas costelas, é que o corpo deles fica tão frágil que eles não dão nem conta de manter a comida no estômago. Ela comeu o meu lanche com tanta fúria de fome que pouco depois acabou vomitando, como se o corpo não tivesse capacidade de processar tantas calorias. Fiquei com o coração partido e um nó na garganta. Só pensava que eu precisava levar aquela cachorrinha para casa, cuidar dela, limpar aquele pelo e salvá-la daquela situação miserável.

Queria levá-la imediatamente para o nosso abrigo, mas eu já sabia que não havia vagas. Estava lotado e infelizmente não haveria espaço para mais um. Começamos a caminhar de volta para o nosso carro, até que percebi que a cachorrinha continuava nos seguindo. No meio do nosso trajeto, eu com o coração contorcido, reparei que ela estava voltando para a casa dela, quando alguém que parecia o dono assobiou.

— Essa cachorrinha é sua? — perguntei em espanhol, já toda intrometida, acompanhando o trajeto dela.

— É, sim — o dono respondeu.

Logo ao fundo, reparei que ela tinha um filhote, ainda de olhos fechados. Questionei se era cria dela, ao que ele confirmou, dizendo que ela tinha aparecido ali com um cachorrinho havia apenas um dia. A angústia se transformou em indignação, depois em ímpeto. Virei para o Liebezinho, que provavelmente já antecipava o que iria acontecer, e lhe comuniquei o que eu estava pensando em fazer.

— Vamos levar eles daqui — decretei.

— Liebezinha, não dá, a gente não pode, já temos três gatos, vai ser difícil adaptar todos eles, vão acabar brigando... — ele tentou argumentar, talvez já sabendo que seria difícil me dobrar depois dessa decisão.

— Dá sim, a gente consegue dar um jeito de integrar todo mundo! E temos uma caixa dentro do carro, podemos tirar as coisas de dentro e levá-los ali dentro, até que a gente chegue em casa e consiga cuidar deles. Vai dar certo, confie em mim! — defendi.

Acho que ele ficou com tanto dó — dos cachorros ou da minha argumentação — que não conseguiu manter aquele não. Só faltava conseguir autorização do dono dos peludos.

— Viu, são seus esses cachorros? — retomei a conversa com o senhor.

— São, sim.

— O senhor se importa se eu levá-los para casa comigo, para cuidar deles? Vejo que eles estão bem debilitados e podem morrer — pedi, sem muita cerimônia.

— Olha, dona, ela está doente, este daqui está bem fraquinho, como você pode ver. Mas, sim... pode levar, se a senhora quiser — ele assentiu.

Talvez ele até gostasse dos animais, tivesse carinho e tudo mais, mas eu sei que as pessoas ficam às vezes sem condições de cuidar delas mesmas, imagine, então, de seus peludos. Além da cachorra e do filhote que eu estava adotando, vi ao fundo da residência dele mais dois cachorros, que provavelmente também estavam infestados de pulgas e carrapatos. Preferi nem prestar mais atenção, porque adotar dois já seria bastante. Ao menos, os outros pareciam um pouco mais fortes e, agora que seriam apenas dois, quem sabe conseguiriam se alimentar melhor. Às vezes precisamos pensar e nos sentirmos em paz porque estamos fazendo a diferença na vida de um animal, o que é melhor do que não fazer nada para nenhum.

Chegamos ao carro com a cachorrinha e seu filhote, que estava ainda com os olhinhos fechados. Provavelmente ele tinha menos de uma semana de vida! Acomodamos os dois dentro da tal caixa que havia no porta-malas e dirigimos direto para um pet shop, onde compramos vitaminas, vermífugos e loções contra pulgas e carrapatos. Minha preocupação era fortalecer a cachorrinha, que ainda estava amamentando, e precisávamos também eliminar as infestações dos parasitas. A logística de colocá-los no nosso quintal também não foi exatamente fácil, porque não podíamos levá-los cheios de pulgas e carrapatos para dentro de casa. Organizei um canto para ambos ficarem fechados e isolados.

Toda a comida que eu oferecia, ela simplesmente não mastigava, mas engolia com ansiedade e desespero. Tive que ir dosando pouco a pouco, para que ela não vomitasse. No dia seguinte, foi o dia do banho, removemos as pulgas e carrapatos mais visíveis. Cuidar de infestações assim é sempre desafiador, porque os insetos colocam ovos em uma velocidade incrível e com dimensões microscópicas. Eu também ficava preocupada em não contaminar os meus gatos. Depois de cinco dias cuidando da cachorrinha, à qual demos o nome de Bella, a encontrei convulsionando. Levei-a correndo ao veterinário, que detectou que Bella estava com a doença do carrapato e que precisava ser internada imediatamente. Ele enfatizou a gravidade da situação ao ressaltar que ela estava com uma temperatura de 42 graus. Sua condição era ainda mais preocupante em razão do seu estado debilitado, possivelmente agravado pelo desgaste físico causado pelo parto recente. Havia o temor de que o corpo dela não suportasse essa situação. Isso significava que ela precisaria gastar o menos de energia possível e, portanto, não poderia amamentar o filhote, ao qual demos o nome de Apolo. Isso exigiu de nós todo um cuidado com leite especial e mamadeiras especiais para cães bebês, de modo a mantê-lo vivo e forte. Depois de cinco dias internada, Bella finalmente ganhou força e pôde ser trazida de volta para casa. O veterinário nos disse que era um milagre que ela tivesse sobrevivido.

Com o nosso cuidado, a atenção dos veterinários e as rações reforçadas, ambos se tornaram animais fortes e saudáveis. Tão saudáveis que em pouco tempo Apolo estava comendo todas as minhas plantas, rasgando as almofadas das cadeiras e manchando meu porcelanato com xixi. Logo me lembrava que isso significava que eles estavam felizes e bem melhores do que quando eu os havia encontrado. Conforme melhoraram, Apolo e Bella também passaram a circular dentro de casa, tornando-se amigos de Polly e Max. Mimi se mantinha mais a distância, já uma gata senhora, recuperando-se de um câncer de mama e de um tratamento quimioterápico pesado, mas lidava bem com as novas companhias.

Com dois cachorros e três gatos na casa, ficou claro para nós que aquele espaço que tínhamos arquitetado com tanto cuidado e gosto ficava ainda melhor com a presença deles.

5

No segundo semestre de 2021, eu e Hubert tínhamos férias marcadas para a Alemanha. Além do nosso merecido descanso, também iríamos comemorar os 80 anos da minha sogra. Tudo parecia muito bem e dentro dos planos! Apolo e Bella já estavam muito bem ambientados em casa, Polly e Max seguiam traquinas como sempre e Mimi parecia já recuperada dos seus tratamentos quimioterápicos. Nós nos organizamos para que uma amiga viesse cuidar dos animais na nossa ausência e embarcamos rumo a Frankfurt. No entanto, uma semana depois, recebi a notícia de que a Mimi estava evacuando sangue, o que claramente não era um bom indício. Pedi à nossa amiga que a levasse ao veterinário, para que ele pudesse avaliar a situação. Poucas horas depois, recebi uma mensagem dele:

> **Veterinário:** Katia, o tumor voltou a progredir de maneira muito forte. Vou medicá-la por aqui e terá que ficar internada.

Eu sabia que a situação era dramática, mas estava a milhas de distância dela. Resolvi confiar no veterinário e seguir conforme ele tinha recomendado. No dia seguinte, recebi uma nova mensagem que não trazia notícias melhores.

> **Veterinário:** Mimi não está muito bem, não sei quanto tempo irá aguentar, agora só cuidados paliativos.

> **Katia:** Entendi. Vou participar só das comemorações do aniversário da mãe do meu marido e já vou antecipar meu voo e retorno em dois dias. Por favor, cuide bem dela!

O plano inicial era passar ainda outros dez dias na Alemanha, mas era impossível eu aproveitar aquelas férias sabendo que a Mimi estava em dificuldade. O Liebezinho decidiu ficar por lá junto da sua família e eu antecipei meu voo. Mesmo que fosse para estar lá nos últimos dias, queria estar próximo e poder cuidar dela até o final. O esforço, contudo, foi em vão. Eu ainda estava em conexão na Costa Rica quando recebi a mensagem que não queria receber. Com todo o cuidado do mundo, Liebezinho me contou que o veterinário tinha ligado para ele e informado que infelizmente a Mimi não tinha sobrevivido e não estava mais entre nós.

Fiquei arrasada. Ela tinha passado tantos anos sendo tão querida com a gente e agora tinha ficado sozinha, sem ninguém por perto nesses momentos finais. O pensamento de que tinha deixado a Mimi morrer sozinha era devastador para mim. Passei dias chorando pelos cantos, até perceber que talvez a Mimi tenha escolhido ficar doente exatamente enquanto nós não estávamos em casa. Ela escolheu morrer sem que a gente estivesse lá para vê-la sofrer, eu acho.

Enquanto eu estava ainda de luto pela morte da Mimi, uma das muitas mensagens de animais para adoção que circulava nos grupos de que eu faço parte me chamou a atenção. A foto mostrava uma gata que era a cara da Mimi, como se ela tivesse renascido e aparecido de novo para mim. Senti que era um sinal de que eu precisava trazê-la para a minha casa. Encaminhei a foto para o Liebezinho, com uma mensagem simples: "Estou adotando esta gatinha".

> **Hubert:** Não, Katia, não é assim que vamos passar pela ausência da Mimi. Ela cumpriu seu ciclo, uma nova gata não vai ser a Mimi!

Assim que retornou da Alemanha, a nova gata tricolor da casa, que eu chamei de Iris, já estava na nossa sala.

— Liebezinha, por que você não me escuta? Eu falei para você que a gente não deveria adotar esta gata! Ela não é a Mimi, não vai substituir a Mimi! — ele reclamou, com toda a razão.

O problema era que eu não estava agindo com razão nenhuma. Eu era 100% emoção, de tristeza pela falta da Mimi e de amor pela Iris, que enchia de novo meu coração de alegria. Eu estava muito fragilizada e acabei fazendo uma escolha um pouco questionável, de adotar um animal para preencher o espaço de outro, mas acho que fazer isso também me ajudou a entender que realmente o ciclo da Mimi tinha se completado, porque elas eram gatas completamente diferentes. A Iris, por ser muito mais jovem, era muito mais energética do que a Mimi tinha sido na convivência com o Apolo, a Bella, a Polly e o Max. Ela caminhava com os cachorros, irritava o Apollo, provocava a Polly, e se tornou superapegada ao Liebezinho. Onde quer que ele estivesse, ela também estava.

E foi esse espírito aventureiro, tão diferente da calma da Mimi, que tornou a vida da Iris bem mais curta. Os arredores da nossa casa no Panamá envolvem muita vida selvagem. Basta olhar para fora da janela para ver tucanos, papagaios ou as dezenas de periquitos que vêm comer as sementes de girassol que eu coloco para eles num comedouro no nosso quintal. E parte desse ecossistema selvagem envolve répteis rastejantes, como cobras, que vez por outra aparecem no condomínio.

Nós já nos acostumamos a verificar sapatos, abrir a porta com cuidado, podar arbustos e evitar folhas secas no quintal, mas acredito que a Iris deve ter saído em uma das suas muitas caminhadas exploradoras e dado de frente com uma serpente. Aconteceu exatamente um ano depois da adoção dela, quando senti sua falta na hora da refeição. Como ela não vinha, comecei a perguntar para os vizinhos, e no grupo de WhatsApp do condomínio me informaram que uma vizinha havia encontrado uma gata morta com as mesmas características da Iris. Meu coração explodiu de tristeza e, quando trouxeram o corpo dela até mim, examinamos e encontramos os vestígios do golpe da serpente venenosa.

Iris e Mimi eram duas gatas fisicamente muito parecidas, que foram parte muito importante da minha vida, e que cumpriram seus ciclos de maneira muito diversa. A Mimi me acompanhou por dois continentes e três países diferentes, carimbando seu passaporte europeu a cada aeroporto. Já a Iris foi como um cometa que passou na minha vida, aquecendo-me por tempo suficiente e logo completando sua jornada. Até hoje ainda sonho com elas, porque, por mais que eu saiba que fiz tudo o que pude, ainda sinto saudades profundas.

Faço o possível para superar esses lutos da melhor forma que consigo. E posso dizer que Apollo, Bella, Polly e Max me ajudam muito, no sentido de não me darem o menor sossego, o que não me deixa com tempo suficiente nem para ficar triste. É passeio, comida, brincadeira, caminhada, cuidado e tanta alegria canina e felina que eu não tenho do que reclamar.

6

O Panamá foi aos poucos se tornando minha casa, meu lugar de conforto, meu lar. Pela primeira vez na vida, me senti criando raízes em um lugar, fazendo escolhas que pareciam mais definitivas do que as que tinha feito em Neckargemünd, em São Paulo ou em Jundiaí. A sensação que eu tinha era de que eu finalmente havia encontrado o meu lugar.

Essa paz também fez com que eu me permitisse desenvolver talentos e me dedicar a lazeres que eu nunca tinha tido tempo para aproveitar. Um deles era cozinhar pratos veganos, que não envolvessem produtos de origem animal.

O veganismo era uma jornada que eu tinha começado quase uma década atrás, quando decidi parar de incluir nas minhas refeições ingredientes que tinham sua origem no sofrimento dos animais. A decisão de alterar a minha dieta era contrária a tudo o que eu tinha aprendido na infância. Fui ensinada a comer carne — fosse de coelho, peixe, galinha, porco ou vaca —, e sofria com a descoberta de que aquela carne do meu prato vinha dos bichos com quem eu me relacionava superbem no quintal. Eu sofria com a ideia de que eles tinham que morrer para que eu pudesse me alimentar. A Jurema, para mim, era muito mais do que apenas a galinha que iria forrar o estômago da nossa família. Tinha um verdadeiro amor por aquela ave e sofri muito quando soube que ela tinha morrido para que a gente pudesse se alimentar.

Conforme fui crescendo, entendi que a angústia que eu sentia quando meus avós me chamavam para matar um porco a fim de preparar uma refeição fazia enorme sentido não só para mim, mas para muitos outros veganos do mundo. Aquela conexão de empatia com os animais existia em mim desde sempre e se transformou em uma consciência vegana durante a minha vida adulta. Toda vez que chegava um filé no meu prato, ainda que não tivesse com aquele animal a mesma conexão emocional que tivera com a Jurema, sabia que aquilo vinha de um ser vivo que tinha sido morto para que a minha refeição parecesse "completa" ou "proteica" o suficiente. Eu havia sido convencida pela sociedade de que aquilo era normal, mas, quando parava para pensar por mais de um minuto, percebia que o sabor se tornava menos agradável ao meu paladar. Minha comida não podia ter gosto de morte, por isso passei a fazer escolhas diferentes.

O que não significa que eram escolhas fáceis ou simples de serem feitas. Certa vez, provavelmente em um almoço de negócios, me vi sentindo a boca encher de água ao sentir o cheiro de um pedaço de picanha sendo cortado logo do meu lado. O olfato conecta-se com o nosso paladar de tal maneira que o cérebro apenas envia o sinal para antecipar a salivação, sem nem dar tempo para que possamos refletir que aquele espeto é feito de partes de um animal que foi sacrificado para ser tostado na brasa antes de chegar à minha mesa. Por mais que minhas papilas gustativas estivessem antecipando "um almoço", tudo o que eu podia pensar é que eu não tinha a menor ideia da trajetória daquele animal desde seu nascimento até que ele fosse fatiado ao meu lado. Provavelmente, o bezerro tinha nascido sem saber que ele passaria por um período de engorda até que tivesse o peso ideal para ser abatido, a ponto de gerar lucro suficiente para o frigorífico. Não fazia sentido ignorar esse meu sentimento por apenas alguns poucos minutos de satisfação gastronômica. Aquele animal tinha sofrido desde a privação do leite até provavelmente vivendo boa parte da vida confinado, para que se transformasse em uma peça de picanha. Incluir aquele pedaço de carne na minha alimentação parecia uma escolha cruel e injusta.

A partir daquele momento, me convenci de que deveria parar de comer carne. Só que remover uma parte tão significativa da nossa dieta não é um movimento muito fácil e eu ainda não sabia como substituir os nutrientes perdidos por opções baseadas em plantas. Por isso, o meu primeiro movimento foi suspender o consumo de carne vermelha, mas ainda me sentia culpada comendo proteínas animais de frango e peixe, porque sabia que eles também sofriam. A situação ficou mais dramática quando, enquanto dirigia na rodovia Anchieta, entre São Paulo e Jundiaí, vi um caminhão de transporte aviário com todos os frangos confinados, sendo sacudidos uns sobre os outros nos quilômetros que percorriam até o abatedouro. Ver aquelas aves em sofrimento me fez lembrar da Jurema e a sensação de angústia voltava com toda a força.

Até então, não carregava culpa em relação aos filés que havia consumido. Isso acontecia porque, por um longo período, não tinha controle real sobre as escolhas em minha alimentação. Além disso, quando tinha a chance de tomar decisões, a agitação cotidiana me colocava no piloto automático, sem perceber as condições reais enfrentadas pelos animais que se tornavam alimentos. No entanto, um novo olhar, mais consciente e crítico, começou a surgir em mim, revelando que, na verdade, eu possuía opções. Nesse momento da minha vida, um novo despertar começou a se desenvolver em mim, algo que eu costumo chamar de despertar da consciência e da conexão genuína com o mundo animal.

A gota d'água para uma mudança mais drástica da minha dieta veio quando participei de uma pescaria com alguns amigos. Percebi que o peixe lutava assim que saía da água para viver até mesmo dentro do isopor com gelo, por minutos, até finalmente desfalecer. Fiquei observando, atônita, aqueles peixes agonizando, por um, dois, até três minutos antes de finalmente pararem de se mexer, o que me pareceu uma crueldade sem tamanho. Daquele dia em diante, minha dieta não envolveria carnes de peixes, de frangos, porcos, cordeiros, coelhos, vacas ou qualquer outro animal. Eu podia e iria tomar decisões melhores sobre minha alimentação.

No início, sentia muita dificuldade ao visitar restaurantes ou comer na casa de amigos. Não são todos os lugares que apresentam opções veganas ou vegetarianas. Na última década, refinei muito minhas capacidades culinárias e felizmente a indústria também passou a oferecer opções mais variadas para veganos e vegetarianos, com diversos tipos de carnes vegetais ou "do futuro", como dizem as embalagens. O veganismo deixou de ser uma pauta apenas de quem se preocupa com os animais, mas também passou a ser considerada como uma política de sustentabilidade e conservação ambiental, já que o cultivo de proteína animal é bem mais danoso ao meio ambiente do que a agricultura.

Mesmo assim, confesso que hoje minha dieta se mantém em 95% do tempo como vegana. Os outros 5% acabam sendo uma opção mais vegetariana pelas viagens e situações em que eu não consigo controlar as escolhas, embora muitas vezes eu até fique sem comer. O leite foi algo mais fácil de substituir por opções vindas de frutas, sementes ou nozes, como leite de amêndoas ou de coco. Em uma das minhas viagens, cheguei a ter uma experiência gastronômica incrível: experimentei um iogurte italiano vegano que era maravilhoso, feito de leite de coco. Uma delícia!

A única dificuldade que ainda carrego comigo tem a ver com o balanço nutricional e as situações sociais. Encontrar proteínas veganas ainda é um desafio, ainda que a situação tenha melhorado drasticamente de 2012 para cá. O custo ainda é bem mais elevado do que adquirir proteína de origem animal, mas faço questão de arcar com esse valor para incentivar o mercado a continuar produzindo opções para quem quiser adotar uma dieta vegana. Já nas situações sociais, eu faço o possível para manejar com bom humor, como quando sou convidada para um churrasco e peço para "não esquecerem de considerar o legume grelhado" para os veganos. Hoje as pessoas já respeitam mais essa minha escolha, mas já sofri muito bullying proveniente de quem achava que ser vegana era uma frescura. "Pode trazer um filé para cada um e para a Katia pode trazer grama, que ela é vegana", ouvi certa vez. Foi uma consideração infame e muito deselegante, mas eu nem liguei, deixo frases assim entrarem por um ouvido e saírem pelo outro. Se eu fosse ligar para todas as críticas destrutivas que me disseram até hoje, eu não teria chegado onde cheguei.

A parte boa é que mais recentemente tem sido comum receber elogios e até comentários que aquecem meu coração, de pessoas que vêm me dizer que estão reduzindo o consumo de carne ou que estão se esforçando para ter uma dieta mais vegana, estão passando pelo despertar dessa consciência genuína. Por mais de uma vez, me pediram para compartilhar minhas receitas, o que eu acredito que tem a ver com esse meu posicionamento, que é diplomático, mas muito firme. Penso que já evoluímos como seres humanos e contamos hoje com muitas alternativas de proteínas vegetais, o que permite que a gente possa modificar a forma como nos alimentamos para que ela seja mais sustentável com o meio ambiente e menos cruel com os animais.

Estou longe de ser uma vegana militante, mas provoco, sim, uma maior consciência no preparo da nossa alimentação. Será que, se cada um de nós refletisse um pouco ao ver proteínas animais, teríamos coragem de continuar com refeições tão carnívoras? Se antes de sentir a água na boca pudéssemos lembrar que a jornada daquele animal até chegar ao nosso prato pode ter sido cruel, quem sabe valorizaríamos mais as culturas que se dedicam a trabalhar com forte fonte de proteínas vegetais, como os indianos, por exemplo. A pergunta que eu me faço hoje, diante de um cardápio que envolve opções não veganas, é se eu acho justo me alimentar de um animal que sente frio, sente calor, que tem sentimentos, que sente dor, e que pode ter tido um abate horrível até chegar ao meu prato. Esses animais não têm voz para se defenderem e são muito vulneráveis às opções que nós, humanos, que estamos no topo da cadeia alimentar, decidimos fazer. Eu, como alguém no nível mais alto dessa cadeia alimentar, dotada de sentimentos e razão, acredito que posso fazer escolhas melhores e decidir contribuir com decisões mais bem pensadas sobre a fonte de energia para o meu dia a dia.

Sei que é um privilégio, mas também sei que são poucos os privilegiados que se dispõem a agir como eu e tantos outros veganos. Nossa decisão de restringir, reduzir ou extinguir o consumo de alimentos de origem animal pode parecer uma gota no oceano, mas sinto que assim faço minha contribuição ao meio ambiente e à sustentabilidade da melhor maneira que consigo. E sei que cada um faz da sua forma, conforme as suas possibilidades e capacidades. Tudo é uma questão de treinamento mental! Hoje, um homus me faz salivar tanto quanto uma picanha já fez no passado. Com a vantagem de não me deixar com sono depois do almoço!

7

O ano de 2020 não estava começando como os outros. Logo em janeiro, já começaram a circular algumas notícias sobre um novo vírus que havia surgido na China no final do ano anterior. Tratava-se de um tal de SARS-CoV-2, que causava uma doença que foi chamada pelos pesquisadores de "coronavirus disease" de 2019, que rapidamente foi apelidada de covid-19. A indústria farmacêutica, é claro, se manteve atenta ao desenrolar da situação, que escalou de maneira exponencial. Ainda no final de janeiro, a Organização Mundial da Saúde (OMS) declarou a covid-19 uma emergência de saúde global, o que fez com que as reuniões da diretoria envolvessem uma série de dúvidas sobre a manutenção das muitas viagens do nosso time ao longo daquele ano. Será que ainda era seguro deixar nossas equipes circulando por aeroportos?

No Panamá, o governo confirmou que o vírus havia chegado ao país logo nos primeiros dias de março de 2020, pouco antes de um novo anúncio da OMS obrigar a adaptação de muitas atividades profissionais do mundo todo. A partir de 11 de março de 2020, foi declarada a pandemia de covid-19, com o convite para que governos e sociedade civil fizessem o maior esforço possível para evitar a circulação de pessoas, de modo a conter o espalhamento do vírus.

A Merck Sharp & Dohme (MSD), é claro, rapidamente fechou os escritórios, despachou seus funcionários para atuar 100% em modelo de home office e enviou uma série de recomendações do que fazer e como agir para se proteger da pandemia. Confesso que fui muito privilegiada nesse sentido, porque vivia em uma casa grande e confortável, próxima da natureza, com muito espaço aberto para caminhar e trabalhava em regime home office há décadas. Dessa forma, quase nada mudou para mim, exceto por um detalhe: todas as minhas viagens daquele ano ficaram suspensas por tempo indeterminado.

O Panamá também teve, do meu ponto de vista, um posicionamento bastante restritivo. Além de fechar o aeroporto por meses, o país também se organizou para reduzir ao máximo a circulação dos cidadãos. Mulheres só eram autorizadas a sair de casa às segundas, quartas e sextas. Homens podiam deixar suas residências para ir fazer compras, por exemplo, às terças, quintas e sábados. Além disso, o momento de saída autorizada no dia dependia do último dígito da sua identidade, como se fosse uma espécie de rodízio. Por exemplo, homens com identidades de final seis poderiam sair às terças, quintas e sábados entre as 16h e as 18h, e pronto. Era para fazer o mercado, passar na farmácia e voltar. Fora isso, apenas para serviços considerados urgentes, como um atendimento médico.

Apesar de as restrições serem pesadas, eu estava mesmo me sentindo muito leve, porque nunca nos últimos vinte anos eu tinha ficado tanto tempo sem viajar e nunca tinha ficado confinada praticamente 24 horas dentro de casa. Ou seja, eu tinha mais tempo para pensar e refletir do que nunca. Resolvi dividir todo esse tempo em três partes e criei uma rotina: a maior parte do tempo foi focada no meu trabalho para a MSD, que era a minha prioridade máxima; outra parte dediquei às atividades da casa; e, por último, ficaram meus projetos pessoais, como a ideia de desenvolver um plano de mentoria de realocação e começar o meu livro. Foi um ano fantástico!

Trabalhei muito em projetos da área de *market access*, fui premiada pela MSD e, com a minha disciplina e meu planejamento, pude me dedicar a organizar absolutamente tudo dentro de casa! Faxinei meu banheiro, minha cozinha e cada canto da minha casa nos mínimos detalhes. Cuidei das plantas, dormi muito, assisti a muitos filmes e séries, brinquei muito com os peludos e comecei a fazer caminhadas noturnas com o Liebezinho. Sempre ao final do dia, depois do expediente, íamos dar uma volta pelo condomínio, sentindo o vento ameno da noite e o cheiro de ar da floresta. Também pensei nas dores e nos aprendizados das minhas realocações e comecei a montar um plano de mentoria para ajudar as pessoas. Embora eu já viesse apoiando alguns profissionais ao logo de seus processos de realocação internacional, eu queria fazer algo mais elaborado e robusto. Eu me mantive tão ocupada e concentrada na execução do meu planejamento que mal parecia que, do lado de fora de casa, o mundo estava em tumulto, tentando sobreviver a uma pandemia de proporções sem precedentes.

Era uma dualidade muito esquisita, porque eu me sentia muito bem de ter todo esse tempo disponível, de poder me dedicar ao meu lar, aos meus animais e ao meu relacionamento, e ao mesmo tempo continuar envolvida com a minha profissão e com as minhas entregas. Parecia um tipo de equilíbrio impossível, mas que também tinha sua contrapartida de lazer limitado e certo receio ao sair de casa. Nos meus dias de ir ao mercado, passava um bom tempo revisando os protocolos que eu precisava seguir e me paramentando com máscara, de modo a poder voltar com ingredientes e temperos para meus pratos veganos daquela semana.

Tomei conhecimento de amigos que pegaram covid-19, mas felizmente não foram gravemente afetados, porém precisei consolar alguns deles que acabaram perdendo seus pais ou parentes. O pai de um grande amigo nosso, uma pessoa supersaudável e forte, infelizmente não resistiu à infecção por covid-19 e veio a falecer, o que nos deixou muito abalados, especialmente porque não havia muito como prestar as condolências da maneira tradicional, comparecendo a um velório e sepultamento, por exemplo. Essa é uma das coisas que não funcionam tão bem de maneira remota, porque não há nada que tenha sido criado para substituir o calor de um abraço.

Esse "excesso" de tempo livre me ajudou a compreender de forma prática o quão intensa minha rotina corporativa tinha sido nos últimos anos. Jamais me queixei de viajar, até porque adoro me encontrar com outras pessoas e conhecer novas culturas, mas nunca tinha reparado no quanto aquele cotidiano de viagens era cansativo. Passar doze meses sem fazer uma única viagem de avião a trabalho (e nem a lazer, já que os aeroportos estavam fechados) foi maravilhoso, o que me permitiu não só descansar, mas repensar o que eu gostaria de fazer nos meus próximos anos e décadas de vida. Talvez essa fosse uma nova sacudida que a vida dava não só em mim, mas na humanidade como um todo, para repensarmos nossas escolhas, nossas atitudes e nossas posições diante do mundo. Talvez o que tinha nos trazido até ali não fosse, afinal, o que iria nos levar adiante.

8

Além da reflexão que fazia no meu tempo livre, a manutenção do meu trabalho na indústria farmacêutica só consolidou em mim a importância do setor para o avanço da humanidade. E juro que não me sinto exagerando quando falo disso, porque, se a pandemia não evidenciou o quanto o desenvolvimento de medicamentos e vacinas é capaz de ajudar na manutenção não só da vida, mas da sociedade como um todo, talvez não tenha como evidenciar ainda mais.

Sempre vai existir quem ainda diga e acredite que "a indústria criou esse vírus" porque "precisava vender vacina", e que foi por isso que ela foi desenvolvida tão rápido, mas entendo que são pessoas que não compreendem os processos científicos ou que argumentam de má-fé. Afinal, a pandemia demonstrou na prática que a manutenção da saúde dos cidadãos não é uma questão da qual os governos sozinhos conseguem dar conta.

Os líderes de países desenvolvidos e ricos, como os Estados Unidos e alguns países europeus, assumiram riscos de investimento que apoiaram a aceleração dos estudos clínicos das vacinas contra a covid-19. Essas vacinas foram desenvolvidas em tempo recorde, em grande parte em virtude dos investimentos substanciais feitos em um curto período. Além disso, a aprovação regulatória dessas vacinas tornou-se uma prioridade, o que também contribuiu para acelerar as revisões científicas.

Durante o período crítico da pandemia, a busca por soluções para erradicá-la se tornou a prioridade máxima de todos os governos, do terceiro setor e das indústrias farmacêuticas. Historicamente, o risco associado à produção em larga escala sempre foi assumido pela indústria farmacêutica. No entanto, nesse contexto sem precedentes, os governos em questão tomaram a decisão inédita de assumir esse risco. Isso ocorreu em paralelo aos estudos clínicos que estavam em andamento, com a intenção de ganhar tempo, caso os resultados fossem positivos, e acelerar a aprovação regulatória. A ideia era ter as vacinas prontas para disponibilização imediata. Observar todo esse movimento nos bastidores da indústria farmacêutica foi motivo de grande orgulho. Eu vi de perto toda uma cadeia de pesquisa clínica ser acelerada de forma mais intensa e inédita, com uma velocidade que eu nunca tinha visto nos órgãos reguladores referentes às aprovações necessárias. E o mais importante, a meu ver, foi o que conseguimos conquistar com a união de todos os segmentos da sociedade. Todos estavam unidos com um único objetivo: combater o vírus antes que ele tirasse mais vidas.

Os livros de história ainda vão contar em detalhes, mas acredito muito que só vimos isso acontecer porque governos, cientistas e instituições se esforçaram para realizar parcerias globais, trabalhando coletivamente para que todas as fases cientificamente necessárias fossem priorizadas. Fabricantes de renome se colocaram juntos, lado a lado, buscando produzir medicamentos ou vacinas que pudessem auxiliar a conter o desafio global que a pandemia apresentou à humanidade.

Durante a pandemia, tive a oportunidade de refletir mais profundamente sobre o papel vital da indústria farmacêutica na sociedade. Ao longo da minha carreira, trabalhei em diversas empresas farmacêuticas e pude constatar que o objetivo principal de todas elas é melhorar a saúde das pessoas. No entanto, também notei que há uma grande quantidade de desinformação sobre o setor no âmbito público. Isso pode levar a muitas percepções negativas e mal-entendidos sobre o trabalho importante que realizamos. Pior ainda, a desinformação acerca do funcionamento das farmacêuticas pode impedir o grande público de reconhecer os avanços na medicina que foram possíveis graças à inovação e aos riscos assumidos pela indústria farmacêutica.

Basta observar com atenção todos os tratamentos disponíveis hoje. Fica evidente que a indústria farmacêutica fez apostas significativas no passado para estudar as doenças e investiu em ciência, pesquisa e desenvolvimento para encontrar soluções e combatê-las. Muitas vezes, não percebemos que o setor farmacêutico desempenha um papel tão importante em nossas vidas. De forma direta ou indireta, essa é uma indústria que impulsiona o avanço da ciência, mas que também é um pilar fundamental na economia global, proporcionando emprego a milhões de pessoas e canalizando bilhões em pesquisa e desenvolvimento. É muito fácil esquecer que a indústria farmacêutica é composta por pessoas. Mas elas existem e são pessoas talentosas que todos os dias estão trabalhando para prevenir doenças com o desenvolvimento de vacinas, descobrindo tratamentos para doenças crônicas, como a diabetes, e até mesmo criando terapias revolucionárias para o câncer e outras doenças raras, sempre em busca de soluções para as doenças e de como viabilizar o seu acesso.

Quando reflito e comparo a indústria farmacêutica com outros setores, percebo que ela é uma das mais reguladas. Além de seguir as normas nacionais e internacionais, se necessário, estabelece critérios mais altos sempre visando a segurança dos pacientes. Eu acho crucial que a indústria farmacêutica seja regulada e monitorada de perto. Saber disso faz com que eu me sinta mais segura, e me dá o orgulho de saber, como colaboradora, que seguimos os padrões mais altos de ética e compliance, além de todas as regulamentações de produção e qualidade.

Muitas vezes, ao longo da minha carreira, ouvi críticas e questionamentos por ter construído minha carreira na indústria farmacêutica. Escutei uma enorme variedade de ponderações, que iam desde acusações sobre práticas supostamente abusivas na precificação dos medicamentos, discussões sobre a falta de transparência dos dados das pesquisas clínicas, desconfortos relacionados a uma percepção de influência negativa na propaganda médica, até que medicamentos fariam mal à saúde. Em alguns casos, esses assuntos vieram em forma de perguntas curiosas, às quais sempre me dediquei a responder, mas, em outros, as abordagens incluíam insinuações bastante desagradáveis. Em todo caso, depois de muito refletir, felizmente tenho paz de consciência para responder esses questionamentos com clareza e serenidade. O que eu sei e o que compartilho têm base no que vejo diariamente no comportamento e comprometimento dos meus colegas, que mantêm esforços significativos na indústria farmacêutica para endereçar todas essas situações e críticas.

Um exemplo disso é a dedicação no sentido de tornar os medicamentos mais acessíveis para diversas camadas da sociedade, área em que tenho muita honra de estar envolvida já há muitos anos. Farmacêuticas das mais diversas têm em suas organizações equipes dedicadas a implementar programas de assistência aos pacientes, de modo a auxiliar aqueles que não podem pagar pelos seus tratamentos. Além disso, o setor como um todo está dedicado a aumentar a sua transparência, encontrando formas éticas e seguras de compartilhar mais dados dos ensaios clínicos, que podem ser cada vez mais facilmente encontrados em buscas online. Desde o ano 2000, por exemplo, é possível encontrar no site Clinical Trials, mantido pelo governo norte-americano, uma extensa base de dados sobre todas as novas medicações em desenvolvimento.

Do mesmo modo, a indústria farmacêutica tem se esforçado em combater a desinformação, especialmente em relação às vacinas, e investe em pesquisas de ponta para a criação de novos antibióticos e na educação para promover o uso responsável dos medicamentos já existentes. Como uma profissional da área, sei que a indústria segue expandindo seus esforços para melhorar o acesso aos medicamentos em várias frentes e se mantém comprometida com práticas de marketing ético e responsável. O que nos falta, eu acho, é conseguir comunicar com clareza todos esses movimentos, que considero valiosíssimos e que vejo que são passos importantes para elucidar as preocupações da sociedade e do público em geral.

Hoje eu tenho certeza de que, sem os esforços da indústria farmacêutica, nossos sistemas de saúde seriam muito menos eficazes e, de forma semelhante, nosso acesso a tratamentos vitais seria severamente limitado ou até inexistente. Defendo que as críticas devem continuar, sempre, pois elas nos mantêm sempre atentos. No entanto, sei que podemos adotar uma abordagem mais equilibrada e informada para avaliar esse setor.

No pós-pandemia, sinto ainda mais orgulho da importância do meu trabalho como profissional da indústria farmacêutica. Ficou mais claro do que nunca para mim o papel vital que as farmacêuticas desempenham em nossa sociedade. Se refletirmos com cuidado, veremos que medicamentos, vacinas e tratamentos estão presentes em todos os momentos das nossas vidas, dos bons aos ruins, sempre aliviando nossas dores e nossos desconfortos e permitindo que tenhamos uma existência mais segura e saudável.

E, como todos sabemos, não há dor maior do que a que sentimos quando ela aparece. Quem sabe, após termos passado por uma pandemia inteira, a dor causada pela covid-19, que pode parecer mais suave agora, olhando pelo retrovisor, mas era terrível quando estava diante do nosso para-brisa, nos deixe aprendizados importantes. Tivemos uma experiência coletiva que, eu espero, possa ter nos ensinado lições valiosas sobre a importância da prevenção, da solidariedade e da resiliência. Ao menos para mim, são aprendizados que levarei comigo em muitas áreas da minha vida e que certamente me deixaram mais preparada para enfrentar meus próximos desafios.

9

As reflexões do meu primeiro ano pandêmico me levaram para um local de nostalgia e de revisão de vida. Enquanto conversava com amigos e familiares por mensagens de texto e em videoconferências, me vi lembrando das tantas dificuldades pelas quais eu havia passado e ultrapassado. A pandemia, afinal, talvez parecesse para mim como apenas mais um dos muitos momentos difíceis que eu teria que viver e sobreviver. Talvez por isso não me assustasse como assustava as outras pessoas?

Conforme as conversas aconteciam, percebi que muitas das minhas histórias eram desconhecidas, mesmo para pessoas muito íntimas minhas. Trechos que comentava com amigos e conhecidos eram recebidos com queixos caídos e muita surpresa por parte deles, que ficavam ainda mais estarrecidos ao perceberem meu bom humor e meu conforto em trazer essas memórias à tona. Eu não tinha nem um pouco de vergonha de falar de nenhuma das minhas histórias de vida. Eram todas verdades, eu tinha estado lá em cada um daqueles momentos e sabia que tinha chegado até ali em uma mistura de dedicação, resiliência, apoio e um tanto de sorte.

— Você precisa escrever um livro com essas histórias — disseram-me em uma dessas vezes que narrei alguns episódios da minha vida.

É, talvez eu devesse mesmo. Seria ótimo poder consolidar minhas histórias, minhas visões, valores e ideias em um único volume. Quem sabe isso me ajudaria a explicar as decisões que tomei e os rumos que trilhei para os amigos e familiares que ainda não entendiam muito meus posicionamentos e decisões? Comecei a criar um roteiro de memórias em ordem cronológica, com uma extensa lista de fatos e acontecimentos da minha vida. Ao longo desse processo, percebi que precisava de apoio para colocar tudo isso em um livro de memórias. Foi aí que meu caminho cruzou com a Jacqueline, que me ajudou a verter minhas histórias em narrativas com início, meio e fim. Conforme nossas conversas aconteceram, era como se eu estivesse a cada encontro escrevendo mensagens para os mais diferentes destinatários. Em uma hora, era um acalanto para adultos que viveram infâncias difíceis; em outro momento, um conselho para jovens que não encontram suporte suficiente para viver seus sonhos. Queria trazer uma esperança para quem já estava cansado de acordar cedo e ir dormir tarde sem saber se o dia de amanhã traria melhores condições de vida, ao mesmo tempo que aproveitava para elogiar algumas pessoas e me reconectar com outras. Meu livro de memórias era mais do que uma narrativa de esperança, era uma coleção de bilhetes e até cartas para pessoas, animais e momentos importantes do meu passado.

Nunca foi uma terapia, mas foi também terapêutico, porque me permitiu revisitar meu passado com os olhos de hoje e a doçura de quem sabe que não havia melhores decisões a serem tomadas do que aquelas que eu consegui tomar a cada ponto de maturidade da minha jornada.

Revirei caixas de memórias, recortes de jornais, fotos de infância. Reconectei amizades que andavam esquecidas, conversei com familiares com quem não falava há meses, programei encontros virtuais e reuniões da vida real. Quando estava já próximo dos meus últimos capítulos, recebi um convite incrível do meu irmão do meio, o Emanoel, que iria finalmente se casar com a sua companheira. A celebração aconteceria no início de 2023, quando o distanciamento social imposto pela pandemia já havia ficado para trás.

Com o convite, uma notícia agridoce: nossa mãe se recusava a aceitar o convite para participar do casório, que seria realizado com uma cerimônia ecumênica. Dessa forma, o pedido do Emanoel era que eu lhe concedesse a honra de entrar de braços dados com ele no altar.

Aceitei imediatamente, feliz demais pela proposta e consideração. Seria uma honra e um prazer estar lá com ele em um momento tão importante de sua vida. Quem perdeu, no final, foi mesmo a nossa mãe, que não compartilhou tamanha alegria nesse momento tão especial na vida do Emanoel.

Uma cama feliz! Na foto, Bella, Apollo e Max. (Fonte: Acervo Pessoal)

Polly e Mimi aconchegadas em uma caminha. (Fonte: Acervo Pessoal)

Tanta vida ainda

A liberdade nos dá a capacidade de fazer nossas próprias escolhas e determinar a vida que queremos viver.
(Autor desconhecido)

1

Estou chegando às páginas finais deste livro. Percebo a catarse intensa pela qual passei para compartilhar a história da minha vida com vocês, e agora, neste processo de finalizar o livro, também me deparo refletindo sobre como minhas jornadas pessoal e profissional aconteceram. Minha jornada pessoal, marcada por altos intensos e baixos profundos, sempre esteve em constante ebulição, até encontrar o ponto de equilíbrio; enquanto isso, minha jornada profissional parecia seguir um ritmo próprio, crescendo consistentemente como uma equação exponencial, quase como uma realidade paralela.

Acho que tudo começou quando eu tinha apenas dez reais e uma necessidade urgente de oportunidades. Iniciei minha jornada na coordenação de pesquisa clínica em centros especializados na Argentina. Apesar da juventude e da falta de experiência, a determinação foi a força motriz no início da minha carreira na indústria farmacêutica. A falta de pagamento da primeira empresa me levou a uma jornada audaciosa até a Roche, onde tive a honra de acompanhar de perto o desenvolvimento de tratamentos revolucionários para combater o câncer. Lembro que, nos meus tempos de estudante de enfermagem, ter um diagnóstico de câncer era visto como uma sentença de morte, mas agora eu podia ver a ciência avançar diante dos meus olhos, a ponto de inovar no pioneirismo em tratamentos oncológicos com anticorpos monoclonais e terapias-alvo para controlar o avanço da doença e com potencial de cura em alguns casos.

Desde então, embarquei em uma viagem constante pelo Brasil, assegurando a qualidade dos dados das pesquisas clínicas da Roche. Foram esses estudos clínicos que fortaleceram minha confiança na ética e no profissionalismo da indústria farmacêutica, em busca de tratamentos disruptivos. Fazer parte deste momento histórico mundial dos tratamentos com terapias-alvo tem um valor inestimável para mim; enriqueceu minha jornada profissional, mas, acima de tudo, beneficiou e segue beneficiando milhões de pacientes pelo mundo. Sinto uma profunda gratidão e realização pessoal pelo impacto positivo do meu trabalho na sociedade.

Participar de uma revolução disruptiva no tratamento do câncer marcou minha vida e abriu novas portas para eu continuar monitorando estudos clínicos e garantindo a qualidade dos dados. Essa jornada me levou à Covance, uma multinacional onde tive a oportunidade de ser uma das primeiras funcionárias fundadoras da filial brasileira. Lá eu pude ampliar meu conhecimento e domínio do inglês, o que me preparou muito para a jornada com a ImClone, quando me casei e me mudei para a Alemanha. A mudança para a Alemanha abriu portas para trabalhar com pesquisa clínica de fase um, e, mesmo sem dominar completamente o idioma oficial, consegui me adaptar rapidamente e me autodesafiei todos os dias, o que resultou em uma promoção. Na ImClone, também tive a oportunidade de participar de avanços significativos nos tratamentos do câncer, proporcionando-me uma experiência global e realizando um sonho profissional.

Com uma vasta experiência em todas as fases da pesquisa clínica e a habilidade de gerenciar projetos globais, consegui superar medos e inseguranças, o que resultou no crescimento e aprimoramento das minhas habilidades de liderança. Em um determinado momento, decidi redirecionar minha carreira. Saindo da minha zona de conforto na pesquisa clínica, embarquei em um novo desafio: o *market access*, setor que se dedica a garantir que as medicações e os tratamentos possam ser acessados pelo maior número de pessoas possível. Fui convidada para essa jornada por uma líder incrível, Regiane Salateo, que acreditou em mim, mesmo sem eu ter experiência prévia na área. Essa mudança me levou a participar da construção do departamento de *market access* na Eli Lilly do Brasil, um marco significativo na minha carreira.

Naquela época, o setor farmacêutico no Brasil começava a reconhecer a importância dos especialistas de *market access*. Diferentemente da pesquisa clínica, que tinha processos claros e definidos, a área de access estava apenas começando e eu enfrentei desafios difíceis liderando essa nova área. No entanto, minha resiliência e determinação de fazer o melhor possível, além do apoio de Orlando Silva, me impulsionaram a superar cada obstáculo. Uma frase dele que nunca esquecerei é "a volta do pavão é colorida", um lembrete constante de que, apesar dos desafios, há beleza e recompensa na jornada.

Enquanto liderava o setor de *market access* da Eli Lilly, recebi um convite inesperado da farmacêutica Janssen, que na época era uma divisão da Johnson & Johnson, para liderar atividades desse mesmo setor na América Latina, com foco no tratamento inovador para o câncer de próstata. Não conseguia acreditar que tinha uma proposta de trabalho da maior empresa de saúde do mundo! Foi um momento em que me senti simplesmente plena e tive certeza de que eu fiz certo ao sair da zona de conforto.

Recebi prêmios e reconhecimentos importantes e, pouco depois, uma proposta ainda mais ousada: um convite para me tornar diretora de *market access* para a América Central e Caribe, que vinha com a proposta de me realocar em uma nova base de trabalho, dessa vez no Panamá, país que tem uma localização estratégica para a empresa e para esse novo desafio profissional. O convite para a nova oportunidade profissional me deixou contente e lisonjeada, pois representava o reconhecimento de uma carreira de catorze anos. No entanto, isso também implicaria mudanças significativas em nossa vida familiar, já que seria o terceiro país em que meu marido e eu viveríamos juntos e minha quarta realocação. Ao embarcar na aventura panamenha, a jornada ensinou que o esforço e a determinação podem superar obstáculos, e a capacidade de adaptar-se a desafios é uma força poderosa no crescimento profissional. Ao assumir o departamento no Panamá, trabalhei incansavelmente para reorganizá-lo, pois havia ficado mais de um ano sem liderança. No entanto, tempo depois, a MSD me fez uma oferta irresistível para liderar a área de *market access* na América Latina, focada em imunoterapia oncológica. Essa inovadora abordagem no tratamento do câncer prometia ajudar milhões de pacientes em todo o mundo ao longo dos anos e era considerada a grande revolução da ciência na luta contra o câncer.

Eu percebia que as indústrias farmacêuticas de inovação estavam acompanhando essa grande revolução no tratamento oncológico, não existia um encontro com os colegas de outras indústrias onde não se comentavam as notícias do novo mecanismo de ação da imunoterapia para combater o câncer. A posição havia sido pleiteada por grandes talentos de diversas partes do mundo, mas a oferta chegou a mim e me permitiu continuar no Panamá, onde já estava estabelecida.

Encontrei-me em um momento único da minha vida, em que mal podia acreditar que havia recebido uma oferta para trabalhar com um produto revolucionário e sem precedentes. Esse produto tinha o potencial de tratar mais de quinze tipos de câncer com resultados surpreendentes. Além disso, o mesmo produto estava sendo investigado em quase mil estudos clínicos. Nunca antes na ciência havíamos visto um único produto alcançar tais números na luta contra o câncer. A oferta da MSD era uma daquelas oportunidades que só acontecem uma vez na vida.

Na MSD, meu trabalho se assemelhava a uma redação de notícias globais, repleta de atualizações diárias sobre o avanço da imunoterapia, difícil de acompanhar tudo que acontecia, precisava criar métodos de memorização. Alguns poucos estudos não atingiram os objetivos, mas muitos apresentaram resultados robustos, que poderiam transformar o tratamento do câncer; até mesmo discutíamos sobre o potencial de cura para alguns tipos específicos de câncer.

Em virtude do meu alto desempenho, também recebi uma promoção para diretora de *market access* global focada em cânceres femininos. Nessa função, eu carregava o compromisso de trabalhar com diversos times globais, regionais e locais em prol do mesmo objetivo: melhorar o acesso da imunoterapia para tratar o câncer de mama, cervical e de endométrio. Essa promoção coincidiu com o momento da pandemia, o que não foi nenhum obstáculo para mim, pois havia uma motivação maior: os pacientes que, mesmo sem muitas vezes saber, dependiam do nosso trabalho. Muitos pacientes não sabem nem imaginam a orquestra de tantas pessoas trabalhando nos bastidores para fazer o possível a fim de que o tratamento chegue até eles. Olhando de fora, parece muito simples, mas é tão complexo que requer um exército de profissionais especializados em tarefas específicas.

Ao refletir sobre minha jornada profissional nas últimas duas décadas, percebo que ela esteve profundamente entrelaçada com os avanços significativos da ciência e tecnologia na batalha contra o câncer. Tive a oportunidade de testemunhar e contribuir para a evolução da terapia oncológica, desde anticorpos monoclonais até terapias-alvo e imunoterapia, enquanto trabalhava em diversos países da América Latina e em escala global.

Ao revisitar minha trajetória profissional, sinto uma enxurrada de emoções. Há um sentimento de orgulho e gratidão pelo que consegui realizar, e, mais do que isso, pelo papel que desempenhei ao contribuir para os avanços da ciência em benefício da saúde humana. No entanto, confesso que já estou ansiosa pela próxima grande inovação científica.

2

Ao refletir agora sobre a jornada pessoal, eu sinto como se tivesse vivido inúmeras vidas em uma só. As diversas situações inesperadas e reviravoltas que enfrentei fazem parecer que vivi várias vidas ao longo dos meus quarenta anos. Cada experiência única contribuiu para a tapeçaria complexa e rica que é a minha vida. Olhando para trás, é como se a cada década eu estivesse reencarnando, aprendendo algo novo, deixando um mal-entendido para trás e criando um carma positivo. Depois de peregrinar por "tantas vidas" em tantas cidades, a chegada à Cidade do Panamá parecia finalmente representar um oásis para a minha jornada. Um momento de paz, de reencontro comigo mesma, de autenticidade, leveza e liberdade. Eu me senti verdadeiramente agradecida ao universo por cada uma das provas que superei e cada uma das coisas que sofri. Sou grata por todas as experiências que vivi, nas mais diferentes religiões, por todas as pessoas que puderam cruzar meu caminho e que abriram meus olhos para coisas novas.

Acreditar em uma força maior, nessa entidade acima de nós capaz de nos guiar e nos apoiar, é o que muitas vezes me permitiu seguir adiante e encontrar calma, mesmo em meio às tempestades que enfrentei. Depois de ter vivido tantas vidas, em tantos lugares, eu sentia muita clareza da minha jornada e estava satisfeita com o que tinha feito até ali.

Neste momento, eu me sinto como muitos que se permitem sentar no topo de sua própria colina, para apreciar a paisagem, celebrar seus feitos, comemorar o conforto socioeconômico e espiritual alcançado e desfrutar a calmaria que acompanha a segurança e a clareza de minhas próprias conquistas, enquanto sinto a brisa suave da paz tocar minha alma.

Estar "no topo da colina" era lindo; trouxe consigo emoções inéditas e sensacionais. No entanto, chegou o momento de me perguntar: qual seria o próximo passo? Essa inquietude interior e essa sede de continuar explorando, aprendendo e crescendo permanecem até hoje em mim. A paz que encontro agora não me impede de seguir adiante, pelo contrário! Ela me dá a coragem e a energia para enfrentar novos desafios e novas oportunidades, com uma mente clara e serena.

Aos 40 anos, percebo que ainda tenho tanto pela frente, tantas experiências a viver! Ainda preciso me movimentar, encontrar projetos para abraçar e missões a completar. Já há alguns anos estabeleci o hábito de aproveitar o momento de tomar meu café da manhã para anotar meus sonhos e desejos a serem realizados. Em alguns dias, as anotações têm a ver com destinos de viagem que desejo explorar, enquanto em outros deixo rascunhos e ideias para empreender e investir. Há alguns anos, em uma dessas manhãs, lembro-me de fazer uma anotação muito especial: queria transformar minhas histórias e visões de mundo em um livro, muito impulsionada por amigos próximos que me incentivaram a compartilhar minha história com o mundo.

Foi um projeto ao qual me dediquei por longos meses, que me fez revirar meu interior em busca de memórias e de entendimentos, que foram ganhando cada vez mais clareza, solidificando-se dentro de mim. Rever a minha história, afinal, me permitiu observar com mais atenção pontos pelos quais eu tinha apenas passado correndo enquanto sobrevivia às situações da vida, mas que agora ganharam novas cores, novas texturas e muito mais profundidade. Uma das reflexões que a escrita do livro me propiciou foi compreender que eu cresci sem muitas referências positivas, de maneira muito solta e sem tanto comprometimento de pessoas que estivessem dispostas a me ensinar algo sobre o mundo e sobre as coisas. Havia o mínimo de cuidado, e era isso. Em uma mistura de sorte e persistência minha, consegui aos trancos e barrancos ir me levando adiante, fazendo tudo o que eu pude para conseguir completar meus estudos e entrar na faculdade. Não perdi a determinação, a resiliência e a vontade de seguir em frente, pois sabia que seria isso que me levaria a realizações significativas!

Aproveitei cada uma das oportunidades que apareceram pelo meu caminho para refinar minhas capacidades e habilidades. Do primeiro abaixo-assinado à presidência regional do Diretório Central dos Estudantes (DCE), me dediquei a encontrar oportunidades que pudessem também reverberar de modo positivo para quem estivesse ao meu redor. No entanto, essas nem sempre foram oportunidades fáceis de lidar. Precisei aprender a resistir a vaias públicas, entender como circular pelos ambientes da elite e da política e arranjar formas de melhorar minha comunicação com quem nem mesmo falava o meu idioma. A busca ativa por oportunidades de crescimento e desenvolvimento pessoal foram as minhas bases fortes para que eu conseguisse me superar e sair da minha zona de conforto. Certamente, esse foco me ajudou a chegar onde cheguei.

Carrego dentro de mim uma alegria e um entusiasmo que nem eu mesma sei dizer de onde vem, mas que sempre esteve aqui comigo, como se fosse uma chama interna que nunca se apaga e jamais me deixa esfriar diante das dificuldades. Nunca pensei que houvesse tempo para "perder" chorando ou me lamentando pelo caminho. Sempre houve o tempo de buscar soluções e fazer acontecer. A parte boa de olhar para trás, de averiguar a própria vida com a minúcia que fiz no projeto de escrita deste livro de memórias, é que o entendimento que a gente adquire sobre si mesma também facilita olhar para a frente com ainda mais coragem. Se do alto daquele palco do prêmio global da Janssen o único pensamento que me vinha à mente era que nenhuma daquelas pessoas imaginaria que um dia eu tinha passado necessidade ou comido terra pensando que era chocolate, ao final destas páginas meu pensamento é completamente outro.

Chegar até aqui foi uma enorme aventura e uma imensa conquista, que vem contornada pelo brilho da minha eterna gratidão a todos os que me apoiaram no meu caminho, mesmo que eu não tivesse capacidade de pedir ajuda. Foram pessoas que acreditaram no meu brilho, no meu esforço e na minha garra.

À medida que vou terminando este livro, também reflito sobre minha jornada de vida em relação à minha mãe, marcada pelas características narcisistas dela e pela sua forma única de ver o universo. Isso foi algo que realmente moldou e impactou minha vida. Após anos de revolta, frustrações e tentativas de compreensão e transformação desse relacionamento, descobri que a paz que eu buscava estava dentro de mim. E mais: essa paz não dependia de mudanças em minha mãe, mas de estabelecer limites saudáveis e aceitar a natureza de nosso relacionamento com sabedoria. Aprendi a ser empática, compreendendo que ela tem suas próprias lutas, medos e vulnerabilidades, embora muitas vezes não demonstre. Hoje, olho para nossa relação de forma serena. A paz que carrego comigo não é afetada pela dinâmica complexa entre nós. A distância emocional que mantenho me permitiu encontrar equilíbrio e olhar o lado positivo desse desafiador relacionamento entre mãe e filha, pois me trouxe autoconhecimento, tolerância e crescimento, principalmente emocional.

Antes, eu deixava os julgamentos das pessoas me afetarem. Muitos me diziam que "mãe é mãe" e que eu estava sendo uma filha ruim quando dizia que já não conseguia sentir mais amor pela minha mãe. A minha sensação era de que as atitudes dela haviam destruído esse afeto, mas a maturidade me fez enxergar que não devemos sentir culpa por não amar mais alguém, mesmo que seja nossa mãe. O amor é uma emoção complexa, que é resultado de muita construção conjunta e cuidado, e ele não pode ser forçado ou imposto. Aprendi a reconhecer que os sentimentos amorosos podem variar de pessoa para pessoa. E, mais importante até do que amar, é conseguir manter um senso de respeito, compreensão e empatia em relação às pessoas. Cada relacionamento é único e irá proporcionar também emoções únicas. Por isso, é bom estar consciente de como lidamos com esses sentimentos e garantir que estamos nos comportando de maneira respeitosa e responsável para com os outros. Sentir culpa por não amar alguém não é necessário! Para mim, o essencial é o foco em manter relacionamentos saudáveis e respeitosos, independentemente dos sentimentos envolvidos, e reconhecer que às vezes a distância é um remédio necessário.

Minha amiga Janaína, que foi minha vizinha em Porto Velho, uma vez fez uma observação muito sábia e profunda para mim. Ela me ajudou a perceber que, ao longo da minha vida, sempre estabeleci padrões excepcionalmente altos para mim mesma. Era como se eu tivesse inconscientemente criado um patamar de superação e excelência a ser atingido, um tipo de "barra". Durante nossas conversas, Janaína me fez entender que, talvez em razão da falta de referências próximas ou modelos a seguir, acabei me tornando minha própria referência. No final das contas, eu era o padrão que estava tentando superar. Fiquei semanas pensando sobre o que ela me disse e isso me fez perceber que não era justo medir as outras pessoas com a mesma régua que eu usava para mim. Cada indivíduo é único, com suas próprias jornadas, seus desafios e suas limitações. Portanto, criar expectativas para os outros com base nos meus próprios padrões era injusto. Ela tinha completa razão! E, se eu tivesse percebido isso antes, certamente teria evitado muitos desentendimentos, principalmente com meus irmãos. Sempre esperei que eles pudessem ter uma vida melhor e mais bem-sucedida que a minha, já que eu me dediquei a proporcionar a eles recursos e oportunidades que eu não tive. Por melhores que fossem as minhas intenções, com isso eu acabava colocando uma grande pressão sobre eles, porque estava usando a minha "barra" comparativa inconscientemente, o que foi causa de muitos conflitos e muitas frustrações na nossa relação, mesmo pensando que estava fazendo o melhor para eles. Esse entendimento me permitiu trabalhar para me tornar não só uma pessoa melhor no aspecto pessoal, mas também no profissional.

Rever a minha história me fez não só colocar mais fé no meu potencial, mas observar que essa busca incessante pelo próximo desafio é também parte de quem eu sou e parte do que me faz feliz. E não faço isso porque quero ser melhor do que os outros, mas porque quero traçar novos caminhos e testar outras possibilidades. Com certeza isso me expõe mais ao risco do que a média e meus movimentos de carreira são uma prova disso. Algumas das minhas decisões deram supercerto, outras nem tanto, mas, sempre que olho para trás, consigo refletir sobre minhas atitudes com otimismo e satisfação. "Que bom que eu tentei, porque ao menos aprendi algo novo", penso comigo mesma.

Meus gestores, meus amigos e até Liebezinho já sabem que, quando eu começo a procurar coisas novas para aprender e me envolver, é sinal de que a barra está subindo de novo. Ter a sensação de que eu estou aprendendo ou agregando algo é o que me enche de propósito, o que me faz ter disposição para sair da cama todas as manhãs. Compreendo que a pessoa que me tornei é uma consequência direta do que precisei ser para superar os desafios que enfrentei e para assimilar as lições que me permitiram progredir. Como a escritora Wandy Luz afirmou, é precisamente nesse ponto que me encontro enquanto concluo estas páginas das minhas memórias. Já vivenciei tantas experiências incríveis; a pergunta que permanece é: qual será a próxima descoberta que o futuro reserva para mim? Qual aventura inédita me aguarda?

3

Foi com esse questionamento martelando no fundo da cabeça que fomos visitar um terreno na região das montanhas do Panamá, a cerca de uma hora e meia da capital. Por algum motivo, me vi encantada com aquele local. Caminhamos, eu e o Liebezinho, pela propriedade de 7 mil metros quadrados até chegar a um trecho onde havia um lindo bosque de árvores.

Enquanto os proprietários falavam sobre as características do lote, que tinha uma das suas faces com vista para o mar, tudo o que eu podia ouvir era o farfalhar das folhas secas sob o peso dos meus pés, o trinado dos pássaros e os pequenos barulhos da vida selvagem ao nosso redor. O dia estava com uma temperatura agradável e o sol não incidia com força na nossa pele, porque era filtrado pelos milhares de folhas da copa das árvores que pendiam sobre as nossas cabeças.

Não havia absolutamente nada construído ainda naquele terreno. Levamos alguns bons minutos até atravessar a propriedade e conferir a vista para o mar, onde contemplei o oceano com a reverência de quem observa uma divindade. Quando me virei para o lado, buscando o olhar de Liebezinho, tive certeza do que ele estava sentindo, porque pude ver refletido no azul dos seus olhos o mesmo brilho que eu trazia no esverdeado dos meus. Senti que ele sabia exatamente o que eu estava pensando: aquele era o lugar perfeito para a nossa "Casa dos Sonhos".

"Casa dos Sonhos" era o nome que eu tinha dado para um projeto ambicioso que trazia comigo há anos. Esse projeto simbolizava a consolidação da minha ideia de superação em relação a como começou a minha vida, quando viver em uma residência feita de alvenaria ainda era algo muito distante da minha realidade. A minha primeira memória de uma "casa" é um simples cômodo formado por chapas de madeira, uma construção precária e sujeita às intempéries e ao desgaste imposto pelo tempo. Muitas das casas da minha infância e juventude não tinham nem banheiro nem chuveiro, e em alguns casos a louça era lavada do lado de fora, em tanques improvisados.

O sonho, portanto, era conseguir um dia ter uma casa como aquela das novelas que eu via na TV. À medida que fui avançando profissionalmente, o maior indicador da minha melhoria de qualidade de vida sempre foi a qualidade das minhas moradias, que foram se tornando mais refinadas conforme as finanças permitiram. O gosto por cuidar do visual e do conforto do meu lar se transformou em uma paixão por design de interiores. Ao folhear as revistas e navegar por sites de decoração e arquitetura, eu permitia que minha imaginação e criatividade aflorassem. Aprendi mais sobre quais as principais preocupações que devemos ter ao projetar espaços de convívio e entendi quais itens traziam mais bem-estar e elegância para as minhas casas.

Comecei a praticar essa habilidade quando comprei meu primeiro apartamento, e depois, ainda na Alemanha, na minha primeira casa com o Liebezinho, e posteriormente no Brasil, em todas as residências pelas quais passamos, e o meu conhecimento tinha sido muito útil na reforma da nossa casa atual no Panamá. Eu e o Liebezinho sempre fizemos para nós um lar para o qual temos alegria, prazer e vontade de voltar.

Só que a Casa dos Sonhos, que fazia parte de um plano para o futuro, era algo ainda a ser realizado. Foi naquele momento, enquanto pisava naquele terreno e percorria as trilhas entre as árvores, que algo brilhou dentro de mim. A Casa dos Sonhos não era apenas uma casa que eu queria construir para mim, mas um desejo intenso que eu ansiava há muito tempo realizar. A Casas dos Sonhos seguia vivíssima na minha imaginação, nos meus rascunhos, nas minhas anotações e nas referências que eu guardava no meu painel do Pinterest. A melhor parte de sonhar, para mim, é que não é preciso ter qualquer limite. Sonhar não custa nada e acredito muito que foi por meio dos sonhos e das visualizações que consegui navegar pela minha realidade com otimismo e entusiasmo.

Caminhar pelo bosque daquele terreno me fez perceber o quanto eu estava, finalmente, criando raízes em um lugar. Nós sempre postergávamos tornar a Casa dos Sonhos uma realidade, pois não tínhamos certeza de onde estaríamos no próximo ano. Alemanha, Brasil, Panamá, Suíça? Todas essas possibilidades sempre pareceram viáveis, pois sempre me permiti a liberdade de mudar e explorar novos horizontes. Eu sentia que precisava começar a construir raízes e me fixar em um lugar. Fincar raízes no chão, sentir os pés firmes e a certeza de que era, sim, possível parar e contemplar, sem pensar sempre em mudanças e ter que se adaptar. Sentir, de uma vez por todas, que eu poderia pertencer a um lugar, a uma comunidade, e ter um lar que fosse reflexo e representação da casa dos meus sonhos.

4

Alguns dias depois da visita ao terreno, que fica dentro de uma comunidade bem planejada e exclusiva, eu e Liebezinho já tínhamos trabalhado em umas três versões diferentes da planilha das nossas finanças. Estávamos redirecionando recursos e prevendo os valores que seriam necessários para adquirir o lote e conseguir contratar os profissionais mais indicados para transformar nossa Casa dos Sonhos em realidade. Nós nos reunimos com os proprietários, indicando as formas como iríamos fazer o acerto com eles para que pudéssemos adquirir aquela propriedade. Com o aceite deles, visitamos mais uma vez o terreno, dessa vez com a felicidade de quem tinha fechado um negócio e dado um passo a mais para realizar um grande sonho.

Enquanto caminhava pela mais recente propriedade, subi até o alto de uma colina que tinha vista para o mar. Novamente vivi um daqueles poucos momentos em que nos sentimos plenos e fui caminhando, ouvindo com muita atenção o som das folhas secas crepitando sob os meus pés, o barulho do vento entre os galhos das árvores, o cantar dos pássaros. Enquanto admirava a vista, a brisa do mar que tocava minha face me fazia sorrir com o que via e sentia.

Sinto e me vejo como uma pessoa que se considera normal, que passou por uma série de aprendizados e reflexões, que superou obstáculos, e que hoje celebra as suas conquistas. Sou alguém que um dia sonhou em conhecer o mundo e que hoje, apesar de ter visitado mais de cinquenta países, continua com as mesmas emoções e os mesmos desejos de continuar explorando novos lugares como se fosse a primeira viagem. Sou uma mulher que ama os animais e a natureza. Eu carrego a certeza de que ainda tenho muito para viver, experimentar, aprender e conhecer. Quero continuar explorando o mundo e suas mais diversas paisagens e culturas. Quero continuar aprendendo, desafiando-me a tentar coisas novas, encontrar novos sabores, novos amigos, novas habilidades, seguir contemplando a natureza, amando os animais e me doando.

Sou um ser humano que insistiu em tentar, em alcançar o que parecia inalcançável. Algumas tentativas falharam, mas muitas outras se converteram em acertos e em muita aprendizagem. Desistir não é uma palavra que eu carrego comigo. Prefiro levar nos meus braços a resiliência, essa capacidade de me esforçar e insistir de uma nova forma em busca de melhores resultados. Sempre tive um perfil mais discreto e reservado, fazendo questão de deixar minha vida pessoal na invisibilidade. No entanto, agora tenho encontrado felicidade em me abrir e contar a minha história, seja por meio deste livro de memórias ou pelas redes sociais, onde tenho conhecido tantas outras pessoas e histórias incríveis.

Assim, ao concluir este livro, nesta minha jornada de reflexão, percebo que não precisamos alcançar a fama para escrever nossa própria biografia ou memórias. Reconheço que a vida é uma aventura em constante evolução e que toda história pode ser inspiradora. Encontrei a paz ao longo desta trajetória, buscando conexões, superando obstáculos, perseguindo sonhos... Tive vários momentos de despertar de consciência que me ajudaram a repensar meu papel social e o propósito da minha existência. Cada experiência moldou a pessoa que me tornei e reforçou minha determinação de explorar o desconhecido. Estou ciente de que ainda cometerei erros, enfrentarei frustrações e passarei por momentos de tristeza, mas a maturidade e essa paz que carrego serão meus guias.

Chegar ao final da escrita deste livro marca o fim de um capítulo, mas também o início de um novo momento pessoal meu. O futuro seguirá sendo construído sobre as mesmas bases da determinação, resiliência e automotivação. Estarei sempre pronta para abraçar o futuro com o mesmo otimismo e a mesma paixão que me guiaram até agora, e, com a bagagem de conhecimento e aprendizados adquiridos ao longo da minha vida, sei que estarei sempre à disposição para ajudar as pessoas no que eu puder, como eu puder.

Acredito que parte da serenidade que carrego comigo hoje tem a ver com o fato de que sempre busquei tomar minhas decisões com sabedoria e paz no coração. Fiz questão de perseguir meus sonhos, de ser corajosa e forte frente às adversidades e aos desafios. Fiz o meu melhor de modo a sempre deixar espaço para o perdão, para aprender a pedir ajuda e repensar o meu papel social. Ajudei sem esperar retorno e direcionei meus pensamentos e minha mente no sentido que me parecia o mais correto. Estive dedicada a manter o controle sobre a minha mente e as minhas emoções, para que não fosse controlada por elas. E, acima de tudo, fiz questão de sempre lembrar que eu tinha o poder de escolher entre ser uma vítima ou ser uma vencedora. Acredito que você, que chegou até o final desta minha história, tem também esse mesmo poder! Nunca se esqueça disso! Do fundo do meu coração, desejo muitas vitórias para você!

Caminhando pelo bosque do terreno da Casa dos Sonhos. (Fonte: Acervo Pessoal)

Agradecimentos

Não consigo explicar as emoções que sinto ao chegar na última página do meu livro de memórias.

A todos que percorreram comigo esta jornada, expresso minha mais profunda gratidão. Agradeço a cada pessoa que cruzou meu caminho e presenciou minhas metamorfoses da vida, mesmo sem perceber. A cada um que contribuiu para as lições que aprendi e algumas das histórias que contei.

Ao meu amado esposo: Você é meu porto seguro, meu melhor amigo e meu companheiro de vida. Sua presença traz alegria aos meus dias e paz, muita paz. Agradeço por sua paciência, seu amor e seu apoio incondicional. Você me inspira a ser a minha melhor versão e me ajuda a enfrentar os desafios da vida com coragem e determinação. Obrigada por caminhar ao meu lado nesta jornada, compartilhando risos, lágrimas, sonhos e memórias. Você é mais do que um esposo, você é uma parte essencial de quem eu sou.

Aos meus queridos amigos: Cada um de vocês tem sido uma parte inestimável da minha jornada. Desde a infância até a vida adulta, vocês têm estado ao meu lado, apoiando e enriquecendo minha vida de maneiras incontáveis. Lembro dos meus queridos amigos da infância. Embora tenham sido poucos, cada um de vocês foi especial. Dentro das nossas limitações, a imaginação de uma criança sempre foi capaz de criar um cenário para brincar e termos nossos momentos felizes. Mesmo que a pobreza fosse nossa realidade, a riqueza ingênua na alma de cada criança sempre brilhou. Essa riqueza continuou a brilhar quando entrei na adolescência. Agradeço aos meus inestimáveis amigos dessa época por terem sido tão bons amigos. Felizmente, nossas escolhas foram as corretas e nos focamos no caminho assertivo. Vocês foram fundamentais nessa jornada. E então, entrei na vida adulta.

Aos meus insubstituíveis amigos dessa fase, não consigo imaginar a vida sem vocês. Obrigada pela paciência, suporte e todo o tipo de encorajamento. Minha gratidão por vocês é eterna. Vocês enriquecem minha vida de maneiras que palavras não podem expressar.

Aos meus pets: Vocês trouxeram um amor e uma alegria para a minha vida que eu nunca poderia ter imaginado. Cada brincadeira, cada olhar carinhoso, cada momento compartilhado, tocou e toca meu coração de uma maneira única. Agradeço por sua lealdade inabalável e amor incondicional. Vocês me ensinaram sobre a simplicidade da alegria e a profundidade do amor que transcende as palavras. Nos dias mais desafiadores, o seu simples olhar traz conforto. Nos momentos de alegria, vocês amplificam essa felicidade. Vocês são mais do que animais de estimação, são membros da família, amigos leais e companheiros de vida. Vocês deixaram e deixam pegadas no meu coração e eu sou eternamente grata por cada momento que compartilhamos.

Colegas de trabalho: A todos os meus colegas de trabalho, ao longo dos meus 20 anos de carreira, tive a honra e o privilégio de trabalhar com muitos de vocês em várias empresas. Cada um desempenhou um papel importante na minha jornada e contribuiu para a profissional que sou hoje. Agradeço a todos por sua dedicação, talento e amizade. Vocês me inspiraram, me desafiaram e me apoiaram de maneiras que nunca esquecerei. Embora nossos caminhos tenham se separado ao longo dos anos, as memórias e as lições que compartilhamos permanecerão comigo. Obrigado por fazer parte da minha jornada. Que possamos continuar a crescer e a prosperar em nossas respectivas carreiras.

Aos meus familiares: A cada um de vocês que esteve ao meu lado, oferecendo apoio e que acreditavam em mim, minha gratidão é imensa. Aos que não me apoiaram ou que me desprezaram, agradeço também. Vocês foram o maior combustível que eu precisava para ser resiliente e lutar pelos meus sonhos, e me ensinaram a valorizar aqueles que realmente se importam comigo. Cada um de vocês, à sua maneira, contribuiu para a pessoa que sou hoje. Família não é apenas sobre laços de sangue, mas sobre amor, respeito e compreensão. Agradeço a todos vocês por fazerem parte da minha jornada.

Aos meus professores: Cada um de vocês desempenhou um papel fundamental na minha jornada de aprendizado. Vocês não apenas me ensinaram matérias, mas também me mostraram o valor da curiosidade, da persistência e da paixão pelo conhecimento.

Agradeço a todos por sua paciência, dedicação e inspiração. Vocês não apenas compartilharam seu conhecimento, mas também moldaram meu caráter e me ajudaram a entender o mundo de uma maneira mais profunda. Mesmo nos momentos mais desafiadores, vocês acreditaram em mim e me incentivaram a alcançar meu potencial.

Aos meus gestores: Cada um de vocês desempenhou um papel crucial na minha carreira. Vocês me orientaram, me desafiaram e me inspiraram a alcançar novos patamares. Agradeço a todos por sua liderança, sabedoria e apoio. Vocês não apenas me ensinaram a ser uma profissional melhor, mas também me ajudaram a crescer como pessoa. Mesmo nos momentos mais desafiadores, vocês acreditaram em mim e me incentivaram a superar meus limites. Vocês são mais do que gestores, são mentores e líderes. Obrigado por fazerem parte da minha jornada e por me ajudarem a ser a profissional que sou hoje.

E, finalmente, a você, leitor, que dedicou seu tempo para se juntar a mim nesta viagem de recordações. Sua presença nas páginas deste livro é o maior presente que um escritor pode receber.

Com todo o meu coração, obrigada.

Katia Wendt

FONTE Adobe Garamond Pro
PAPEL Polen Natural 80g
IMPRESSÃO Paym